当老板说“能者多劳”时
本书教你怎么优雅反击

不是教你叛逆
而是让你不被当成傻子

反击老板!

现查现用——与老板博弈

职场暗战
情景应对大全

借
没成本原理
绝无理需求

用
“损失厌恶效应”
让老板主动加薪

应对挑战
展现职场智慧

宁凌志◎主编

中国纺织出版社有限公司 | 国家一级出版社
全国百佳图书出版单位

图书在版编目（CIP）数据

反击老板：现查现用——与老板博弈/宁凌志主编
北京：中国纺织出版社，2004.5（2025.6 重印）
ISBN 978-7-5064-2967-2
Ⅰ.反… Ⅱ.宁… Ⅲ.职业选择—通俗读物
Ⅳ.C913.2-49
中国版本图书馆 CIP 数据核字（2004）第 032156 号

策划编辑：梅朝荣　特约编辑：李晓娟　责任校对：陈　红
责任印制：初全贵　封面设计：王小龙

中国纺织出版社出版发行
地址：北京东直门南大街 6 号　邮政编码：100027
电话：010—64160816　传真：010—64168226
http：//www. c-textilep. com
E-mail：faxing @ c-textilep. com
三河市兴达印务有限公司印刷　各地新华书店经销
2004 年 5 月第 1 版　2025 年 6 月第 2 次印刷
开本：880×1230　1/32　印张：9.625
字数：280 千字　定价：59.80 元

序

前些日子，听法律硕士小宁说起，他正在与北大的一名社会学硕士编写一本关于员工和老板的册子，书名叫做《反击老板：现查现用——与老板博弈》，并请我为这本书写个导读。初听这书名，我还以为是一本员工维权的普法读物。看了书稿之后，才知道另有新意，这是一本实用的、有趣的、视角开阔的、综合性的好书。看了本书，你可以知道社会上有哪些侵犯员工利益的现象，可以知道这些现象产生的社会背景，可以知道如何进行反击，来维护自己的权益。

只要有点历史知识的人都知道，老板这个概念出现在汉语字典里的时间并不长。年龄稍大一点的人总是很容易地把老板与“白毛女”中的“黄世仁”和“每一个毛孔都滴着血和肮脏的东西”的资本家联系起来。贪财、好色、阴险似乎成了老板的代名词。然而，事情总是变化的。如今，老板一词倒颇有些理想主义的色彩。做有钱人、当老板，成了许多年轻人的梦想。随着经济的发展，随着人们思想意识的改变，越来越多土生土长的老板们遍地开花。2004 年全国人民代表大会通过的《中华人民共和国宪法》取消了“剥削阶级”字样，社会正在和谐与理解中不断前进。本书所指的老板是那些刻薄对待员工、严重损害员工利益、甚至侮辱员工的“恶”老板。

有了越来越多的老板，自然就会有越来越多的员工。于是，老板与员工就有了许多许多的故事。老板和员工作为组织中的管理和被管理者，既是矛盾的对立者，又是利益的共同体。因此，如何处理好两者之间的关系，无论是对员工还是对老板，实在太重要了。老板和员工实际上是鱼和水的关系，双方是在同一个平台上合作。但很可惜，很多老板不懂这一点。

这是一本员工或即将跨出校门正在职场搜索工作的学子们不可不看的书。

遇上一个好老板，那是员工的福分，自是无话可说。但不怕一万，就怕万一。身在职场，难免不会倒上那么一两次霉。如何化干戈为玉帛，化危机于无形，就看你是否见多识广，是否善于应变。就算你遇上一个好老板，但老板也是人，也有七情六欲，谁能保证他(她)就不会干上一两回傻事情。如果老板总是那么英明，还要员工干什么?

《反击老板：现查现用——与老板博弈》是许多员工的亲身经历及经验，以文学的语言向你娓娓道来。可以说这其实是员工们集体智慧的结晶，他们遭遇过不同的老板，有过不同的境遇。一个个案例无不演绎着员工为社会创造财富的平凡和伟大，一个个对策无不凝聚着他们对生活的感悟、真知灼见和无处不在的智慧。所有这些，都能真正体现该书现用现查的特点和功能。

这也是一本老板或者是未来的老板不可不看的书。

该书不是教你怎样有的放矢地去整员工，而是让你去真正了解员工的遭遇和想法，了解老板为人和企业管理的缺陷。这样才有可能查漏补缺，使自己的企业得到发展。大凡成功的企业，老板与员工的关系不是对立的，而是相互理解、相互支持的。老板与员工之间存在矛盾和问题并不可怕，可怕的是老板完全忽视矛盾和问题的存在，甚至故意制造矛盾和问题。老板与员工必须认识到要解决问题，就要拿出一个双方都可接受、能保障双方利益的解决方案。大家都需要协商，都需要妥协，要树立一种企业发展，老板员工都受益的信念。企业如何建构起一套新型的人力资源体系，在老板和雇员之间搭建起一座全新的桥梁，已经成为许多人力资源专家重要的研究方向，更是实际工作者迫切需要指导、急于找到答案的一个问题。

本人在军队和地方政府机关及人才评价专业机构从事人事、人才研究和管理工作多年，对人力资源管理有自己的感悟和体会，深知这方面的利害关系。相信读者，无论是老板还是员工都能在该书中找到自己满意的答案。

以此为序，希望与大家共勉!

中国资深人力资源专家
宁波市人才测评中心负责人 戚文林

前　言

如果我们不是公务员，如果我们不是自由职业者，如果我们不是老板，那么，我们就必须面对——老板。老板不都是坏人，但假如我们遇到恶老板，该怎么办呢？是做沉默的羔羊还是奋起反抗？我们又当如何反击？

答案就在本书。

一、迄今惟一一本讲述员工维权反击的实用手册

员工是社会财富的创造者，是企业利润的创造者。我国国民经济的快速增长、向小康社会的迈进，无不凝聚着员工的智慧和汗水。员工和老板是鱼和水的关系，双方是一种合作关系，大家是在共同的平台上实现人生的目标并且创造财富。可惜，有的老板不懂这些，有的“不良”老板懂，却装不懂。

员工和老板比，处于天然的不利地位。但是，随着社会的进步，随着科技的进步，随着法制社会的形成，随着人权写入宪法，应该说，我国广大员工的维权环境越来越好了。本书的问世，也为员工维权提供了丰富的、操作简便的方法。

二、介绍了“恶”老板的种种不良行为以及员工的50种对策

有的老板，把毕生积蓄献给了慈善机构，他们的名字不会被时间磨灭；有的老板为富不仁，让人痛恨。

本书介绍了社会上“恶”老板的种种恶行，读者可以从中了解社会上的“恶”老板和他们布下的陷阱；介绍了产生这些现象的社会根源，读者可以知道为什么会产生这些现象；介绍了对付“恶”老板的

50种基本方法。

三、本书分为三篇，全过程地描述了反击“恶”老板的方法：

博弈开始篇——应聘时别忘了带把伞

博弈进行篇——工作时如何应对如此老板

博弈尾声篇——跳槽也从容

四、为回馈社会，四位法律专家、一位社会学家和一位人力资源管理专家联袂倾情打造本书

四位法律专家：

梅朝荣：本书策划，著名图书策划人，生于湖北省武汉市，武汉大学经济学学士，湖北大学法学硕士。毕业后在国营企业任职多年，现任中国纺织出版社策划编辑。策划出版了《民企法律知识读本》、《民企税务筹划》、《渠道危机》等数十部作品。

宁凌志：本书主编，出生于湖南省，文学学士，法律硕士，持法律职业资格证。已出版了《第一次打民事官司应该注意的100个问题》、《第一次打经济官司应该注意的100个问题》、《现用现查：离婚我不怕》、《都市走婚》等十余部作品，现任职于宁波市人事局考试中心命题部。

武志坚：本书编委，出生于江西省，法学硕士。毕业于江西师范大学政法系，毕业后在高校从事教学工作近10年，现任北京一号文化传播有限公司人事部经理，出版了《新编实用合同范本及其常见风险与防范》、《人民币升值影响中国经济的80个问题》等作品。

李安谦：本书的法律顾问、编委，出生于安徽省，法学硕士，现为浙江正甬律师事务所律师，多年执业经验，擅长于经济案件、劳务案件，已发表国家级、省级学术论文三篇，合著专著一部。

一位社会学家：

马丹：女，本书副主编，出生于黑龙江省，北京大学社会学硕士。已出版了《中国丁克家庭调查》、《改革开放后我国同性恋现象的研究》、《成功求职的 16 条规则》等作品。

一位人力资源管理专家：

钱义林：本书总监，资深人力资源专家。曾长期在海军政治部干部部、宁波市人事局从事人才管理开发与研究工作，现为宁波市人才测评中心负责人。

五、本书文字风格轻松，配有大量漫画

本书是一本现查现用的实用维权书籍，可以让你加深了解 21 世纪劳动关系的发展变化；也是一本轻松快乐的书籍，通过本书，我们战胜了“恶”老板，难道不快乐吗?

本书聘请了北京中央美院头脑工作室著名图书漫画家陈刚为本书作画，后现代的漫画风格，能让读者充分享受阅读的乐趣。

六、读者可以和本书的编委和策划进行互动交流

为了帮助读者更好地维护自己的权益，更好地理解本书，更彻底地战胜“恶”老板，我们刊登了本书编委的 E－mail，读者可以把自己的遭遇向我们倾诉，可以向我们询问反击老板的策略，可以和我们交流对本书的看法。我们将回复读者朋友的每一封信。

宁凌志 E－mail：aa5460@sina100．com；a5460@vip．163．com

马丹 E－mail：madan34@sohu．com

李安谦 E－mail：laqname@sina．com

钱义林 E－mail：dhn9@sohu．com

武志坚 E－mail：wzj7135@sohu．com

梅朝荣 E－mail：meichaorong@sohu．com

七、鸣谢

本书的编撰工作十分浩繁，我们走的是别人没有走过的道路，很多内容来源于实践，因此，我们的编撰工作是踩在别人的肩上，我们对这些无名的“巨人”表示最衷心的感谢，感谢您们为中国员工的维权工作做出的杰出贡献。

编　者

2004 年 5 月 1 日

目　录

博弈开始篇——应聘时别忘了带把伞

博弈进行篇：工作时如何应对如此老板

有这样一些老板，他们把利益看得比一切都重。为了赚钱，他们不仅可以出卖良心，还敢触犯国法。他们有的阳奉阴违，钻法律的空子，跟劳动执法部门打游击，损害员工的合法利益；有的甚至明目张胆，公然走上犯罪的道路。遭遇这样的老板，我们应该怎么办？

有这样一些老板，其中包括女老板，他们对异性图谋不轨，为了达到占有对方的目的，不惜采取各种卑劣的手段。面对这样的老板，身在职场的男男女女该如何面对？

有这样一些老板，他们把金钱看得比什么都重要。在金钱面前，什么情感、道义、法律全都抛到了九霄云外。他们克扣工资，设置工资陷阱。而员工往往因为没有经验而莫耐其何。但聪明总被聪明误，这样的老板总有倒霉的时候。

一年到头辛辛苦苦，起早睡晚。公司不肯升职加薪也就算了，运气差一点的，遇上个诡计多端的老板，那才叫冤。虽然说世上还是好人多，但是一些老板为了赚钱，可是什么歪招都能想得出来。作为一名打工者，如果没有受过专门的反诡计培训，那可真是防不胜防。

博弈尾声篇：跳槽也从容

“炒鱿鱼”如今已不是什么新鲜的名词。作为员工，谁也不想成为被炒的对象。但想不想是一回事，炒不炒全凭你与老板的互动与沟通。其实，炒鱿鱼并不可怕，这家被炒去那家，怕就怕当你被炒时还被蒙在鼓里。能否掌握主动权，就看你是否能够敏锐地觉察老板的暗示了。

别看老板平常总是带着微笑,但是说变他就变,上午还是阳光灿烂,下午可能就是晴转多云,说不定还会有雨加雪。别认为我在开玩笑,当老板跟你动真格的时候,恐怕会让你惊慌失措。相信有许多员工已经领略过这其中滋味。愤怒、冲动、失落？事实证明,谁沉得住气,谁就会笑在最后。

“炒鱿鱼”不是老板的专利，老板也可以成为被炒的对象。但是炒与不炒不能凭自己一时的好恶，要不吃亏的是自己，该不该炒老板，一定要权衡利弊，好好把握。

读了这么多章，似乎觉得老板没一个好人。其实，这是一个理解上的错误。因为上面提到的老板不可能成气候，充其量也是一个土老板，或者根本不是真正意义上的老板。我们这里仅仅是把老板作为一个假想敌而已。跳槽也自然不是针对坏老板的。跳槽的原因有许多，跳槽的方式也不少，关键是看你怎样把握。

博弈开始篇——

应聘时别忘了带把伞

第一章　掏钱与上班

上班了，大家都高兴。为什么呢？道理很简单，上班意味着有或多或少的 MONEY 要装进腰包。少到自己吃喝，多到养家糊口，可全靠它了。现在乍一听说上班还要自己掏腰包，还真有点反应不过来，蒙人吧！没谁骗你，事实上还真有这么回事。这就是时下求职者经常讨论的话题，我们给它取一个不算时髦的名字，叫做“掏钱与上班”。

案例一：不要忘了带 200 元钱

近一段时期以来，由于劳动力市场持续供大于求，求职者维权意识不强等诸多原因，用人单位收取求职者抵押金现象又死灰复燃，严重损害了广大求职者的合法权益。下面请看一位先生的遭遇。

2001 年秋末，我从外地一大企业的分公司下岗回宁。人到中年求职不易，我从报纸上看到一则广告，高薪招聘驻外办主任、文员。我想自己的条件不差，大专文化、从事过企业中层管理、做过分公司出纳和业务主管，又有多年在外工作的经历，干个驻外办主任应该是有竞争力的。

那天，我骑车从城北跑到城南，到招人的公司，也就是某单位院内的出租办公房。房间只有十多个平方米，几张办公桌，一台电脑，一位接待小姐和一位中年妇女在里面办公。小姐见有人来很热情，“先生，应聘?”“对!”我答。

“请坐，先填张表。”

我接过应聘登记表，从包里取出钢笔。“先生，请先交 200 元押金。”小姐发话了。六年前从工厂下岗多次应聘过，我知道收押金和培训费之类的玩意，此类陷阱多多。于是我提高了警惕，但也不愿放弃机会。“还没面试收什么押金，劳动局不是规定不准收押金吗？”小姐见我理直气壮，语气缓和了一下，“好，先不收。”填表、筛选、面试、确定人头，这都是常识。

填完表，小姐看了一下说：“条件不错。”我将自己的各种证书从包里拿出来给小姐看，小姐却不屑一顾，“先生，就这样。”她又去接待下一位。

隔了两天，小姐打来电话，“先生，你被录取了，明天上午来报到，不要忘了带 200 元钱！”说完“啪”地挂了电话。真是莫名其妙，没面试就被录取，闻所未闻，陷阱无疑。“明知山有虎，偏向虎山行。”我倒要看你如何表演。

按约定的时间，我又来到这家公司，小姐见我来了满面笑容，“先生，钱带来了吗？”开口直奔主题。我反问：“小姐，没面试就录取了吗？”

“好，我去喊一个人来。”小姐从隔壁房间找来一位中年男子，从他的气质和穿着来看，与主考官的身份相差甚远。我问：“先生，向你咨询几个问题。”小姐接过话，“要提问题，你自己看一下招聘启事。”小姐指了指墙上贴的一张八开纸，我看了一下，是某高新技术企业招人，生产的是纳米技术产品，总之，让人云里雾里的。但厂址、企业规模、企业性质等关键词语都没有。我问“考官”：“先生，请问这个高新企业在什么地方？”小姐又接过话，“关于这个问题有打印的资料，但要先交钱才能看，这是我们的规定。”又是一个钱字。

我心里有数了，于是就说：“小姐，对不起，我走了！”

小姐措手不及，“哎，你这个人！”

每到周一，那个同样的广告就会出现在同一份报纸上，持续了两个多月。

从以上例子可以看出：事实上，要求求职者缴纳上岗押金的招聘单位屡见不鲜。收取押金方式主要有两种：一是在签订协议书前即提出，否则不予签订；另一种则是在签订正式劳动合同时提出，否则单位对求职者不予接纳，并且求职者需承担违约责任。

单位收取押金给就业人员带来了负面影响，对来自贫困落后地区的求职者来说，这是一笔不小的负担，更有一些求职者被抵押金“套”牢。近年来，在劳动力市场上出现了劳动力供大于求的矛盾，劳动者求职就业较为困难。于是一些所谓的用人单位利用求职人员急于就业的心理，向求职人员收取押金、保证金等，将此作为能否录用的决定条件来要挟，迫使求职人员向其交纳不合理的费用。现在大多

数求职者都抱着“只要能找到一份好工作，花多大的代价都值得”的想法，因而也莫奈其何。

案例二：1万元我上哪儿去找

毕业生小徐最近的一次求职遭遇令他哭笑不得。他去一家单位应聘，刚一见面，单位就告之，如想签订协议书则需缴纳1万元押金。小徐觉得单位的要求实在不可理解：“如果以后我违约的话，缴纳违约金合情合理，可现在还没上岗，还没有从单位拿一分钱，怎么就要先交一笔巨款呢?”

即将大学毕业的小路为找一份称心的工作，已经参加了10多场人才招聘会。站在记者面前的小路一脸憔悴，“上个月我终于找到了一份很合适的工作，面试都过了，双方都很满意，可是在签协议之前，单位却通知我要交1万元钱的抵押金。说服务期满后会连本带息还给我，但是现在的1万元我上哪儿去找?”小路为了找工作，已经花了几千元钱了，家境也不好，大学四年一直是父亲给她借钱上的，原本以为大学毕业上班挣钱了，能给家里分担点负担，但是现在却“还没有上班赚钱就要先交钱，我都被弄糊涂了。”

许多大学生为了筹措用人单位所谓的风险抵押金或者保证抵押金等费用而四处奔波。有的甚至因为交不起这笔抵押金而不得不放弃就业。小路所说的抵押金就是现今许多用人单位用来留住人才而采取的一种经济手段。这种还没有挣钱先要交钱的现象，在大学毕业生中是非常普遍的。北京师范大学小程的宿舍中有7个人，知道的就有两个人交了抵押金。据其介绍，其他宿舍也大致如此。“交抵押金已经不是个别现象，比例大概在1/3左右。”中国人民大学的小同说。在北京、武汉、西安等地对高校随机抽样调查发现，交纳费用的大概在三

成左右。“不到最后一刻，大家都保密，所以实际上可能还会高一些。”首都师范大学一位学生说。据了解，这种现象从1994年就开始了，向大学毕业生收取“上岗抵押金”的单位，每年大约占到三成以上，抵押金的数目从200元到上万元不等。

在许多单位，先交钱再上班似乎已经成了求职者必经的一道门槛。单位为什么收保证金或者抵押金呢？“给他们办理进京证呀、户口呀。”“现在大学生手头可能会有好几个单位供选择，收取押金就是要他签了协议就不要再变了。”“他干没多长时间就走了，万一给我们带来损失怎么办？”为自己的辛苦买一份保障的确无可厚非，用人单位的解释听起来似乎合情合理。

“国有大中型企业和一些事业单位、科研单位以及高校，在吸引力上可能不是很强，为了留住大学生，迫不得已吧。”北京大学就业服务中心主任李国忠对此解释说。某单位人事负责人也道出自己的苦衷：“如果没有措施限制他们，他们实习期满了，有了一定的工作经验和技能了，没有给单位带来效益就离开单位，无疑会给单位造成损失”。但是，保证抵押金真那么管用吗？“如果工作环境差的话，我还是会走的。可能会不要这笔抵押金了。”这是许多人的真实想法。

“表面上单位觉得自己很聪明，但是实际上这是对单位发展带有很大潜在威胁的一种举措。”劳动法专家左祥琪分析认为，由于劳动者在做出这种劳动行为的时候，心里很不舒服，就很难发挥自己的潜能，可能会在工作上打折扣。另外，很容易与单位发生纠纷，他为了进来，可以忍气吞声全部接收所有对他来说很苛刻的条件，但是一旦进来了，当掌握了一定的技能并可以独当一面的时候，他会反过头来讲条件。随着工作经历的增长和阅历的增长，弱势地位逐渐转化为强势地位，他开始创造剩余价值了。如果不能满足他的需求的话，他可以带走技术甚至带走一批业务骨干，这对单位的发展都是致命的

打击。

收取上岗风险抵押金的行为到底合不合理呢？“风险抵押金肯定是不应该收的，1994 年《劳动法》还没有出台的时候，原劳动部、公安部等几个部委联合发了一个文件，文件中明令禁止用人单位在和劳动者订立劳动关系的时候，以任何名义收取入厂押金、风险抵押金或者变相收取抵押金。即在合同里约定，在工作的第一天建立劳动合同的时候，就要交这笔风险抵押金。”左祥琪说，“因为它是违背法律的，即便写进了合同，也是无效条款。”

曾经参与了我国现行劳动法的制定，现任中国劳动法研究会副会长的贾俊玲教授说：“1998 年国务院有一个通知，里面明确规定招用大学生工作的时候绝对不允许收取任何费用，包括城市增容费、教育

补偿金，还有上岗抵押金。经济合同中有经济抵押金，而作为用人单位和劳动者签订的劳动合同中不应该有‘抵押金’一说，收取抵押金是侵害劳动者劳动权的行为。”

案例三：为什么工资会少了200元呢?

崔某等几个小姐妹被某私营商店招聘为售货员，进店第一天被告知：月工资1000元，奖金根据个人的销售业绩而定。但第一个月发工资时，她们每人只领到800元工资。为什么工资会少了200元呢?她们去找总经理询问。

总经理说：“曾经有个员工来了没几天，就私拿货款不辞而别；还有个员工损坏了货物，本应照价赔偿，可第二天就再也不来上班，商店为此受了不少经济损失。因此，两年前商店做出规定：每月给售货员发工资时，暂时先发80%，另外20%累积到年底一并发放。放心，只要你们工作中不出事儿，到了年底，商店会把那每月的200元钱，连本带息一起发给你们。但是，如果你们工作中造成货物损坏，或出现丢货、少货现象需要个人赔偿时，就要从这20%的工资中扣除。”

听了总经理的话，大家回去继续工作了。

半年后，崔某的丈夫得了癌症，不能上班。三口之家，全靠她一人的工资生活，家里的经济十分困难。她找到了总经理：“经理，能不能把每月扣我的200元工资，提前发给我，我家里实在困难。”

“不行。”总经理答道，“要是提前发给你的话，别人都会找借口跟你攀比，都想提前把钱领走，那样一来，公司的规定还怎么执行?”

“其实，我早就觉得商店的这个规定不合理，甚至可能是违法的。”崔某一看总经理不通融，就把一直憋在心里的话说了出来。

“违法？你别吓唬我。商店这个规定都执行两年多了，我还是第一次听说这是违法的。”俩人你有来言我有去语，不一会儿就吵了起来，引来了一群围观的职工。

在这个案例中，商店每月从员工工资中扣 20%，年底一并发放的理由是，为了防止员工在工作中给商店造成损失时不辞而别。那么，这个理由能站住脚吗？

一些用人单位为了这种理由，利用自己的强者地位和劳动力市场供大于求的状况，在招用劳动者或与劳动者订立劳动合同时，向劳动者收取货币、实物等作为入厂押金。这种做法违反了原劳动部、公安部和全国总工会于 1994 年联合发布的《关于加强外商投资企业和私营企业劳动管理，切实保障职工合法权益的通知》中“企业不得向职工收取货币、实物等作为入厂押金”的规定，违反了 1995 年原劳动部《关于贯彻执行＜中华人民共和国劳动法＞若干问题的意见》中规定“用人单位在与劳动者订立劳动合同时，不得以任何形式向劳动者收取定金、保证金（物）或抵押金（物）”。文件明确指出，违反上述规定的，由公安部门和劳动行政部门责令用人单位立即退还给劳动者本人。由于当时国家对抵押金问题比较重视，劳动监察部门对此执法力度较大，使大多数企业不敢再明目张胆地向劳动者收取风险抵押金。

但是，一些企业采取一些变相的方法或手段，换个花样向员工收取抵押金。本案中的商店虽然在员工进店时没有收取抵押金的行为，给人的感觉是守法的，但在工资支付上却作了文章，每月克扣 20% 工资，变相获取风险抵押金。

商店的这种做法，不仅克扣了员工的工资，而且变相收取了风险抵押金。因此，商店不但要立即全部退还克扣员工的工资，同时还应当根据原劳动部《违反和解除劳动合同的经济补偿办法》的规定，向员工支付相当于所克扣工资报酬25%的经济补偿金。企业合法的做法是：在和职工签订的《劳动合同》中，约定损坏企业财物的赔偿金和擅自离职的违约金，通过合同来约束双方当事人，而不能采用克扣职工工资的违法做法。

对策一：擦亮你的眼睛

对于诸多求职者来说，通常的求职门路主要包括媒体、网络广告、各类人才市场、人力资源公司、职业介绍所等。一些业内人士在接受记者采访时说，尽管求职市场上存在着许多机会，但也要意识到其中可能存在许多骗局与陷阱，加之骗术的“日新月异”，求职者一定要提高警惕。

据有关人士介绍，人才市场上常见的求职陷阱有以下几种情况。

1. 以征求内勤、办事员为幌子，让求职者掉入拉业务的陷阱。这种类型的骗局很多，几乎各种行业都有，保险业尤其突出。以拉保险为例，公司开始可以是以招聘秘书；行政人员为名目，使一些应届大学毕业生等社会经验不足的求职者加入。求职者在面试时往往会被招聘人员的甜言蜜语所迷惑，当你交了押金或“培训费”后，在上班时却发现工作没有底薪、更没有员工福利，只是叫你去拉保险。

2. 满足求职者的虚荣心。有些公司招聘“某某师”，如美容师、电脑工程师、网络工程师等，对那些不具备条件的求职者，他们就宣称培养求职人员为“某某师”，而实际上让求职者先购买美容产品或是选修课程。公司往往会在求职者缴费后才讲出种种特殊情况或内部规定，以规避其当初的承诺，使求职者花了钱后，赚钱的希望大大落空。

一些单位到处贴“招聘启事”或在非主流媒体上登虚假广告后，

临时在写字楼租一间（套）办公室，挂上“经理室”、“财务室”或“人事部”的招牌，进行虚假招聘，向应聘者收取报名费、押金、服装费、证件费等名目不同的费用后，告诉应聘者“你已经被录用，×月×日来此处报到，正式上班”。当受骗者按指定时间来此处“上班”时，才发现人去房空，连呼上当。

利用过时或伪造的证照、合同进行虚假招聘，签订合同时，要收取高额的保证金，劳动合同协议书上的印章大多模糊不清，这样即使“骗子公司”不搬家，受骗上当的应聘者也无可奈何。

3．抵押陷阱。虽然国家劳动部门早就明文规定，任何企业在招聘员工时，不得以任何理由、任何形式收取求职者的押金，或者以身份证、毕业证等作抵押。但是，目前仍有相当多的企业以便于管理为由向求职者收取押金，或抵押身份证。企业在收取押金或身份证之后，便为所欲为，求职时一定要小心。

更值得注意的是，许多单位以风险金、培训费等名义变相收取求职者的抵押金。一些企业在收取押金或质押身份证之后，便搞起了花样，如延长劳动时间，增加劳动强度，不改善生活条件，令求职者干不下去，只好走人；有的甚至以某企业、某公司的名义搞假招工，非法收取报名费、培训费、押金，不出数月，再以培训或试用不合格为由将其辞退，让你有苦难言。

为了避免求职者屡屡遭遇求职陷阱的困扰，有经验的职场人士总结了避免落入“圈套”的几种方法。

首先，要注意广告刊登次数。同一单位在短时间内连续刊登相同内容的招聘广告，说明该企业招聘的人数多且急，求职的可能性较大。若一个单位数周后再次刊登同样的广告，说明该单位待遇不很好，很难招到人或招到人后留不住人，应三思而行。

其次，要理智看待高薪高职。目前许多用人单位给出的薪水高得惊人，如年薪数十万元、上百万元等，这些单位大多对学历、经验、能力、社会关系要求较高，但这也不排除用人单位只是为了制造轰动效应，起到广告促销的作用。所以在正式入职之前，一定要把薪酬待遇谈清楚，否则入职以后你就被动了。

此外，还要搞清楚职位的具体内容。有的用人单位提供一些虚而不实的职位，常常冠以“高级主管”等头衔，又强调无需经验，这里面肯定大有文章。而有些招聘单位虽在广告中列出要招聘的多种职位，其实这些职位都是做业务的，甚至是没有底薪的业务。这种陷阱的辨别方法很简单，那就是这些单位对所招聘的职位要求都很简单、很笼统，似乎很多人都适合。

如果是通过职介中心找工作，一定要弄清其是否合法。正规的职介机构具有合法的经营资格及政府的严格管理，收费必须开具有效票据。

对策二：退还所有押金，我们集体辞职

2002年12月5日的上午，成都市三洞桥20号天仁商务楼512室，“步行者集团（成都）服饰有限公司”的27名员工向公司老板正式摊牌：退还所有押金，我们集体辞职!

在该公司一片狼藉的办公室内，到处都是在呼喊“歪招聘”的年轻人。仅仅上班三天的吕小姐诉说，11月中旬，该公司在成都市报纸和职介所内大打招聘总监、经理、业务员的广告。11月30日，她到这家公司应聘，按公司规定，只要面试合格，必须向该公司缴纳500元押金、300元服装费、30元名片及胸卡费，才能成为该公司的员工。她缴费后才发现该公司什么业务也没有。而拥挤的办公室里已经有27名员工。12月3日，公司老板又出新规定，每个新成立的部

门必须在一周内招聘营销人员100人，工作押金、服装费交到财务部。吕小姐说，大家发现上当后，立刻要求集体辞职，退还收取的押金。

成都市劳动监察大队三科苏科长说，接到投诉后，执法人员随即展开调查，初步发现该公司收取员工押金的行为是违反劳动法的。此外，该公司自制的“临时劳动合同”也存在很多问题。按规定，该公司必须退还员工押金。被员工堵在办公室内的该公司西南片区总裁吴亚飞说，他刚从广东回来，计划在成都创建国际品牌。目前公司的确没有产品、没有工厂，但是公司有服装款式，这些服装款式委托成都当地服装厂加工后，便是公司的品牌产品。他表示，既然员工要辞职，押金一定退。

在万不得已的情况下，集体辞职可能是一种最有效的方法。但是在一般的劳资纠纷中，一是没有必要使用，二是实施的难度很大。

对策三：受了骗，告他去

我国《宪法》规定：“中华人民共和国公民有劳动的权利和义务。”《劳动法》规定：“劳动者享有平等就业和选择职业的权利。”作为用人单位，应当尊重劳动者劳动就业的权利，只要在招用计划之内，符合本单位用人条件的，就应当录用，不得以其他违反劳动法律法规的附加条件作为否决因素；也不能在录用求职者并与其签订劳动合同后，随意解除与员工的劳动合同，剥夺劳动者劳动就业的权利。

原劳动部《关于贯彻执行〈中华人民共和国劳动法〉若干问题的意见》第24条明确指出：用人单位在与劳动者订立劳动合同时，不得以任何形式向劳动者收取定金、保证金（物）或抵押金（物）。对违反以上规定的，由公安部门和劳动行政管理部门责令用人单位立即

退还给劳动者本人。

用人单位收取押金，实际上是剥夺了一些人的就业机会，这对劳动者是不公平的。有的人凑钱或者借钱把这笔钱交上来，单位要在六年以后才将这笔钱返还给劳动者，但是一旦单位破产倒闭，劳动者就拿不到这笔钱，甚至官司打赢了也得不到。用人单位与劳动者在法律上是平等关系，用人单位不能利用自己的强势地位剥夺劳动者应该享有的最起码的就业权。

专家告诫那些委曲求全的劳动者，如果单位收了抵押金，除了可以申请劳动仲裁外，为了保护自己的权益，还可以匿名举报给劳动督察大队。

由此看来，一些用人单位要求就业者在签订合同的同时，缴纳抵押金、风险金等做法是不合法的，任何形式的收费都是违法的。劳动者不能因为就业难而屈从于用人单位，任其侵犯自己的权益，如果已缴纳了此笔费用，有权在进入用人单位后要求其予以返还，也可以申请劳动争议仲裁，或通过向劳动监察机构投诉、举报，依法维护自己的权益。

在求职受骗后，很多受害者不知如何投诉，或者认为投诉太麻烦而忍气吞声，这无疑正中那些骗人者的下怀。在此提醒求职者，当你受骗后，一定要大胆向有关部门投诉，严惩骗人者。

合法职介机构应持有“职业介绍许可证”、“营业执照”、“税务登记证”、“收费许可证”等。如果遇到无证照或证照不全的非法职介机构，应及时向相关的劳动部门或公安部门反映，劳动部门可以根据有关管理条例的规定对其进行处罚，所收职介费可退还给本人。

如果遇到职介机构发布虚假招聘信息，信息中所列的待遇、薪酬与实际情况严重不符合的，求职者应向劳动部门反映，请求查处，劳动部门可根据有关管理条例的规定处罚职介机构，对职介机构所收取

的相关费用予以退还，应按有关规定赔偿求职者的损失。

用人单位以收取培训费、押金、保证金、担保金作为录用条件的，其行为违反了劳动法的相关规定。求职者可及时向劳动部门反映，请求予以查处，要求退还所交费用。

对于职介机构收取一定职介费用后搬迁的情况，如是正规职介，可向劳动部门投诉，如是非法职介，则可向所在地公安部门报案，由公安部门查实，如其行为触犯刑律，应依法追究其刑事责任。未触犯刑律的，可移交相关劳动部门处罚。

第二章　遭遇“黄”经理

“做人难，做女人更难。”一些女同胞常常会发出这样的感慨。不知是附庸风雅，还是有感而发，但细细想来，还是有点儿道理的。身为女人，要与男人一起共驰职场，找工作这一关总是难免的。如遇上一个好老板，自是无话可说，若遇上一个“黄”经理，要过应聘这一关，恐怕还真有点儿难。

案例一：这位黄总有点“黄”

2003 年 4 月 21 日，一位在读经济贸易大专课程的潘小姐称，前几日，在接受一家公司招聘文员的面试中，遭遇主考官的“性骚扰”，不仅被迫听取考官的 3 个黄段子，还被考官抓住胳膊要求形成“不仅仅是同事的关系”。

潘小姐说，4 月 17 日，她应约到该公司进行第二次面试，接待她的还是上次那个黄总。但与上次不同的是，黄总将办公室大门紧紧关着。

“他主动邀请我和他都坐到沙发上去，说那里舒服一些。我不知他讲话的要点是什么，好像有讲不完的话，但是许多与工作无关，有的还是生活秘密。”潘小姐这样告诉记者她接受面试的感受。据潘小姐介绍，黄总问她能不能跟着他一块出差；黄总说他感觉潘小姐比较忠诚，说自己就是要找忠诚的职员；夸奖潘小姐很幽默；询问平时其母亲管她严不严，一般情况下晚上什么时候回家等。潘小姐觉得这种

一男一女关起门来的面试过于难受，从下午 3 时 30 分进去，快到 5 时了，黄总还谈兴正浓。

潘小姐总想找个借口早点离开这间办公室，但碍于情面，一直找不到理由。黄总却一直在对面呵呵直笑，笑得潘小姐心里都有点发毛。已经 5 时过了，黄总又一次表扬潘小姐懂得幽默，于是给潘小姐讲起一个“幽默”来，说了一个喜欢荡秋千的女孩让人看见内裤和后来干脆不穿内裤的故事。听得潘小姐耳根发热，浑身觉得不自在。接着，黄总又出了一个黄色谜语给潘小姐猜。潘小姐说她猜不出，心想也不敢猜。后来，黄总还讲了一个幽默，不过事后潘小姐回忆道，“我一个字都没有听进去，只看到他在我的对面发笑”。

黄总后来问潘小姐在工作上还有何想法。潘小姐收回思路，老实回答说，她希望把工作做得很好。黄总从沙发上站起来，潘小姐以为他是要送客，不料黄总却紧挨着她坐下来，一把抓住她的手说，“想把工作做好，我希望与你就不仅仅是同事关系”，吓得潘小姐一把甩开了他的手。

南京大学法学院邱教授认为：“性骚扰”案件在西方国家法律界讨论的比较多，我国法律在这方面尚属盲点，但这种行为无疑是侵害了公民的人身权利，只要证据充分，实施“性骚扰”者就应受到法律的惩罚。即使侵害人的行为没能构成《刑法》处罚的条件，但受害人可从民事角度上寻求。相关部门可对此做出相应处罚，工商部门、劳动部门也可以介入调查。同时，媒体曝光对当事人也有一定的震慑作用，这有利于弘扬社会正气。

南京师范大学法学院李教授认为：前段时间就有厦门女工遭到台湾老板性骚扰的事件，最后还是不了了之。目前社会上类似的事是比较多的，由于法律对这种行为的约束力不大，所以受害者经常是“吃哑巴亏”。作为下属或应聘者，回避是比较好的方法，这好比对付小

偷一样，应保管好自己的东西，加强自我保护，一旦发现苗头就应知险而退，避免遭到不必要的侵害。

案例二：办公室内要解衣体检

2003年4月16日，南京一名高校女生到《江南时报》投诉，称她在一家公司应聘秘书职位面试时，遭到该公司老总言语及身体上的非礼。为了了解事实，记者江南乔装成女大学生前往应聘秘书。

按该女生提供的地址，记者和同事找到位于湖南路某处的这家公司，佯装要找一份工作。该公司老总立即很热情地迎上来，称可以为记者提供一份秘书的工作，但需要带记者到位于另一处的办公室详谈。记者随他来到该处。打开一扇不起眼的小门，记者进入后才发现里面“别有洞天”，在一间普通的办公室里面竟然还藏着另外一间办公室。他让记者的朋友等在外面，带记者进入他的办公室。坐定后，

他随即递上一张印着“××集团董事长王××”的名片。

接着，王总便很正经地开始询问记者的简历和工作经验等问题，还拿出一张表格要求记者填写。在记者填写表格期间，王总一边问记者以前是否做过秘书，一边还进进出出忙自己的事情。就在记者准备离开时，王总突然问记者对“社会上的有钱人养小蜜”是什么看法，记者决定等下去，看还有什么情况发生，便回答道“个人看法不同吧，有的人不愿意，也可能有人愿意做”。也许见记者比较上路子，王总便开始对记者“洗脑”，说现在做秘书的，很多是白天做秘书，晚上就跟着老板同吃、同住、同睡，这样每月的薪水就比做普通秘书高多了。说完，问记者是学什么专业的，在得知记者是学文秘专业后，才放心地说：“嗯，好！学文秘的好。我们一般不要学法律的女生，学法律的丫头太会保护自己了。”

在王总看似无意、实则有心的谈话结束后，他指着记者填好的表格，说记者要求“2000～4000 元”的月薪太高了，做一般秘书拿不到那么高的薪水，暗示记者要做“小蜜”才能拿那么多的薪水，并提议记者可以做港台老板的“私人秘书”。记者问需要什么条件时，王总用别有深意的眼神看了看记者，说：“只要五官端正，性格开放，肯和老板配合就可以”，并对记者笑笑说：“你的条件蛮好的，只要你同意，就留在我身边做私人秘书吧。”记者连忙表示，自己没想过能做老总的秘书，王总忙说：“怎么不想做我的秘书呢？是不是你不喜欢我啊？”记者只好表示，太突然了，一时还不能接受。

就在记者准备离去时，王总拉住记者，让记者到办公室里的另一间房间接受“体检”。记者询问“体检不是让医生来做的吗？”王总回答道：“我们单位要用人，当然是由我来给你体检啊。好了，别问那么多了，到里面的屋里把衣服脱掉，让我给你体检吧。”在记者的一再坚持下，王总才同意就在办公室里“体检”。和该大学生说的情况

一样，王总首先要求记者解开衬衣的全部纽扣，然后双手上举，见记者有些犹豫，王总便“开导”道：“小姑娘，有什么好害羞的啊，夏天穿露脐装还不是要给人看的啊，给我看看有什么了不起?”经过一番目测，王总点点头表示满意，继而要求记者脱掉丝袜，退下裙子，以便检查“腿形和皮肤”，并说这些都是最吸引男人的地方。

记者多次拒绝了他的无理要求，王总竟然问道：“办公室外的女生是你同学吧，她愿不愿意也做‘小蜜’？你们俩一起做有个伴，以后人多也好玩啊！我们可以玩三人游戏啦”，并询问记者的同事是不是处女，在得到肯定的答复后，他居然说“那就不好了，那对她只能看看摸摸，不能做了，否则是要负责的，惹上身就麻烦了。”说罢，准备出去叫记者的同事到里面和记者一起接受“体检”，已经了解到真相并深知危险的记者，为了同事的安全，只好答应王总让记者留下确切住址的要求。没想到王总脱口就说，“那你以后就跟我吧，做我的秘书，做得好的话，可以给你很高的薪水。”见记者没有吭声，王总更进一步要求当晚就到记者家住宿。记者只好推辞说，晚上有朋友过生日，要到外面吃饭唱歌，可能不方便，王总则“安慰”道，没关系的，他可以等，并和记者约好晚上 10 点通话。

就在王总还想纠缠时，记者的手机响了，一直在大楼外面等候的男同事要求记者马上出来。记者提着包正欲出门，王总突然小声说晚上就到记者家过夜，并问记者家里是否有安全套，在回答“没有”后，王总连忙说：“那我自己带，带一包新的……”再也不能忍受的记者，只好逃跑似的冲下楼，带着愤怒和委屈离开那间“狼窝”。

晚上 10 时许，王总数次给记者打来电话，催记者见面，并说已经在赶往记者家的路上。数次骚扰后，记者只得以“自己不适合做这样的工作”为由将其拒绝。但王总一再表示“等记者以后有意再联系”。

尽管在采访前，记者已做好心理准备，但当这一切活生生地呈现在眼前时，记者还是感到异常地震惊、恶心、委屈、愤怒……这名“色狼”老板，用此手段猥亵过多少名“应聘者”？那些涉世未深的年轻女性又是如何面对这种“非礼”的？该如何制裁这名色胆包天的老板？这些问题一直围绕在记者的心头。更令人感到震惊的是，这名“色狼”的所作所为，在去年也曾同样发生过，而至今他仍逍遥法外，难道就真的拿他毫无办法了吗？他确实很“精明”，钻了法律的空子，但是天网恢恢，疏而不漏，相信他的这种行为一定会遭到“报应”。记者也希望涉世之初的女性，尤其是大学生应聘工作时务必加以警惕。

南京师范大学法学院教授认为：“性骚扰”问题已成为全球关注的问题，从法律的角度看，肯定要保护被骚扰者，根据情节的轻重、危害程度的大小，决定是民事制裁还是刑事制裁，具体受害程度要由法院来判断。虽然王总骚扰应聘女性的事从危害程度上看未构成犯罪，也未构成财产上的侵害，但可以构成民法上的侵权行为。他侵犯了女性的人格尊严，造成了精神上的损害。根据民法及最高法院对民法通则的司法解释，受害者可请求精神损害赔偿及公开道歉两种。建议有关国家机关、中介机构的管理部门要制定比较完备的规章制度，比如在对女性的招聘过程中，凡涉及身体检查的应由医院或女性工作人员进行。

案例三：应聘女士遭遇变相性骚扰

一位姓贾的女士到一家制药公司应聘时，她在应聘考卷上见到这样一道题：“当工作需要你的色相时，你愿意做出牺牲吗？”这样的问题让不少前来应聘的女士瞠目不已，她不禁掷笔而去。

招聘考卷中堂而皇之出现的“特殊需要”究竟是指什么呢？记者就此问题做了采访。这家公司的“老总”告诉记者，这是为了应付工作中出现的特殊情况。这位老总所说的“特殊情况”显然和“色情”牵扯到一块了。

另一公司的老总则说，员工不论男女都应受到尊重，有时候，女员工的工作能力并不比男员工差。他表示，贾女士遇到的那家制药公司的招聘问题是非常离谱的，是对女性尊严的侵犯。

那什么是“性骚扰”呢？这是指一方利用不平等的社会地位对不情愿的另一方施加的性需求。生活中的性骚扰除了强加的性要求之外，更多的是非直接的、语言的、形体的各种性暗示和性挑逗。西方一些社会学研究者认为，只要是一方通过语言的或是形体的有关性内容的侵犯或暗示，给另一方造成了心理上的反感、压抑和恐慌，都可以称之构成了性骚扰。

这样看来，公司招聘中出现类似考题，显然已对应试女士构成了性骚扰。我国《刑法》、《民法》及《治安管理处罚条例》等法律法规虽对维护妇女免受人格侵害均有规定，但专门的“反性骚扰”立法仍有很长的道路要走。

为什么中国女性在摆脱了几千年的封建枷锁，与男子一样平等地工作，在实现自我价值，展现风采的时候，却有越来越多的带着性别歧视的“性骚扰”困扰着她们呢？这不得不引起我们的深思。

笔者在调查中发现，一旦遭遇了“性骚扰”，多数女性会尴尬地忍气吞声。这客观上助长了“性骚扰”的泛滥。

对策一：增强自我保护意识

提到“性骚扰”，有些女性总觉得距自己很遥远，认为只是在电

视或报纸上出现的故事。然而，事实上，性骚扰很可能就会在你身上发生，只要你是一个女人，尤其是一个职业女性。

在与人相处时，要先定下俩人可以接受的亲密程度，需自我警惕，看看自己的行为是否被人接受，留意自己的言行举止，若察觉到自己所做或所讲的会令对方痛苦和尴尬，就应该立刻停止，如果不肯定的话，便应和对方一起商量，再定出更明确的界线。这其中最重要的原则，是要尊重他人的意愿、顾及他人的感受。很多女性在遭遇性骚扰时会出现这样的反应。

困惑：“是不是自己过于敏感、是误会吗?”

无助、自责：“会有人相信我吗?”

愤怒：“为什么他可以这样对我?”

逃避、消极：“算了吧！是自己倒霉吧!”

担忧：“如果我不答应他的要求，我一定不会及格!”

惊愕、哭泣、沉默 。

这些反应会因为事情的严重性，或当事人拥有的社会支持、家庭支持、朋友支持的不同，而有深浅不同的影响。事实上，错不在你，任何人均有权利保护自己免受性骚扰，有权拒绝任何不想接受的与性有关的接触，因此，不必自责或感到自咎。

在招聘活动中，应聘者的人格权利不受侵犯。应该说，大多数用人单位的招聘活动都比较规范，但由于目前市场经济主体呈多元化，有些单位，特别是一些小型私人企业，在招聘活动中往往不尊重应聘者的人格权。招聘人的素质参差不齐，个别人心怀不良，借机对女应聘者进行性骚扰。

据报载，某地一私企老板竟以考察女秘书的公关能力为由，要求其陪舞、陪酒，又“手动式”地为其称体重、测三围，肆无忌惮地侮辱女性。在此，提醒女性应聘者，如果碰到这种情况，一定要坚决拒绝，切不能为求得职位而忍气吞声。因为即使求得这种职位，今后的人身安全也无法得到保障。在求职面试过程中，如果招聘人员有明显越轨行为，可以向其上级主管人员报告，情节严重的，可以向公安机关举报，或者直接向法院提起刑事诉讼。

面对当前供大于求的就业形势，在劳动合同中增设防止性骚扰条款实际操作起来有不小的难度，因为，性骚扰问题同目前所讨论的婚内强奸问题一样，在法律上有些问题还不好界定。有效预防“性骚扰”问题的发生，关键是提起全社会对此类问题的重视，而办公室女性则要增强自我保护意识，自尊、自重、自爱。

在应聘过程中，女性也许会遇到类似的问题，让我们来看一则实例：

问：你面对上司的非分之想该怎么办？

招聘女秘书，往往会被问及这类话题，现实地说，女秘书受到上司性骚扰的概率较高，一不留神儿就会或实或虚地演变成老板的“小蜜”，乃至成为商战中的牺牲品。

印女士的回答是：“你们能提出这个问题，我非常感激，这说明贵单位的高层领导都是光明磊落的人。不瞒诸位，我曾在一家公司干过一段时间，就是因为老板起了非分之念，我才愤而辞职的，而当初他们招聘时却没问到这个问题。两相比较，假若我能应聘上，我没有理由不去为事业殚精竭虑。”

印女士的应答确实很妙。妙就妙在没有直接去回答“该怎么办”，因为那是建立在上司有非分之想基础之上的。她通过一个事例，或许是编造的一段经历来表明自己态度的坚决，又没让问话者难堪，即使新老板确有投石问路之意，日后也不会轻举妄动了。

可见，女性如果回答得当或者态度坚决还是可以避免成为“性骚扰”牺牲品的。很多时候，性骚扰是言语上的，而背后的原因就是有

不尊重的态度和性别的优越感。因此，要避免性骚扰的发生，两性之间必须建立一个良好及平等的关系。

在与人相处时，彼此要抱着互相尊重的态度，而且必须有良好的沟通，要坦诚地说出自己的意愿和感受，更要细心聆听和谅解对方，这些都是建立良好关系的重要元素。

那么，什么是性骚扰呢？下面就对“性骚扰”的一些常识性问题进行一个大略的介绍，以帮助女性求职者识别和应对职场中的“性骚扰”。

我国内地关注和研究“性骚扰”问题是近几年的事情。传统的夫权思想和男女不平等的观念，加上改革开放过程中西方国家带来的负面影响，使性骚扰在我国日渐成为一个引人注目的问题。虽然现行法律未对性骚扰加以明确界定，但根据国内对性骚扰的研究和报道，我国对性骚扰一词的理解可以概括为广义和狭义两种。

广义的性骚扰主要指发生在工作地点、公共场所、社区中的，针对妇女的性暴力行为，根据严重程度可将其分为一级性骚扰和二级性骚扰。二级性骚扰指下列三种类型的骚扰行为：第一，语言骚扰，包括各种带有性含义的性别歧视、性别偏见的言论以及侮辱、贬低、敌视女性的言论；第二，性挑逗，即一切不受欢迎、不合宜、带亵渎性行为的性挑逗行为，包括掀衣服、触摸女性胸部或私处、向女性暴露性器官、展示色情图片等；第三，性胁迫，以威胁或胁迫等违背妇女意志的手段强迫进行性行为或性服务，如强吻、搂抱或强行表现猥亵行为。如果上述语言或行为情节较为严重，即已经造成了使女性感到受威胁或对女性有敌意的环境，或已给女性造成了损害，就构成了二级性骚扰，应该受到法律的制裁。

一级性骚扰指性攻击行为，包括强奸、性虐待及任何造成身体伤害的暴力动作或异常行为。一级性骚扰相对二级性骚扰情节更加严

重，法律制裁也更严厉。

狭义的性骚扰通常指二级性骚扰的形式，即语言骚扰、性挑逗和性胁迫。

性骚扰是一种不受欢迎或不被接受的注意力，或带有性意识的接触。换句话说，若某一方用各种方法去接近或尝试接近另一方，而另一方没有兴趣、不喜欢、不愿意或不想要这些带有性意识的接近，便可以说是性骚扰。

然而最大的“不成熟”因素也许来自社会公众的态度。在很多人的心目中，性骚扰是大惊小怪、是某些女性的过敏反应、是不检点作风、是开放的女性自取其辱、是缺乏幽默感……由于舆论的压力，很多妇女只能在姐妹间私下谈话中透露自己这方面的苦恼、交流应对技巧，不到事态严重不肯也不敢公之于众。由于缺少法律依据和舆论支持，大多数受害者或者遮遮掩掩忍气吞声，或者以破釜沉舟之势四处找组织、找媒体反映情况，而这些“情况”大多不能获得领导的同情，不具备法律效力。

在社会生活的很多领域存在性骚扰，这已是无可争辩的事实。面对来自不同方面的性骚扰，我们应该怎样对待？首先，妇女反对性骚扰，除了敢于反抗，敢于说出自己所遭受的不公正对待以外，还应该努力寻求法律的保护。其次，从全社会的角度说，要创造一种尊重妇女的社会氛围，让大家都有一个“性骚扰者可耻”的明确观念是非常重要的。不仅教育女性要保护自己应有的权利，而且要教育广大男性学会尊重妇女，提倡用平等的态度来对待女性。因此，政府应该利用大众传播工具进行广泛的男女平等的教育，让广大公民对性骚扰有一个正确的认识，形成一种社会力量，制止性骚扰的发生，并通过宣传教育等形式培养公民对性骚扰的正确态度，改变社会上认为女性应该对性骚扰发生承担责任的错误观念，从而减少受害者的社会压力。

我们不能再以为性骚扰只是一件无关紧要的道德可以约束的小事，所幸的是很多有识之士已经在大声疾呼。2002 年 3 月 8 日，两会召开期间，全国人大代表、河南省胸科医院科研办公室药理研究室主任余彩莲递交了“尽早把‘反性骚扰法’纳入立法日程”的议案。其实这并不是对性骚扰立法的第一声呼唤。1998 年，全国人大常委会委员、江西省人大常委会副主任陈癸尊第一次向立法机构提出性骚扰的问题，引起了社会的广泛关注。1999 年 3 月，在九届全国人大二次会议上，陈癸尊等 32 名代表正式提交了《中华人民共和国反性骚扰的议案》。议案中提到，从全国妇联反映的情况来看，妇女受性骚扰正呈上升趋势，而长期以来，社会舆论将性骚扰视为难以启齿、不严肃的话题，因而性骚扰现象得以长期存在。为了贯彻实施《宪法》关于保护公民的人身自由和人格尊严不受侵犯，应及早制订中华人民共和国反性骚扰法。

对策二：掌握几种应对性骚扰的技巧

第一个技巧：要知道它何时发生，肯定自己是否受到性骚扰，保持冷静。相信自己的直觉，遇到不舒服的感觉时，不要怀疑，要相信自己。

关于性骚扰的定义，一定要清楚明白，不要抱着轻视或置之不理的态度，忍耐或逃避肯定解决不了问题；但也不可过分敏感，对性骚扰的反应太过激烈，这可能会激起他的攻击欲望。

从一开始便要表明拒绝态度，隐瞒或不示意会让对方以为你是接受的。拒绝的态度必须前后一致，否则会引起对方探究心理的兴趣，以为你喜欢这种情调，只是半推半就而已。

第二个技巧：沟通和使用身体上的防卫技巧。

从另一角度看，性骚扰是超越了可以接受的亲密界线。因此，无论男性或女性，遇到性骚扰时必须慎重地表明自己的立场及可以接受的界线。拒绝的态度要明确，平静、清楚地告诉对方你的不悦，请对方尊重你，也请他自爱自重；抽身离开，或利用人多的力量吓退性骚扰者。

第三个技巧：向可以信任的人倾诉，或寻求帮助。

纵使事情解决了，与人倾诉，也可以寻求支持及防止事情再发生；若事情还未解决，则必须向人倾诉，一起想办法阻止事情继续发生。倾诉的对象可以是父母、值得信任的同辈、老师或辅导员等。若经常受到性骚扰，就必须将发生的日期、时间、地点和对方的行为、说话记录下来，以便作为日后投诉的证据。

对策三：留心收集被骚扰的证据

首先，让我们来关注全国首例性骚扰案件。

此案传出后，一时间在社会上闹得沸沸扬扬，人们对此议论纷纷。有人说："这人太傻了，竟敢将这种事公开，即使赢了，对自己的名声也不好。"也有人说："这人太勇敢了，可给我们出了一口恶气，对付这种事只有这样才行。"王女士是西安市一家公司的员工，负责办公室内勤工作。被她告上法院的是她所在公司的总经理。和许多女性一样，王女士起诉前始终难以鼓起勇气走上诉讼之路，因为此前还从来没有人这样做过。她担心人们会对自己议论纷纷，给自己带来太多负面影响。但王女士考虑再三还是认为这个官司应该打，因为只有这样，其他受到侵害的人才会像她一样站起来，对这种行为坚决抵制、抗争。

王女士起诉称，从 1994 年开始，经理就多次以将她调到好部门

为诱饵，在办公室内对她动手动脚，遭到她的严厉斥责和反抗。但经理不仅毫无收敛，反而变本加厉，不仅在不同场合对她进行骚扰，甚至提出要和她一起去酒店开房间。由于她每次均坚决拒绝，经理竟然在工作中予以刁难，无故克扣她的福利和奖金。加上她本来身体就不太好，因此她多次受气后昏倒。

2001 年 7 月，王女士再三考虑后最终鼓起勇气，向莲湖法院递交诉状，要求经理对她赔礼道歉。王女士因此成了全国第一位法院立案审理的“性骚扰”案原告当事人，此事也引起社会各界的广泛关注。

据法院人士介绍，国外许多国家都有关于反性骚扰的立法，但我国一直没有相关的立法，王女士这件案子也只能以侵害人身权立案。对于这类事情目前还缺乏相应的审判实践积累，法庭在调查取证上也存在一定难度。另外，像这类牵扯当事人个人隐私的问题，一般需十分慎重，应充分注意保护当事人的隐私。虽然国家尚无专门针对性骚扰的相关立法，但法官可对此类事情以侵犯人身权进行查处，关键在于证据的取得，如果有十分明确的证据，也能对该行为予以惩处。对此有关专家也认为，国家虽然没有相关的立法，但可以在和公民人身权利有关的法律中进行分散立法，从保护公民人身权利出发禁止性骚扰。从社会的角度来讲，对于这种事情受害者一定要勇于抗争，敢于站出来和这种行为作斗争，虽然可能由于取证难、较隐秘等难以让对方受到法律的惩处，但起码可让这些人退避三舍、敬而远之，从而达到保护自己的目的。

我们可以由此案例得到启示：假如有一天为了捍卫自己的权利不得不对簿公堂，证据的取得非常重要。未雨绸缪，我们有必要对性骚扰的取证有所了解，并要对所遇到的困难有一个充分的估计。

相对于其他普通民事案件，性骚扰的取证有一定难度。性骚扰取

证难，首先难在性骚扰常发生在隐秘场所，一般没有第三人在场，即使有第三人在场，第三人是否愿意出庭作证也是一个问题。性骚扰取证难，还难在性骚扰随时可能发生，但不可能随时携录音、录像设备取证。性骚扰取证难，还难在具法律效力的证据必须具备三个特征，即和本案有关联性、证据的真实性和合法性。

关于性骚扰案件是否可以采取录音、录像的方式取证？全国知名律师江晓阳认为：从法律角度来说，取证行为本身是合法的，不是法律所禁止的。合法取证，一般指在公共场所录音、录像。搜集证据的行为一定要合法，不能采取违法手段搜集证据，否则这个证据就不能被法庭采信。你搜集一大堆的证据，但和本案没关系，法院将不予采信。假如就性骚扰案件向法庭提供录音、录像资料，来源可能有不同的方式。比如女方事先到某一场所去会见某个男士，会带着录音机，谈话过程中把录音机打开，男士在谈话当中言语上有性骚扰的倾向，按照司法解释，这是合法的。还有一种情况，原被告双方在某种场合中，男方有性骚扰的行为和举动，有第三者碰巧录下像来，原告找到第三者，把录像资料提交给法庭，这也是合法的。私人空间，比如在女方家庭，出于其他原因，在家庭设置了录像探头，男方到女方家里，不知道有摄像头，男方的性骚扰行为被录像，这也是属于合法的。

性骚扰案中原告有可能侵犯对方的权利，怎样做到取证而又不侵犯对方的名誉权呢？

江律师认为：原告对法律是不是非常了解、对诉讼程序是否非常清楚很重要。如果确实非常熟悉的话，就会判断自己的证据能不能足以让法院支持你的主张，如果法院支持你的主张，对对方的名誉权就不构成侵犯，如果没有把握，或者对法律不熟悉，就应当委托对法律比较熟悉的人帮你做判断。

为什么在国外不管大小事都要找律师帮助解决？就是因为当事人对法律不是非常熟悉和了解，会有很多意想不到的事情出现，作为普通老百姓有可能不知所措。操作过程中要找一个精通法律的律师帮你做决策。

性骚扰随时随地都可能遇到，怎样保护自己？假如一位女士经常遇到性骚扰，建议你随时带一个录音机，如果你觉得那个人有这种可能，可以随时打开录音机录下来，如果上司和同事知道你随时带有录音机，一般情况下不敢对你实施性骚扰。

第三章　Title 光环

时下，一些老板的心理学可谓是学到家了。我想给他们一个心理学硕士也不为过。他们盯住了求职者的虚荣心，往往在招聘时摆出的头衔确实比较吸引人。什么“市场总监”、“法律顾问”、“高级助理”、“资深工程师”……如此的职位名称，哪个求职者不心动？然而，事实上果真如此吗？

案例一：如此编辑

“本企业规模巨大，是海外一个大国际集团公司，投资上亿美元，与Z研究所共同开发植物园，还计划上市发行股票。现面向社会招聘高素质人才。”

这是招聘广告的内容。如此大规模的企业，又有海外某国际集团公司做后盾，试问哪个求职者不心动？我就是其中动心的一个，而我应聘的职位是：编辑。

应聘过程和经历，出乎我的意料。

招聘官是个五大三粗的男人，口气也大，一见面就递张名片给我。我连忙像读圣贤书一样，仔细阅读这张名片。这才知道，坐在这张特大号大班桌后面的男人，正是Z研究所的所长。

“我招收的编辑必须与众不同。”我还在阅读名片，所长已经开腔了。

我赶紧收起名片，洗耳恭听。所长的意念真是与众不同，他招聘

的编辑不是编报、编书之类，而是编名言锦句的。我一下子怔住了，像傻瓜一样望着所长发呆。

这位大所长所说的做法，我是闻所未闻。

原来他招收的编辑与中草药、植物园的宣传无关，而是为平民百姓编撰一句名言，让他们刻在一块长方形的石碑上。

所长豪情万丈："我已起好了名称，叫千秋石碑林，栽在中草药园的中间。中草药就像花草一样供奉这些石碑，哦，不对，是名言名句。"

所长还表示，并不是所有的语言都够资格刻在石碑上。他设这个编辑部，必须认真选择、编辑名言名句，有意义的才给上，没意思的坚决砍下来。

所长说到砍，顺便做了个砍的手势。所长身体往前一靠，爽快地说："你是个人才，我就挑你。你就给我编撰编撰，看哪一个的行为、语言够资格上石碑。"

所长兴奋莫名，他说上午挑中的编辑，每人都立即开出几十个名单，现在已经出去开始工作了。

"中国人无论生前死后，都喜欢留下一些东西。我的千秋石碑林比任何物体都有价值。1 千元 1 条名言，千秋万世，不仅他的后代，其他人都会记住他。"所长说。

"1 千元 1 条名言？"我吃惊地问。我竟然天真地认为，千秋石碑林是个免费工程，所长是个慈善家，钱多得发霉，为他人树碑立传。

"1 千元太便宜了，是吧？"所长竟然劝我："不要紧，先开个头，以后再加价。"

就这样，我不知道自己成了编辑人员还是成了"千秋石碑林"的推销人员。我遵从所长的教诲，先开辟有钱老板这一块客源。所长之意，这些人是先富起来的一批，钱多了，便老想着怎么花费一部分。

打麻将、锄大地、桑拿、沐足，一高兴呼啦一声，将一帮人拉到酒楼大吃大喝。一万几千扔出去，眼都不眨一下。1 千元对这些老板来说，犹如小菜一碟。只要话题对劲，可能还不止认订 1 条呢!

有的老板特别喜欢跟人打交道，听到对方是女人声音，他就不反对，立即签单。提到这些，所长还故意看着我，说："你现在知道我为什么收你了，你应该比其他新人更容易找到客户。"

开辟客源方式，由编辑人员自行解决，你可以直接上门，也可以打电话，所长不会提供任何条件，签一张单回来，所长就给 25% 提成。

我选择用打电话的方式。直接上门，犹如推销，最容易让人扫地出门，难堪。用电话找客人，别人只闻其声，不见其人，就算想将我扫地出门，也找不到目标，语言不中听，我干脆挂机。

我必须转行了。所长来电话催单，我就说那些老板不愿意做。所长便要我改变策略，开辟亲戚朋友客源，1 千元一条不行，打折，可以打到七折。

我是再也不遵从所长的教诲了。两个月后，我再打所长办公室的电话，接电话的人说，这里不是 Z 研究所。

"雁过留声，人过留名"这是中国数千年的习俗。特别是后人对先人的怀念和尊敬，往往会转化到某件物件上。所以，寺庙的功德堂、永久陵园等，不论经济环境如何，生意一样兴旺。

Z 研究所，就是抓住这一点大做文章。他们非常掌握中国人的心理状况，并且善于利用。所谓死者为大，后人对于先人，不管之前如何的不满，人都死了，什么怨恨都烟消云散了。接下来要做的，就是如何在先人的生辰、死忌拜祭一番，总要有先人某样物件的，总不能凭空拜祭吧。

财大气粗也罢，本钱少者也罢，Z 研究所都会为他们策划一个很

佳的方案。财大气粗者，既然阴宅都买得起，1 千元还拿不出来？有了永久墓地，当然也要有永久石碑了，不然，如何衬得起你这样有身份的人。瞧瞧，财大气粗者不由得掏钱了。

本钱少者，自然有另一种版本应对：功德堂位置这么小，谁看得清你呀！千秋石碑林就不同，大块石碑树着，你的名句、你的大名刻着，远隔千米都能望见。

难怪，这个 Z 研究所，它真的将中国习俗、人的心理状况研究透彻了。令我们应聘者不得不服，认为这块园地有得开发，便投身此行了。

招聘企业往往会主动邀请应聘者，甚至带客户前往实地考察。这又是他们吃透人们心理的另一种做法。虽然仍然有人不大灵活，但是，不少人已经开始变得精明，不见兔子不撒鹰。你 Z 研究所说搞千秋石碑林，在哪儿？光看石块还不行，必须要知道园地在何处。

有胆大的应聘者提了出来，也有胆怯的应聘者不说，但是，眼里就有这个意思。招聘企业早有应对，别急吗！我们公司安排实地考察，车辆都安排妥了。

如果应聘者认为园地我都看过、去过，应该没问题，那么，你就大错特错了。实地考察的过程犹如影视剧一样，可能有人不相信，但是，真真正正是这样。

招聘企业车的性能特别差，所走的路特别窄，又特别凹凸不平，而且拐弯特别多。一进车，你已经觉得胃在翻腾。车拐了两三道弯，身体就撑不住了，“哇，哇”吐个不停，头晕脑涨。

就算身壮如牛，拐两三道弯还看得见路标，拐上十道、八道弯，也就糊里糊涂的不辨东西南北了。真是身在何处我不知，差点连我是谁都不知了。

这就是招聘企业所玩的花样，等你应聘者、客户两眼茫然之际，

他们就可以指鹿为马了。Z 研究所说这里是从化，我们就只能当这里是从化；Z 研究所说这方圆几公顷地是他们的，我们也只能认同。

不排除有应聘者、客户没排除疑点，过后去查证这块地到底属于谁。结果是失望而回，因为连这块地是在从化还是在仁化都不得而知，如何去查证？

由始至终，应聘者和客户都无从知道，招聘企业是海外某国际集团公司、或是 Z 研究所、还是植物园。更加无人知道谁招聘你，是海外某国际集团公司、或是 Z 研究所、还是植物园。

无论在招聘场地，还是实场考察的园地，应聘者都不会看到任何有关这三个企业的证照。就算有胆大的应聘者问到，招聘企业就会这样回答："我们企业发展得很大，这个写字楼太小，没法做事。大的写字楼已经装修好，公司很多物件都搬到那边了。"就这样绕了过去。也有的招聘企业，如 Z 研究所的所长，根本就不给应聘者有插嘴说话的机会。待应聘者想到问题，准备开腔时，这所长已经叫下一位应聘者进来面试："你回去等电话，准备去看看我们的千秋石碑林。"

由始至终，应聘者只能见到招聘企业的几个人：Z 研究所的所长、司机和随应聘者前往园地的公司人员。

招聘企业的这几个人，身份一日几变。时而是 Z 研究所，时而是植物园，时而又是海外某国际集团公司，给应聘者的感觉是：这几个人都身兼数职，而且是身兼要职，是这几个企业的支柱，都是做业务做上来的。

这样一来，有意无意地，他们给应聘者传递了一个信息：多做业务额，谁短时期做得多了，就有机会被选上来做管理人员。

应聘者你不能不为之心动，谁不知道做业务员压力大，谁不知道做管理人员月薪高又无压力，每个月稳拿几千元。业务员奔忙一个月，吃白果是常发生的事。

于是，应聘者便努力去为招聘企业拓展客户，为这张空头支票奔忙。

这类招聘企业往往并不存在，不论是植物园、研究所还是千秋石碑林，都属子虚乌有。名称由他们起，怎么好听就怎么起，反正也没有人去查他们，目的就是圈钱。什么名称能迅速圈到钱，就使用什么名称。钱到手之日，就是所有名称、企业消失之时。(资料来源：邝瑞琴)

目前，有许多公司招聘职员时，职位、公司和薪酬描述都严重失实。招聘单位将原本很小的私营企业，说成拥有上亿元资产的大公司，将办公室内勤人员称为文员，以花言巧语说服求职者，利用马上签订合同和高额毁约金的方式套牢求职者。例如，市场上推销员等业务人员工作辛苦，报酬不高，但用人单位需求甚多，于是普通的推荐工作往往被极尽粉饰、包装之能事，求职者往往直到上班的第一天才知道实情。还有些公司不成规模，职位的工作内容也不明确，但为了吸引较高学历的应聘者，就对应聘者许以很高的薪水或职位，如年薪10万元、市场总监、财务总监等。有的单位竟然打肿脸充胖子地付高薪，但高薪的背后常常是超负荷的付出，甚至会以金钱和暴力胁迫你做一些非法的事情。

案例二：头衔的奥秘

笔者有一位很要好的新加坡老板，在新加坡、马来西亚、泰国及无锡工业园区都有不小的投资，这些年来业绩辉煌，其企业已成为上市公司，股票颇为看好，他的用人秘诀是："人才录用前头衔要大，录用后头衔要小。"笔者思考再三，觉得很有内涵，奥秘很深，感触很多。

由于种种原因，目前招聘广告的效果不佳，众多的外资企业为了吸纳人才，在"头衔"上玩起花招。这同许多外资企业头衔设置的任意性有关，例如，一般销售业务员难以招聘，"业务主办"、"营销代表"的头衔便应运而生，甚至有的企业给所有业务人员配备了"业务主任"的头衔。于是就发生了三位"业务主任"同时向一家企业上门推销产品的笑话，搞得该企业负责人以十分困惑的眼光询问这三位"业务主任"："你们单位究竟有几个主任?"滥用头衔时有发生，仅是为了满足相当部分求职者的虚荣心理，"经理"、"总监"头衔的真实含金量已大打折扣。不少老板们的想法是：只要你肯来，给几个头衔算什么，反正也不享受什么待遇。于是乎，"高帽子"、"大头衔"泛滥成灾已成人才市场一景，这就是"人才录用前头衔要大"的真实写照。

当优秀人才加盟企业之后，老板们又再一次打起了"小九九"，对头衔的使用便十分吝啬。某日资企业招聘广告上明明写的是招聘

“人事部长”，人才们趋之若骛，老板对一位被录用的人才承诺说：“你要先从人事科长做起，让我们观察一段时间再决定，并且保证把部长的位子空缺留给你。”这位人才信以为真，可是苦苦干了三年，科长还是科长，部长的位子依旧空缺。可这位科长干的完全就是部长的工作。这位人才愤怒地说：“这简直就是一个骗局。”

“录用后头衔要小”的好处有三：首先可以借考察、考验为名，让被录用者拼命工作，为了争取更高的职位空缺而“舍生忘死”，替老板卖命；其次，可以在薪水上节约不少，像上述例子中的日资企业，部长有部长的待遇标准，而科长们是享受不到的，但活却干的是部长的活；第三，可以有效阻止优秀人才的跳槽行为：有一只“苹果”悬在空中，让“猴儿们”不愿离开，同时，你仅是“科长”，别的企业招“经理”、“部长”，你的水平尚不到，很难相提并论，安心地干吧，会有机会爬上去的。

巧用头衔，妙用头衔，老板们确实是动足了脑筋的。当优秀人才们发觉时，已为时已晚。

应当提醒众多的求职者：求职应保持清醒的头脑，切莫轻易被老板们轻率的承诺而动心。

案例三：遭遇著名咨询公司

我是北京大学 99 届的应届毕业生，虽然受到 SARS 影响，全国的就业形势非常严峻，但我还是早早地在北京找到了一家较好单位准备签约。后来为了实现我到上海这样一个国际化大都市的梦想，我又主动放弃了在北京的工作，于 2003 年 7 月到上海求职。

先是四处投递简历，同时也面试了几家单位，但都因为不是很满意而放弃。后来，我接到一家号称是中国十大优秀咨询公司之一的上

海某某咨询公司的面试电话，我应聘的职位是“高级咨询师”。于是，我通过网站询查了他们的情况，各方面的信息都反映出这是一家很不错的专业咨询公司。同时，我也知道，在中国，咨询业属于新兴的行业，也就是人们经常说的朝阳行业，再加之我对做咨询这种与人打交道比较多的职业很有兴趣，所以，就精心准备了这次面试。

一、与公司“一见钟情”

面试当天，我早早来到该公司，发现其无论是办公环境还是公司员工的精神状态都很不错，他们非常热情，向每位面试人员详细介绍了公司的具体情况。比如，获过什么奖，有多少知名专家，媒体进行了多少报道等等，还说公司的总部位于美国旧金山，让我们觉得真是实力雄厚，非同一般（后来才知道，他们是在老板的警告下，将我们每位应聘者都当做是潜在客户，所以，招聘的另一个目的是发现更多的客户）。我心里暗下决心：一定要将这次面试做到最好！

二、难以完成的笔试

面试的第一道程序是考试，看似非常严格的考试。他们分别给每一位前来应聘的人出一道有阅读材料的论述题和一道命题作文，论述和作文都要求在 2000 字以上，做完这些题目就要花掉近一个上午的时间。这还不算，等做完题目以后，他们又会从你的文章中找出一篇让你全部用英文翻译过来，等翻译完了还要将这些用 Powerpoint 的格式做成幻灯片。这一圈下来，就从上午 10 点到了下午 3 点，中间连午饭也顾不上吃。所以，好几个应聘者因为受不了而中途撤离。为此，我心里还暗自窃喜，毕竟，少一个竞争者就多了一份成功的希望。

三、杀人最后的面谈

匆匆吃了一点饭，我们又开始了第二轮面试：面谈。面谈分为两次，一次是与人力资源部的专职人员（实际上是刚刚招进去不久的员

工）面谈，等这一次通过了才能进入老板的办公室，老板的办公室与员工办公室截然不同，显得十分神秘，凸现了他的特殊地位，也让我们这些初到者以为是何等的专家在里面坐镇，弄得我还有些紧张。好不容易才获得了进入总经理办公室的机会，老板的打扮俨然一幅专家的模样，戴着黑边眼镜——后来才知道是为了获得客户信任而做的平光眼镜，笑容可掬——后来再也没有对员工们露出过一丝微笑——与我交谈，显得温文尔雅、彬彬有礼。面谈结束时，我终于听到他说："你明天来见习吧！"我一高兴竟然忘记问何时签约，更没有问薪水多少的问题了。最后，我和几位可以见习的应聘者一起接受了相关的短暂培训，一直到晚上近10点才完全结束。

四、小结

那天面试的许多应聘者都毕业于各大名校，如复旦、南开、华中理工等，因为，他们招聘简历上就有一条要求是名校背景。等后来到公司工作了一段时间才知道，这一套复杂的程序完全是为了达到三个目的：第一，给应聘者一个公司非常正规的印象，以掩盖其不正规的事实；第二，让应聘者知道你的工作机会来之不易，来了一定要好好干活；第三，培养潜在的客户群，让没有被录用的员工也以为这是一家了不起的公司。他们对于应聘者的文章根本就没有读过，更不用说看翻译成英文的文章了，不过，这些文章会被他们利用在自己的网站上冒充是自己的原创作品，或者经过修改以首席专家（即老板）的名义发表于上海各大媒体作为公司的宣传之用。(资料来源：瓜娃子)

对策一：求职陷阱早知道

"高薪诚聘，年薪×万"，"包吃包住，立即上岗"，"工作轻松，待遇一流"……翻开报纸，许多企业在招聘广告上做的承诺都会让求

职者怦然心动，心驰神往。在此，想提醒广大求职者，千万别头脑发热，由于空口无凭，很多承诺都藏有猫腻，盲目轻信只会让自己吃苦头。

在求职中，究竟求才资讯如何取得？如何才能避开求职陷阱呢？

一般而言，求职的门路主要有以下几种：

1. 媒体、网络。

2. 各类人才市场、劳动力市场。

3. 人力资源公司、职业介绍所。虽然市场上充满了无限的契机与可能，但是相对也充斥了许多骗局与陷阱，加之骗术手法的“日新月异”，在此有必要提醒所有求职者提高警惕，以下罗列出一些新出现的求职陷阱：

最为常见的是以征求管理内勤人员为饵，引你掉入拉业务的陷

阱。"说是招经理，让你发小报"，"岗位是财务，工作在车间"，这是许多老板玩岗位猫腻给你，待你发觉上当，再想改变就没那么容易了，从而陷入两难境地，要么任其宰割，要么脱层皮，横遭磨难。这种类型的骗局很多，分布在不同的行业。

其他的陷阱包括以征求企划人员或行政助理为名目，到职后却要求先干出业绩方可成为正式员工，有些不法的职业介绍所或是家教社，以替人介绍工作为由，巧立名目收受各种介绍费、保险费、保证金，不开收据，而且收费之后一再拖延，或者是介绍一些与求职者预期落差很大的工作，与其宣称的广告差异很大。

对策二：学会识别招聘广告

从不久前发生的一桩桩求职被骗事件中，我们不得不对求职的市场做一些反思。求职市场上有林林总总的招聘信息、多种多样的招聘渠道、花样繁多的骗子把戏，难怪有那么多人上当受骗。在这个日益市场化的环境中，多掌握一些求职的基本知识和多了解一些目前的市场情况，增强对各种诱惑的抵抗能力并提高自我保护的意识，方可减少上当受骗的概率。

你是否已站到了"陷阱"的边缘？首先你得了解招聘广告的类型。

刊登真诚招纳贤士能人的广告是有些企业刊登招聘广告始终奉行的准则。这类企业的广告会刊登在醒目版面上，通常广告起首处有企业背景、经营项目等简要介绍。广告以明了的文字刊出招聘职位以及用户所需人员。即使对招聘人数很有限的助理、高级管理者等岗位，也会以很规范、严谨的文字，一一叙写清楚。

带有商业炒作行为的招聘广告大都仅仅限于公关、市场策划等很

小的职业范围内，对其应聘者要求很苛刻。为引起人们注意，这种广告还会写上颇有诱惑力的待遇情况，以显示自身“实力”。

商业炒作性的广告在刊发后大都会不了了之，有的即使录用了应聘者，也并非会像招聘广告中所陈述的那样“厚礼”相待。所以，此类广告仅仅是炒作行为。

夸张式广告是广告常见的表现形式，此类广告篇幅小，口气大，以刊登在报刊中缝居多。如有的企业，在招聘广告设计一职时，明明只录用 3 名，却故意写上 6 名设计者，类似这种哗众取宠的广告，不时会碰到。

夸张式招聘广告，在介绍其自身企业环境时，常会来一番夸张，但实地察看后，并非如此，有的连经营执照都没有。

现今招聘广告中，还有其他类型，“匿名广告”也是较多出现的一种。此类广告通篇不会透露企业名称，求职者要格外留神。

贴街头招聘广告的单位多是“皮包公司”，收取报名费、培训费、置装费、介绍费、押金之后，常常是人去楼空。

还有的招聘广告明为招聘广告实则企业的广告宣传。有些企业为了达到形象宣传的目的，在大型人才交流会上租个摊位，趁机宣传企业和产品，为显示自身的实力，有的企业还会在招聘广告上写上颇有诱惑力的待遇。但此类广告在刊发后大都不了了之。另一种情况更为糟糕，这类企业人员流动频繁，经营十分不规范，为了给打工者少付工资，便一直在试用期内用人。这样的企业通常不会与你签订正式的劳动合同，而且收入也没有保障。

有的应聘者很容易被名不副实的高薪和职位所迷惑。有的公司不成规模，职位工作内容也不明确，但为了吸引较高学历的应聘者，就对应聘者许以很高的薪水或职位，如年薪百万、市场总监、财务总监，但这些企业多是小本经营，一旦短时间内赚不到钱，便会偃旗

息鼓。

如何在求职过程中避免上当受骗呢？现在，越来越多的企业在报纸上登广告招聘员工，由于花费少、信息量大，见效快，成为下岗职工寻找工作的重要途径，看招聘广告也有许多学问。

求职者在找工作时一定要通过正规媒体查询招聘信息，擦亮眼睛，仔细辨别。某些职介机构为了壮大声势，从报纸或是大型的退役军人人才网站上收集过期的招聘信息或是杜撰招聘内容，假招聘时有发生，求职者稍有不慎就有可能堕入求职陷阱。

对高薪广告一定要保持理智的头脑。目前许多广告打出的工资高得惊人，如年薪十万元、百万元。这些单位大多对学历、经验、能力、社会关系要求较高，不适合下岗职工，而且许多广告是为了制造轰动效应，起促销作用，大可不必理它。看到某些招聘广告说“待遇优厚、工作轻松、对人的能力要求不高”，头脑中最好多打个问号，要看看天上掉下的是馅饼还是诱饵；某些单位在发布招聘广告时只对外公布一个信箱号码或电话号码，而不公布公司（单位）地址，或以“某单位”为主体发布广告，却声明“谢绝来访”，对此最好还是私访一下，至少要证明这个公司的存在及具体规模；对于那些声明求贤若渴并可“替应聘者保密”、“月收入极高”，或以“年轻貌美”为条件的招聘广告，切记多个心眼，毕竟应征者多，职位少，单位根本没有必要低三下四地求你，暧昧的广告后不一定是什么光彩的职业；对于招收演员、歌星、模特的广告，先要考虑自己的条件，再查明其真实性。梦越美的地方，圈套越多；在某些人才交流会外散发小广告，对你填完表格后，数日内便来电话声称给你找到了一份工作的人才中介机构，还是少接触为妙。

仔细阅读招聘广告，如果广告中第一目的是你在上岗前必须交一份保证金或者是报名费、培训费，或者其他什么费之类的，那么你的

一只脚已经踏在陷阱边上了；与用人单位直接接触，尽量避免通过中介，特别是那些无正式执照的小规模中介机构；遇热心的陌生人主动给你找的工作，还是不去为妙，天下当然是好人多，但坏人也不少；不要被职位名称的光彩迷惑，比如“经理助理”、“市场总监”等，要先弄清楚公司的真正规模，职位的实际工作内容。“宁做大家奴，不做小家女”，职位名称只是一个无效的符号。

注意时效性。由于报纸发行量大，覆盖面广，因而应聘的人多，竞争激烈，求职人员应尽可能早地买到报纸，早做准备，早点去应聘，以增加就业机会。

充分利用缓冲期。许多广告都列明见报三天后现场招聘，求职者可利用这段时间打电话或实地考察招聘单位，了解经营和福利情况，做好思想准备，把握主动权，做到正式应聘时心中有数，增加成功机会。

注意选择对象。目前广告上最多的是招营销和寿险人员，这些工作没有底薪和劳动福利，按销售提成，工作辛苦且要有一定的社会关系，选择时应慎重，可作为兼职。

留意附加条件。许多招聘广告都注明年龄、学历、职称等，这是硬条件，活动余地较小。也有的广告注明某些条件优先，求职人员可根据自己的特长大胆应聘。还有的广告有“特殊情况可适当放宽”等字样，则应抓住机会，集中推销自己的长处，争取获得成功。

另外，切不要为职位的光环所迷惑。职位的名称只是一个符号而已，搞清楚具体的职位内容最重要。在求职者正式进入单位之前，想方设法加强对企业的了解，以免误入骗子设下的陷阱。求职者在求职前或求职过程中，应主动学习一些劳动法规和相关政策，提高自己的求职素质和独立思考的能力。比如：求职者应知道“任何招聘单位以任何名义向求职者收取抵押金、风险金、报名费、培训费等都属于非

法行为，遇此情况要坚持拒交。

求职者一旦发觉上当受骗，要及时向招聘单位所在地的人事部门、劳动监察部门或公安局、派出所报案，寻求法律保护。由于劳务诈骗往往涉及公安、工商、劳动、人事等部门，求职者应该根据情况选择最有效的投诉部门，若被投诉对象为合法机构，求职者可以找劳动部门；若被投诉方为无证无照经营的职介公司，求职者可以同时投诉到工商、劳动部门；若求职受骗情况特别严重、诈骗金额大，可以到公安部门报案。

对策三：别忘了签书面劳动合同

很多打工者不知道“劳动合同”为何物，即使一些略知一二的劳动者，也认为“劳动合同”的签订是多此一举。殊不知，一旦发生劳工纠纷，执法部门依据的就是劳动合同。如果不与用人单位签订合法的劳动合同，就无法拿起法律的武器，维护自己应有的权利和权益!

不久前，小李从某报看到一则招聘“采编精英”的广告，立即前往一家行业性报纸去面试。去了以后才知道，对方根本就不是招“月薪3000元以上的行业报刊记者”，而是招聘只能拿责任底薪、提成的广告业务员。

这种“挂羊头、卖狗肉”的招聘，在营销行业里更普遍，也更具隐蔽性。一家民营建材销售公司的经理透露，现在有不少销售公司常年通过广告招聘营销人才，实际上是利用招聘媒介做广告宣传，有些则是大量招聘所谓“储备干部”，实则是当作工资低廉的业务员来使用。

但是，由于没有签订书面的劳动合同，小李想告这家黑公司也感觉力不从心。那什么是劳动合同？签订劳动合同真有这么大的意义

吗？

劳动合同又称劳动契约、劳动协议。劳动合同是劳动者与用人单位确立劳动关系，明确双方权利和义务的协议。劳动法第16条规定："建立劳动关系应当订立劳动合同。"法律明文规定，用人单位与劳动者之间应当以书面合同的形式确立劳动关系。尽管我国从1980年进行签订劳动合同试点时起至今已有二十多年的历史，劳动法也颁布多年了，但在实际生活中，不订立书面劳动合同的现象屡见不鲜。尤其是个体工商户雇工、建筑和拆迁行业临时雇工、农民进城务工时大多不签订书面劳动合同，以致发生争议后，各执其词，无所适从。有些招聘单位为了这样或者那样的目的，大肆营造Title光环，对应聘人员进行各种虚假承诺。一旦引起劳资纠纷，他们便以各种理由推得一干二净。由于没有签订书面劳动合同，许多员工结果只得哑巴吃黄连，有苦说不出，没有办法制裁违规者。因此，以书面形式确定劳动关系，有着极其重要的意义，主要表现在以下几个方面：

首先，劳动合同是劳动者实现劳动权的保障。劳动权是法律赋予劳动者最基本的权利，它是劳动者一切具体劳动权利的基础。劳动者没有工作，就不可能享受劳动报酬权，不可能享受休息、休假权，也不可能获得劳动安全和卫生保护，甚至劳动权不能实现，会危及劳动者的生存，因此，劳动权是公民生存权利的基础。

其次，我国劳动权的内容主要表现为劳动者的平等就业权和自主择业权。平等就业权是一种受益权，即凡是有劳动能力和劳动愿望的公民不分民族、种族、性别、宗教信仰等有何不同，都有平等地获得劳动机会的权利，禁止就业歧视。自主择业权是一种自由权，即劳动者有权根据自己的意愿、才能、教育程度，并在考虑社会需求的情况下选择职业和工种。我国宪法规定了劳动者的权利，但是劳动者劳动权的实现需要通过一定的途径。在计划经济体制下，靠国家的行政命

令实现劳动者的劳动权利，虽然劳动者通过行政手段绝大部分得到了就业机会，但却未必附和自己的意愿、兴趣、才能。市场经济下，国家保障劳动者自主择业权的实现，主要通过在平等自愿、协商一致的原则下签订劳动合同来订立、变更或终止劳动关系，并对用人单位滥用解雇权的行为加以必要的限制。劳动合同是劳动者劳动权实现的保障。

另外，劳动合同是劳动者维护自身合法权益的有利武器。《劳动法》对于用人单位和劳动者的权利义务做了一些规定。这些规定是纲领性、原则性的，对于劳动合同的订立具有指导意义。但是《劳动法》不可能对每一个劳动合同都做出详细的规定，而且有些合同条款是无法用《劳动法》加以规定的，如报酬数额，只要报酬在国家规定的最低工资标准以上就不违法。

在劳动合同中，劳动者与用人单位可以对有关事项进行详细而完备的约定，对于劳动条件、劳动报酬、社会保险、福利待遇等方面，在不低于国家法律规定的最低标准的情况下，尽可能做有利于劳动者的约定，还可以约定违反劳动合同的责任。一旦用人单位违反劳动合同，劳动者就可以依据劳动法的规定、劳动合同的约定，请求司法救济或行政救济。

对事实劳动关系，虽然国家确认并保护劳动者的合法权益，但由于劳动者处于弱势地位，维权的道路非常艰辛。首先，确认劳动关系的举证就因为没有书面合同而举步维艰。相对而言，订立书面劳动合同，使劳动关系清晰明了，用人单位与劳动者的权利义务，都写在合同中，有章可循，有约在先，有利于维护劳动者自身的合法权益。

订立书面劳动合同可以减少或预防劳动争议的发生。以前，用人单位与劳动者之间的权利义务是靠规章、命令、政策规定的。由于规章、政策、规定的非常笼统，缺乏可操作性。在发生劳动争议时无法

可依，甚至有时连是非也无法判断。用人单位和劳动者也不大清楚自己的权利义务，总觉得自己尽到了义务而没有享受应有的权利。签订劳动合同后，双方的权利义务明确了，用人单位和劳动者也都尽量履行义务，防止因违约而导致责任的发生。从而减少了劳动争议的发生。即便发生纠纷，由于合同约定的权利义务明确，其争议也易得到解决，从而降低解决劳动争议的成本。

依法签订的劳动合同具有法律约束力，用人单位及劳动者必须履行劳动合同规定的义务。劳动合同的法律效力表现在以下几个方面：

首先，劳动合同对用人单位及劳动者具有法律约束力。依法订立的劳动合同受法律保护，双方当事人必须履行劳动合同规定的义务。任何一方违反劳动合同，另一方即可请求制裁或提起诉讼，追究对方的违约责任。

其次，劳动合同的变更、解除必须具备法律规定的条件并履行法律规定的特别程序。

最后，劳动合同不仅对用人单位和劳动者双方有约束力，对于有关系的第三者也有法律效力。任何第三方不得故意破坏已经存在的劳动合同，不得引诱或强制劳动合同当事人违约。

第四章　恶意试用

“试用”这个词对所有谋生的人恐怕都不会陌生。目前不经过试用而直接上班的公司可能很少见。顾名思义，所谓试用，就是试着用用。既然是试，当然就允许反悔。试了觉得可以，你就接着干，不行的话，就请你离开。一些“精明”的老板肯定会在这上面大做文章。其结果受益的自然是老板，受损的非员工莫属。

案例一：大学生的烦恼

大学生由于没有太多地接触社会，也就很容易落入一些不法单位的招聘圈套。一些用人单位试用期的条件很苛刻：超时劳动没有任何补偿，承诺的待遇说变就变。劳动部门就此提醒大学生，试用期也要与用人单位签合同。有些招聘单位在签订合同时注明“试用期半年(或三个月)，工资付一半，试用合格后工资补发”，可不等你试用期满就借故将你辞退，求职者成了廉价的短工。

下面是一名大学生的亲身经历，让我们先来看看他的故事吧。

毕业该找工作了，才发现自己会干的事大都是花钱的，没有赚钱的。然而，更加可怕的是，求职的道路不但不是平坦的，而且还可能有陷阱存在。

我到某家自称是同行业中数一数二的大公司应聘做网络文字编辑，面试出乎意料地顺利。面试临近结束的时候，经理向我提出：由于初步符合条件的同职位人很多，所以公司打算不带薪试用三天，第

二天马上上班，实行优胜劣汰。我想也有道理，而且求职心切，于是答应下来，并草签了协议。

上班头一天我就觉得不对劲，所谓“初步符合条件的同职位人很多”这个情况根本不存在。这家“同行业数一数二的大公司”，连经理带员工也不到10个人，其中还包括来应聘的3个人在内。新来的3个人中，网络文字编辑只有我一个，平面设计和市场营销也都是一个萝卜一个坑，我当时没有细想，只是天真地觉得没人和我竞争更好。

接下来的工作更令我想不通，我的工作是网络文字编辑，却没有分配给我一台电脑，后来好说歹说从出差的同事手中接过一台。我提出上网的要求被经理拖了3天也没有批准，现在回想起来，大概是本来就没有打算让我做编辑，所以省得上网增加成本。最令我受不了的是经理对我不信任，让我签了一份详尽的保密协议，仿佛我是商业间谍似的。经理把我们几个新来的当贼防，不断告诫我们，不要随便打听同事的工作，不要随便浏览电脑的记录，不要随便使用公司的软盘，不要随便……

公司当时正准备运作一个模特大赛，我的工作就是为大赛做文案，新招的搞平面设计的同事为大赛设计图标，市场营销的同事为大赛做策划。每天连续工作十几个小时，可大家都觉得找份工作不容易，不能怕辛苦。就算是这样，经理也一样可以找到充足的理由指责我们。

平面设计的同事最先拿出设计方案，也最先遭殃。经理借口他的设计不符合要求把他辞退了。平面设计的走了以后，公司对他的图标照用不误，仍然让我就他设计的图标写标志释义。既然对作品不满意为什么还要采用？我虽然惊讶，但是不敢多问。然而，厄运很快就轮到我头上了。经理先是借口我没有做好网络文字编辑的本职工作，

我反驳说我没有条件上网，对公司网络一无所知，闭门造车怎么能做好？经理显然也觉着这个借口有点说不过去，又改口说我写的东西与他们的要求风马牛不相及，与辞退平面设计的口吻如出一辙。

这时我才完全醒悟过来：公司根本就没有聘用我们的诚意，只是由于模特大赛筹备在即（我们不带薪试用期满的第二天，正是公司召开新闻发布会的日子，需要向媒体展示模特大赛的图标、文案、策划等），要找几个免费干活的傻瓜罢了。我知道多说无用，愤愤不平地离开了公司。

后来我浏览公司网页时发现，让经理“极不满意”的图标和文案赫然出现在屏幕上，我和平面设计的同事曾经发邮件质疑此事，不料堂堂经理居然耍起无赖，反问我们有什么证据证明那是我们的作品。我们无话可说。

吃一堑长一智，但愿我的经历能为后来者敲响警钟，因为这个公司毕竟只是免费使用我们罢了，我们损失不大。听说还有的公司以收取押金、服装费等方式骗钱的，我的经历真是小巫见大巫了。

李靖去年大学毕业后，在海口一家地产公司谋到一份文案策划的工作，公司要求试用三个月，工资 600 元，自行解决吃和住，试用合格即可签订合同，月薪为 1200 元。三个月试用期后小李和公司签合同时，公司却推翻原先的承诺，将小李等人的月薪由 1200 元减至 1000 元，且公司不替她们这批新人交各项保险。小李最终没有与公司签约，小李说，因没和公司签合同，她没有办法告该公司违约。

一位业内人士透露，一些公司实际上根本没有招聘计划，却利用试用期工资低的特点，通过不断招大学生在 3 个月里试用来达到低成本轮换使用劳动力的目的。

某高校应届毕业生小王最近经历了一场“过河拆桥”的变故，她为了找到一份满意的工作，在某私营公司试用期内兢兢业业，老板却

因她偶然的一次迟到将她解聘了。更让她难以接受的是，老板以她迟到一次为借口扣了她200元工资。

小王是南通市某高校中文系的应届毕业生，她在报纸上看到一家私营公司的招聘广告后，便到该公司应聘，并和老板达成了口头试用协议：试用3个月，试用期月工资400元，试用合格再签聘用合同。小王不是南通人，而她又想留在南通，于是她每天下课后骑着自行车风风火火地赶到公司上班。在试用期内，她不仅在业务上勤奋好学，而且每天都主动做好办公室的卫生，老板对小王的上进心也大加称赞。可是令小王始料不及的是，上星期的一天，因为雨天堵车她迟到了，老板就以她不遵守公司制度为名将她辞退，并以此为借口，在她应得的工资中扣下200元。

昨天，小王告诉我们，当初面试的时候，老板就知道她还在上学，只让她有空的时候来上班。在试用期间，小王一下课就连忙赶到公司上班，偶尔的一次迟到就成了该公司将她辞退的理由，这对她来说是一种伤害。

劳动部门的有关人员介绍说，对于正在找工作的应届大学生来说，由于他们还没有拿到毕业证书，仍然是学生身份，这个时候发生的劳动纠纷，从严格意义上说，不受《劳动法》的保护。试用期内，大学生最好和用人单位签订一份试用合同，以维护自己的权益。

案例二：窝火的“试用期”

媚儿，26岁，供职于某著名网站，资深人士。

那年，媚儿刚刚从大学毕业，一副柔而不弱、美而不娇的样子。她如愿应聘到一家网站工作——做编辑。上班都是按时的，而下班却往往没有定时，做不完的人做到半夜也不会有人觉得奇怪。她做得刻

苦努力，几次被委以重任，完成得都十分出色。

说好三个月的试用期，媚儿从来没有仔细考虑过这个事。她不是好高务远、不切实际的女孩，她相信自己把每一个步骤做好，加起来肯定就是完满。对自己的压力终于把她累倒了，就在试用期将满的前三天，媚儿病了，躺在和别人合租的简易楼里打点滴。三天后，病情好转，媚儿上班了，一如既往地打卡。她想不到，人力资源部的一个小妹妹正在她的办公室焦急地等着她，并随后偷偷告诉媚儿：部门经理对她的评价极其离谱，试用期不合格，她已经被公司解雇了。媚儿委屈得哭了，她没有想到，自己太年轻太老实了，被别人利用了。

后来，媚儿跳槽到另一家专业网站去做频道主管。回顾以往，媚儿感觉技术没学到多少，但做人方面算是有所收获吧。

长沙的杨女士也面临了类似的问题。今年 4 月，杨女士被上海岚科通讯设备有限公司聘为促销员。当时，对方称试用期不签合同，口头承诺底薪 800 元，不管吃住，每月 7 日发工资。而在 5 月 2 日，该公司突然将杨女士辞退，无奈的杨女士只好在离发工资仅几天的时候两手空空地离开了这家公司。

杨女士事后才知道，4 月份和她一同被招聘进来的 7 个同事，已经走了 5 个，没有一个人拿到了工资，另外两个同事已经工作一个多月了，也同样分文没有。杨女士觉得自己被骗了，找到该公司要求得到自己应得的工作报酬，该公司却以工资要上海总部来发为由一拖再拖。

上海岚科通讯设备有限公司长沙办事处的钟先生称，辞退杨女士是很正常的事情，因为公司招聘促销员时规定，促销员在 10 天内必须推销出一部手机，而杨女士上了十几天班却没有推销出一部手机，所以，公司要辞退她。而当记者向该办事处吴先生询问为什么招聘促销员没有签订劳动合同时，吴先生却无法做出答复。对于招聘人员无

法拿到工资的问题，吴先生称办事处没有发工资的权力，只能将员工的考勤情况上报到上海总部，然后由总部将工资打到员工的银行卡中，但由于出现了一点儿问题，工资暂时还没有打过来。对于依照《劳动法》的相关条例对这一说法提出的质疑，吴先生不能做出合理的解释。

吴先生说此事已经上报到上海总部，总公司十分重视，公司老总明天将亲自来长沙发放员工的工资，杨女士以及所有曾经在公司试用期里工作过的员工都可以依照《劳动法》的规定，依照约定的工资标准按日取酬。

依照我国相关法律的规定，如果用人单位想单方面解除劳动合同，就必须对劳动者“不符合录用条件”这一说法承担举证责任。否则，用人单位单方面解除劳动合同属于无效行为。

《劳动法》规定，在试用期内用人单位同样必须与劳动者签订劳动合同。在试用期内，用人单位必须按照劳动合同的约定给劳动者支付工资报酬，并且不得低于政府规定的最低工资标准。用人单位应该按照法律法规的规定，为劳动者缴纳各种社会保险，劳动合同期内的试用期也不得例外。劳动者在试用期内可随时提出解除劳动合同；用人单位在试用期内随意解除劳动合同，劳动者有获得经济补偿的权利。

案例三：试用期能单方面延长吗？

2003年2月28日赵斌与卓雅公司（地处上海）签订了期限从2003年3月1日到2004年2月29日的劳动合同，其中前两个月为试用期，试用期工资为2500元，试用期后工资为3000元。赵斌3月3日开始上班，五一期间按公司规定领取了过节费500元。

5月9日卓雅公司书面通知赵斌，其未通过试用期考评，按公司的规章制度，对第一次不能通过考评的试用期员工，公司暂不录用，延长试用两个月后，通过考评的，才能予以录用。6月30日公司书面通知赵斌，因其不能胜任工作，未通过公司第二次考评，公司决定不予录用，要求他当日结算工资，完成工作交接手续。赵斌对公司的做法表示愤怒，要求公司支付解除劳动合同的经济补偿金，但被拒绝。在律师的帮助下，赵斌向劳动争议仲裁委员会提出申诉，要求卓雅公司补发2003年5月、6月转正工资的差额部分，支付赵斌一个月的工资作为对劳动者的经济补偿。

卓雅公司认为公司在试用期解除不符合录用条件的职工，是用人单位的权力，根据规定也不需提前30天通知或支付1个月工资。赵斌未能按时获得公司转正，原因在于其自身水平达不到公司要求，单位要求延长试用期，他也并未提出异议，故单位继续支付试用期工资并无不妥。

仲裁委员会认为，试用期中，卓雅公司应当及时对赵斌进行各方面的考核，决定是否予以录用，认为赵斌不能胜任时，应当在试用期内决定与其解除劳动关系，单方延长试用期的做法欠妥。但因赵斌并未及时提出异议，试用期的延长可视为经过了赵斌同意。根据《上海市劳动合同条例》的有关规定，劳动合同期为1年的，试用期最长为3个月，故双方只能将2003年5月作为试用期结束，6月份应当作为试用期后的正式合同履行期。合同履行期间，卓雅公司应当发给赵斌转正待遇，提出解除劳动合同时，应当提前30天通知，并在30天内继续承担用人单位的义务。故裁决卓雅公司补发赵斌2003年6月的工资500元，因未提前30天通知解除劳动合同，应支付赵斌1个月的工资。

卓雅公司不服，向法院提起诉讼。

法院认为，卓雅公司在试用期内应及时对赵斌考评，决定是否予以录用。试用期过后即进入正式合同履行期，双方均负有完全履行合同约定的义务。试用期过后，卓雅公司单方决定延长试用期的做法没有法律依据，其延长试用期的通知不能作为双方协商一致延长试用期的依据，故对其提出的延长试用期不予采信。赵斌虽继续在卓雅公司工作，但因试用期延长未经赵斌同意，只能视为赵斌在继续履行劳动合同。合同履行期间，卓雅公司应当按合同的约定，给付赵斌转正待遇；解除劳动合同时，应当提前 30 天通知，未提前通知的，应自通知之日起 30 天内继续承担用人单位的义务，支付赵斌 1 个月的工资。故判决：卓雅公司补发赵斌 2003 年 5 月、6 月工资 1000 元，支付 1 个月的工资。

试用期条款并非劳动合同的必备内容，它本身就是当事人双方协商的产物，因此我们认为，试用期过后，当事人的任何一方都没有单方决定延长试用期的权利，只有履行合同的义务。试用期内未解除劳动合同，试用期过后，用人单位再以未通过考评为由要求延长试用期，行使试用期中的任意解除合同权是没有法律依据的。

从这个案例可以看出，试用期期限不是绝对不能延长，而是不能单方延长，用人单位单方的决定、通知或通过规章制度等形式决定延长的应视作无效。只有经双方协商一致且期限在法律、法规规定的期限内的延长试用期才合法。约定的试用期内不行使合同解除权的。

对策一：小心试用陷阱

眼看就要到试用期，将求职者解雇，这是不少“心怀鬼胎”的用人单位使用“物美价廉”求职者的杀手锏。

相当一部分企业利用劳动者的弱势和劳动者《劳动法》知识的欠

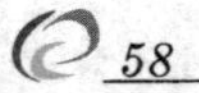

缺，曲解法律，以“试用期”为由，不与员工签订劳动合同，以达到随时解聘员工和在发生劳动争议时让员工手无“凭据”的目的。

面对承诺未来的“大馅饼”，劳动者首先得小心眼前的“陷阱”。

一、陷阱一：先过试用期，后签劳动合同

《劳动法》第16条规定“建立劳动关系应当订立劳动合同”。也就是说，无论是在劳动合同中约定试用期，也无论劳动合同是无固定期限的、有固定期限的，还是以完成一定工作为期限的，企业应当最迟在员工开始为企业工作时就与员工签订劳动合同，只有签订正式劳动（聘用）合同时，双方才可以约定试用期，而不是在试用期满后再签订劳动合同。也就是说，没有正式合同便没有试用期，更不存在所谓的“试用合同”。签订劳动合同对于员工很重要，它能使员工在提请劳动争议仲裁或者诉讼时有证据证明双方存在劳动关系，能证明双方约定的工资待遇、劳动岗位和职责、劳动条件等内容，有利于明确并维护员工和企业的权益。

二、陷阱二：试用期内，炒鱿鱼无条件

《劳动法》第32条规定“在试用期内劳动者可以随时通知用人单位解除劳动合同”，不仅仅可以单方面无条件提出解除劳动合同，而且无须提前30天通知企业，而《劳动法》第25条规定“劳动者在试用期间被证明不符合录用条件的，用人单位可以解除劳动合同”，在试用期内，企业并不是不需要任何理由就可以单方面解除劳动合同，而需要在试用期限内证明员工不符合录用条件后才可以单方解除劳动合同，如果员工和企业就试用期解除劳动合同发生争议，企业有责任举证员工不符合录用条件，否则不得单方面解除劳动合同。

《劳动法》以上条款屡受“质疑”，被认为不利于建立劳动合同关系、破坏了社会信用和严重干扰企业劳动计划实施等。实际上，形式上对等并不意味实质上平等，特定条件下的形式上不对等是实质上的

平等，《劳动法》确立的这种“不对等的平等”是建立在企业和员工实力巨大不平衡基础之上的；绝大多数普通员工与企业相比较，处于绝对劣势地位，应聘者在与企业建立劳动合同关系时不可能深入了解就职企业的情况，在试用期内，工作一段时间后可能发现自身不适应企业的工作，或者是就职企业并不理想，员工应当有进一步选择的权利；而企业在招聘员工时有明确的招聘职位、工作内容、工作条件和职责要求，企业在试用期内发现员工不符合录用条件可以单方面解除劳动合同，保护企业的利益，但是如果任由企业在试用期内无故单方面解除劳动合同，很容易使员工在辞去原工作到新工作单位就职后又很快失业，员工两头就职困难，不利于劳动合同的稳定，不利于保护处于劣势地位的员工的利益。

三、陷阱三：试用期限随意延长

为了确实保护员工利益，防止企业滥用试用期条款，1996 年原劳动部在《关于实行劳动合同制度若干问题的通知》中规定“劳动合同中可以约定不超过 6 个月的试用期。劳动合同期限在 6 个月以下的，试用期不得超过 15 日；劳动合同期限在 6 个月以上一年以下的，试用期不得超过 30 日；劳动合同期限在一年以上两年以下的，试用期不得超过 60 日。试用期包括在劳动合同期限中。用人单位对工作岗位没有发生变化的同一劳动者只能试用一次”，员工在签订和续订劳动合同时应当对此有所了解。（文/杨东升）

对策二：多长一个心眼

小建与某公司签订了为期两年的合同，并在合同中约定有 3 个月的试用期。在两个半月后，公司突然通知他明天不用上班了。小建请公司拿出解除合同的理由，公司说，你不符合公司的要求。说到后来，公司干脆说：“你在试用期，解除合同要什么理由？”

小建向劳动仲裁委员会提出申请，要求与公司维持劳动关系。他向仲裁庭提供了几份有力的证据：公司招聘时对他这个岗位具体要求的广告，他与公司签订合同中关于岗位的要求，公司岗位责任制对他这个岗位的考核要求，他在两个半月中完成工作的量、质与公司岗位责任要求的对比……证据证明自己完全符合公司招聘录用的条件，公司不能以试用期为名解除合同；相反，公司在这些有力的证据面前显得苍白无力，无法证明小建不符合录用条件。小建当然赢了官司，仲裁庭裁定公司不得解除合同。

小建这个心眼长得好，因为在试用期内，用人单位要解除合同并非是无条件的，它必须证明劳动者不符合录用条件。因此，劳动者必

须证明自己符合录用条件。从小建成功的经验可以得知，证明自己符合录用条件的证据主要有以下几方面：

1. 用人单位在招聘时对岗位的招聘要求（如果是公开的广告，你可以将它拷贝下来；如果是现场招聘，你可以抄录下来）。这是最主要的证据，而后面的证据只是附加证据。

2. 劳动合同对你岗位的要求。要想使这点成为证据，就要求你在签订合同时，尽可能写得详细，而不能是没有任何说明的岗位名称。这个证据是为了证明自己完全是按合同的规定，完成了合同对岗位的要求。如果合同写得不明确，你可以利用单位有关的岗位要求和规章制度来证明你的岗位要求（最好有质量与数量的具体要求）。

3. 你在试用期工作数量与质量的记录。在这点上你更要做个有心人，因为有的工作是无法用数量衡量的，你可以与同一岗位的人做个对比，用来证明你在这个岗位是称职的，是能够胜任的。

有了以上证据，若出现用人单位在试用期内无故解除劳动合同的情况，你可以“防守反击”并取得成功。做个试用期的备忘录，以便在发生“不测”时，能拿出证据，证明用人单位是无理解除合同。

对策三：拿起法律的武器

试用期是求职者获得一份工作最初的不稳定阶段，也是用人单位对求职者的试用考察过程。从现实情况来看，试用期的工资可有可无、可多可少；试用期限可长可短；试用期一到，单位可以留用，也可以不留用；试用期间合同可订可不订。好像试用期具有弹性和灵活性较大的特殊性，所以，求职者的权益往往最容易受到侵犯。这就要求求职者要特别注意保护自己试用期间的合法权益。那么，求职者怎样才能保护好自己试用期间的合法权益呢？

一、在试用前签订劳动合同

有的用人单位认为只要不与劳动者签订劳动合同，就可以不受《劳动法》的约束，在辞退劳动者时较为便利，并且不必进行经济补偿，于是频繁地炒试用员工就成为他们的一种用工手段。为了达到这个目的，他们往往以试用为名，不与劳动者签订劳动合同，或者只签订一份所谓的试用期合同，许诺等试用合格后再签订正式劳动合同。

对此，劳动者应该学会依法维护自身的合法权益。根据《劳动法》规定："劳动合同是劳动者与用人单位确定劳动关系、明确双方权利和义务的协议。建立劳动关系应当订立劳动合同。"用人单位聘用劳动者而不签订劳动合同是违反法律的。订立劳动合同是约定试用期的前提条件。用人单位与劳动者签订的试用期合同，其所约定的试用期无效，这个期限应视为劳动合同的期限。对于拖延签订劳动合同而又出现权益损害的，应要求用人单位赔偿损失。

二、依法约定试用期限

有些用人单位为了达到不缴或少缴社会保险费（养老、失业和医疗保险费）、压低劳动者报酬（所谓试用期工资）、低成本轮换使用劳动力的目的，除了通过拖延和逃避订立劳动合同的手法来侵害劳动者的合法权益外，还常常在试用期限上玩弄花招来侵害劳动者的合法权益，其主要表现是：设定超长的试用期，不论劳动合同期限是多长，一律设定 6 个月的试用期，甚至出现 1 年期限的劳动合同，竟设定了 6 个月的试用期；以试用期不合格为由再进行一次试用，即延长一倍试用期。如果劳动者自己不了解有关法律的规定，认为用人单位试用是应该的，或者明知用人单位在违法操作，也不敢提出异议，就不利于劳动者试用期合法权益的保护。

劳动者为了保护好自己试用期的合法权益，就必须了解有关试用期限的法律规定。《劳动法》第 21 条规定："劳动合同可以约定试用期。试用期最长不得超过 6 个月。”对此，各地劳动保障部门还做出了具体明确的规定，例如《上海市劳动合同规定》第 8 条：“劳动合同期限不满 6 个月的，不设试用期；劳动合同期限在 6 个月到 1 年期间的，试用期最长不超过 1 个月；劳动合同期限在 1～3 年期间的，试用期最长不得超过 3 个月；劳动合同期限在 3 年以上的，试用期最长不得超过 6 个月。”此外，用人单位与劳动者订立劳动合同时依法协商约定的试用期满后，不得以任何理由再延长试用期。对于在试用期间不符合录用条件的劳动者，用人单位可以解除劳动合同，也可以不解除劳动合同，但是不得任意延长试用期限。劳动者应该按照以上有关规定与用人单位约定试用期限，不让用人单位在试用期限上玩花招。

三、保护试用期间的报酬权

试用期间应不应该获得劳动报酬？有的用人单位认为试用期是单位与员工相互熟悉的过程，不应该付工资。有的用人单位在招工时就声明，试用期不发工资，只有试用期满、双方签订了正式劳动合同后才有工资；还有的用人单位以种种借口，如以“双向选择适应期”、“培训学习期”等为借口不付工资。总之，按照一些用人单位的说法和做法，试用期是不应该有报酬的。而这恰恰违背了《劳动法》的规定。试用期包括在劳动合同规定的使用期内，应该给以相应的劳动报酬。如果试用期的报酬权益受到侵犯，应向劳动监察部门反映，依法保护自己试用期间的报酬权。

试用期间的工资与正式上岗后的工资相比，一般都比较低，但最低不应低于当地的最低工资标准。具体某个工种当地的最低工资标准是多少，可到当地劳动保障部门去查询。在最低工资标准之上，劳动者与用人单位可以协商确定。

试用期内遭遇工伤，要求享受工伤待遇、获得赔偿，是比较麻烦的。例如，李某到一家酒店做试用工，在面点加工中左手臂被和面机严重绞伤，事后，李某要求酒店对此按工伤处理，承担他的全部医疗费和护理、交通等费用，而酒店经理以试用期未签订劳动合同为由拒绝工伤赔偿。本案例中，酒店经理的行为是违法的。李某虽然处于试用期，尽管没有签订劳动合同，但他与酒店之间已经形成了事实上的劳动关系，而形成事实上的劳动关系，就适用于我国的《劳动法》。李某在酒店因工受伤，应该确定为工伤，享受国家有关工伤保险待遇规定范围内的各种待遇。如因工伤丧失部分或全部劳动能力，还应享受公残补助。可见，在试用期内遭遇工伤，也不能吃哑巴亏。不让用人单位随意解除劳动合同

按规定：在试用之前就要签订好正式劳动合同，合同签订后，用

人单位就不能随意解除。根据我国《劳动法》第 25 条之规定，劳动者在试用期内被证明不符合录用条件的，用人单位可以解除劳动合同。但劳动合同一旦依法签订，即具有法律效力，任何人都不能找借口随意解除。

第五章　黑色招聘

招聘就招聘，加上一个黑色，感觉自是不同。哪里充满机会，哪里就会有陷阱，如今被媒体曝光的非法中介、虚假招聘、合同陷阱已屡见不鲜，不知每天有多少人被骗钱财，欲哭无泪，投诉无门，用什么方法来揭开这些招聘黑幕呢？

案例一：我被中介公司骗了

临近 8 月的时候，我和同学小严都还没有找到工作，而学校的毕

业工作已经基本结束了。我们都留恋这个生活了 3 年的大城市，一心想凭自己的本事留下来。

但我们毕竟学历太低，在这个大城市里，本科生、研究生都一抓一大把。经历过无数次碰壁后，我们不得不去思考这其中的问题。

小严分析，从一开始，我们的目标就定得太高。比如，小严是学工商管理的，一看见招聘营销人员、项目经理，就毫不犹豫地投简历；而我是学电算会计的，只有初级会计证书，又没有工作经验，不可能胜任繁重的会计工作。于是，我们决定找一家中介服务公司，而不再去那些大中型企业投简历了。中介公司服务范围广，工作职位也多，相信通过中介公司的专门服务，一定能找到适合我们的工作。

通过同学介绍满怀信心的我们找到了一家中介服务公司。

这家中介服务公司规模不大，但里面又用隔板分出很多“小中介”，服务内容都大同小异。我心中起疑，就拉小严衣服，想走开。这时，一位中年妇女拉住了我们，滔滔不绝地介绍起来。而求职心切的我们也放松了警惕。

我和小严拿出毕业证、职业技能证书、简历和介绍信递给她，她看也没看，放在一边，和我们攀谈起来。

“你们多大了？想找什么样的工作？”

“阿姨，我们是今年刚毕业的大学生。我是学工商管理的，想去一家经贸公司，从基层做起也可以，您能帮我介绍一下吗？”小严先做了自我介绍，见我半天没说话，便推了推我。我这才缓过神来，说：“你好，我和他是一所大学毕业的，我是学电算会计的，虽然会计证只有初级，但我正在准备考注册会计师。我的英语也过了四级。您看有没有适合我的工作？”

这个中年妇女一听我们说完，连忙说：“好！好！适合你们的工作多得很，放心！我帮你们打几个电话，准能搞定。”我们激动不已，

她随即伸出一手指说："你们先交中介费100元，两个人就是200元。"

小严什么话也没说，掏出200元给了她，她拿过钱，就打起了电话，说了几句就挂了，跟我们说："哎呀，真是不好意思，与你们专业对口的工作都招满了……"

没等她说完，小严就说："你不是说适合我们的工作很多吗？"

"那你们就等等吧，我去联系一下。"说着她就走了。我们等了大约半个小时，她也没有回来，我们只好出去找她，发现她在另一个工作间里和别人聊天。

我问她："你帮我们联系没有？"她旁边一个中年男人笑眯眯地说："小姑娘，不要那么厉害嘛！"

她说："我已经帮你们联系了，带你们去看看，好不好？"

小严问："你介绍我们什么工作？"

"你呀，就帮人家去跑业务。至于你嘛，小姑娘，我看你声音蛮好听的，介绍你去当声讯台小姐好不好？做得好，还可以赚大钱。"

"这怎么行，不行！"小严斩钉截铁地说。

"你把中介费退给我们，我们不找工作了。"我说。

"还你们可以，不过不能全额退。像你们这么不识趣还出来打工，有钱你们也赚不着。"

我不服气，对她说："你什么工作都没有介绍给我们，为什么不全额退款？"

"你们要就要，不要的话就滚出去。"她把100元甩给我们，示意让我们出去。

小严拖着我出来，我几乎都要哭出来了，从来没有受过这样的打击。旁边一位先生冲我们摆摆手，示意我们去阳台那边。

"你们跟他们斗是没有意思的。"先生说。

“为什么，他们确实在骗钱。”我说。

他指了指阳台旁那间大点的办公室说：“你们可以去那边投诉。”

那间办公室里有两个女工作人员。我们说清来历，其中一个就问：“那她还钱给你们没有?”

“给了。”

“给了就行了。”

“可是……”

“那属于信息费，她帮你们打了电话没有?”

“打了。”我和小严面面相觑，谁知道打到哪里去了。

“这是规矩，这就说明她为你们提供了服务。”

“可是她没有帮我们介绍工作，这钱就应该全额退。”我据理力争。

“你这小姑娘哪个学校毕业的，这么厉害!”

我还想说什么，小严拽着我走出了中介服务公司的大门。

这就是我和小严遭遇的求职陷阱。我奉劝那些正在求职路上打拼的同学们，不要随随便便地找那些小型中介服务公司，在尚不规范的就业市场上，有不少中介是骗钱的。

案例二：老板的“策略”

毕业后，我应聘到一家房地产公司做文秘，转眼就是三年。由于公司知名度不高，生意又不景气，老板决定做个招聘广告。

三天后，我们的招聘广告刊登在某报二版的显著位置。“招聘司机 20 名，待遇优厚……”看着招聘广告，我问老板：“咱单位小车、大车加在一起总共才有 6 辆，招聘这么多司机都开什么车呀? 是不是公司还要买车呀?”老板瞪了我一眼，不满地说：“你懂什么，凡事不

要乱问，照我说的做就是了！”

挨了老板的白眼，我闷闷不乐。晚上回到家，正要向太太诉苦，太太先开口问我了：“今天在报上看到你们单位的招聘广告，好家伙，一次招那么多司机，看来业务有起色了呀，最近是不是该涨工资了？”我还没有想好怎么回答，太太又唠唠叨叨地说：“这下好了，你表弟大车、小车都能开，从原单位下岗两年多了，还没找着工作，正好让他去试试。”

一周后，面试开始了。那天，一共来了100多个求职者，老板亲自主持面试。第一个求职者将驾驶证和其他应聘资料递给了老板，老板翻开驾驶证看了看，客气地说：“对不起，你这是C证，我们需要的是大客驾驶员。”另一位求职者也被老板拒绝了：“对不起，你这是B证，我们需要的是小车驾驶员。”

轮到表弟了，老板照例说：“对不起，你这是C证，我们需要的是大客驾驶员。”谁知表弟不慌不忙地掏出了B证，说：“您好，这是B证!”老板没想到表弟既有B证，又有C证，愣了愣，反问道：“那你出过车祸吗?”表弟急忙回答道：“没有呀，绝对没有出过车祸。”

老板点了点头，露出一丝不易察觉的笑容：“这也不行啊，小伙子！没有出过车祸的驾驶员，怎么能算是一个经验丰富的驾驶员呢?”

我终于明白了，招聘是假，宣传是真，老板精着呢!（资料来源：《南方都市报》，2003.8.18）

下面所讲是小青和小菊的经历。小青和小菊都是十六七岁的小姑娘，两人春节后从湖北老家到深圳龙岗找老乡介绍工作。由于来得太早，老乡所在的工厂年初货源不足，不招收新工人，两人只好四处找工。但跑了很多地方，问了多家正在招工的工厂，都因她们年龄太小而遭到拒绝。小青和小菊都不想回家，两人一合计，决定趁身上还有一点钱，多跑几天，去那些对年龄要求不太严格的发廊、餐厅、饭店

等地方找工作。

找了几天，小青和小菊找到了一家门前贴着“招收女服务员若干名”广告的餐厅，两人喜出望外，连忙拿着身份证上前应聘。餐厅老板是一名青年男子，他热情地接待了她们，请两人进餐厅坐下喝了杯水，随口问了几个问题，对两人说：“你们就在这里做吧，包吃住，每人每月 500 元工资。”看见两人脸上露出欣喜的神色，青年男子又说：“我们这家餐厅很正规，工作人员都要进行体检，拿到健康证才能上岗工作，你们想做的话就每人先交 80 元钱的体检费给我，明天我带你们上医院体检。”见小青、小菊有些迟疑，青年男子一本正经地说：“放心吧，我这么大的一家餐厅在这里，你们还怕我跑了不成!”听对方如此一说，小青和小菊便毫不犹豫地交了钱。

第二天一早，小青、小菊便去了那家餐厅。那个青年男子却对她们说：“今天是周末，医院体检科不上班，你们后天来吧。”说罢还顺手拿了两个热汽腾腾的包子给俩人吃。

两天后，小青、小菊再次来到这家餐厅，不料餐厅里面空空如也，只有几个工人正在忙着搞装修，没看见那位收了她们钱的男青年。两人急忙上前打听情况，一位中年妇女走过来对她们说：“你们肯定上当了，那人已把餐厅转让给我了，他昨天就走了，去了哪里我也不知道。”小青、小菊顿时呆了，想了半天才想明白这一切都是那个青年男子早已设好的圈套，趁餐厅转让即将到期之前进行假招工，收取了她们的“体检费”后溜之大吉了。

我们再来看看小徐的遭遇。他在某公司辛辛苦苦干了一个多月，不但没有赚到一分工钱，反而倒欠了公司 20 多元钱。高中学历的小徐无一技之长又无工作经验，他在职业介绍所转了三个星期，都没有找到一份适合的工作。带来的盘缠已经所剩无几，他心里很着急。有天，他从报纸上获悉“某国际有限公司急聘业务员”，便马上去应聘。

小徐按照地址，好不容易在一家两室一厅的出租房里找到这家公司，原来这家所谓的“某国际有限公司”是专门销售锅、碗、瓢、盆等厨房用具的，据说是某意大利名牌厨房用具。一位负责招聘的先生说：“公司包住不包吃，虽然没有底薪，但提成 10%，实行上不封顶，下不保底。”当小徐和其他应聘者表示怀疑和犹豫时，一位先生走了进来，自称是公司业务精英，每月 3 千多元的工资，暗示大家机不可失。

小徐半信半疑，但苦于找工作太难，决定试一试。当晚，小徐被领到公司的宿舍，在这一室一厅中住了近十个人，但有个安身之地，小徐还是挺满意的。

从第二天起，小徐就背上一大堆“意大利”的锅、碗、瓢、盆四处奔波，在菜市场、生活小区、杂货铺等地方兜售。后来小徐慢慢明白了，所谓的意大利货都是劣质国产货，一套碗筷标价 150 元，其实只值 40.5 元。挂羊头卖狗肉，自然没有多少人会上当。同小徐一起

进公司的同事大多辞职不干了，但小徐仍心存侥幸，想干完这个月再做决定。小徐磨破嘴皮到处推销，连哄带骗，一个月下来，他总算推销掉1200元的产品。

月底小徐去领工资，却被告知工资一分钱没有，他反而欠了公司20元钱，原来公司决定象征性地向每位员工收取了150元的住宿费。愤怒的小徐和其他同事据理力争，但公司根本不予理睬，并当即宣布他们被解雇了。此时小徐后悔已经来不及了。原来这家公司就是这样招一批新人，赚一笔钱，炒一批人，再招一批人，再赚一笔。

案例三：劳动合同也诓人

挂着主管、文员、质检员的头衔，却干着拆缝领带的活，说是岗前培训，却不让回家，不许大声说话，300元预付金更是无法讨回。这是小任他们的遭遇。

小任等9人均是外地来沪打工者，12月1日看了招聘广告后去某工艺品加工厂应聘，岗位有主管、文员、质检员等。面试出奇的顺利，厂方当即与他们签订了用工合同。但每人要先付300元押金，厂方开具的收据上却写着"合同违约金"。当时小任等人也没注意，第二天就去参加培训了。

接下来的情景却是他们没想到的。培训点位于南汇区的一个小镇上，小任等被带进一个不足30平方米的房间，培训内容很简单：拆开领带，再缝上。每天重复8小时，不许大声说话，培训期间不许回家，每天交45元食宿费。小任等顿时傻了眼，难道主管、文员的前期培训就是干这个吗？身体疲劳暂且不说，各种苛刻的规定让人难以忍受。

做了两天后，小任他们跑了出来。询问附近小店的老板，得知这

家厂里常有人来培训，又常有人哭着离开。感到上当后，小任等立刻找到厂方要求退还300元钱，却被告知是他们先违约，300元不予退还。

小任手里拿着合同和收据，向厂方讨说法。而厂方的态度比较强硬：劳动就业证正在办理，但是你们只做两天，没那么快；培训时根本没有限制自由，只是要求严格了些，这是企业形象问题；职位与培训不一致是要让员工熟悉最基本的操作；最重要的一点，合同是双方签了字的，300元是合同违约金，你们不干自然是违反合同在先。

不仅普通的打工者上当受骗，就是大学生也难免落入合同陷阱的圈套。某工科大学学生小何，在毕业前的一次人才招聘会上，将自己的简历投给了一家房地产公司。公司一位副总经理与他交谈后表示对他很满意，希望能当场签订合同。当时他满心高兴，因为对方许诺去了后有住房，而且月薪在3千元以上。他说自己当时没有丝毫犹豫就当场签了约，生怕过了这个村就没那个店，想早早把这个好机会攥在手里。

对方出具的是一份早已打印好的合同，他草草地浏览了一下合同，合同格式很规范，合同条文也都很专业，双方的权利义务似乎也规定得很清楚。他几乎是怀着一种兴奋的心情在上面签下了自己的名字。

小何的职位是公司销售部销售员。进了公司他才知道，所谓的月工资3000元以上完全是一个子虚乌有的数字。因为销售人员的工资实行的是上不封顶下不保底，与销售额直接挂钩。销售部有十几名销售员，只有一位业绩突出的销售员曾拿到过3000多元的月工资。对方许诺的住房其实是一间破旧的仓库，不到30平方米，挤住着8个人。

这一切与对方的许诺相距甚远。小何愤愤不平地找到那位公司副

总经理要跟他理论，对方阴沉着脸说："那是口头上说的，并没有写进合同，再说，你如果好好干，月工资肯定不会低于3000元，至于住房嘛，不就是条件差点儿吗。"

小何找出当初与对方签订的合同，在工资条款里只写着"工资待遇高"，在住房条款里用词更是模糊——"由公司提供住处"。

看到这里，他大呼上当，可是再往下看，却看出了一身冷汗。合同规定，聘用期为3年，应聘方如毁约，需按毁约时间交纳违约金，违约金为每年5000元。也就是说，如果他要求解除合同，必须向公司交纳1.5万元违约金。

一些打工者由于找工作的心情迫切，便忽视了对合同条款、工作细节的考虑，无形中造成了不平等。有的人缺乏劳动保障知识，被企业钻了空子，吃了亏还无法申诉。因此，专家提醒，在应聘时要注意多看、多问；注意用人单位是否得到劳动部门的相关批准、培训内容与岗位是否一致；不要轻易缴费，因为除了工具、服装外，双方建立劳动关系时，单位是不能收取押金的。律师也提醒打工者，当合同条款与我国法律相抵触时，该合同可以视作无效。

对策一：火眼金睛识中介

有些不法者打着职业介绍所的牌子，介绍工作是虚，骗取钱财是实。一旦钱财骗到手，他们或者用若干借口将应聘者支走，或是假戏真做，把交了报名费的应聘者带到一个临时串通好的单位去做根本无用的工作。深圳市劳动监察大队接到10多名女青年投诉，说她们经一家职业介绍所介绍，到深圳某投资发展有限公司应聘，公司要每人交100元资料费，用于熟悉业务。第二天上班，公司又要每人买150元的产品进行推销，说这是开展工作所必需的，干满一个月即可升任

经理，她们又交了150元。没想到，第3天上班还要买150元产品，不买就辞退。她们怕失去这份工作，硬着头皮买了，但这产品根本卖不出去。当她们提出将产品退还公司时，公司却分文不退。有的应聘者看到待在这里没有前途或者知道自己已经上当，只好中途主动辞掉工作。

威海市劳动就业办公室日前联合市劳动监察处和市工商、公安等有关部门，从2003年3月初开始，历时一个月时间对全市非法职业介绍机构进行全面清理整顿。共检查各类职业中介机构47处，其中劳动保障部门职业中介机构7处、非劳动保障部门职业中介机构15处、非法职业中介机构25处，取缔非法职业中介机构25处，没收非法所得3万余元，对2处存在问题的职业中介机构下达了整改通知书，限期整顿。

为切实搞好这次清理整顿工作，威海市对进一步的工作做了周密安排和部署，设立了投诉信箱和举报电话，通过明察暗访和投诉举报，搜集了大量线索，进行了集中检查。

检查发现：无照经营或超范围经营现象较为严重。一些不法分子为牟取暴利，视法律于不顾，不办理任何手续就公开从事职业中介活动，胆大妄为者甚至私刻公章。在清理检查的40个非劳动保障部门职业中介机构中，有10个既无“职业介绍许可证”又无工商“营业执照”，另有15个分别以信息咨询、婚姻中介、房屋租赁为名，擅自扩大业务范围，从事职业中介活动，以虚假信息骗取钱财。他们把外来务工者作为猎取对象，借外来人员初到威海不了解情况，无打工合法手续又求职心切之机，把公共职业中介机构向社会公开发布的用工信息或街头小报上的招工广告、个体小店门前张贴的招工启事加以“美化”提供给求职者，收取少则100元、多则600元的高额报名费和中介服务费。当求职者发现上当受骗要求退款时，只退部分服务

费，报名费则“肉包子打狗”。个别非法中介机构还伙同用工单位串通一气，按介绍人数多少提成，成交后，在短时间内找理由将其辞退，合伙坑骗求职者。还有的不经批准擅自改变经营地址、增设分支机构。在检查的10家经劳动部门批准的民办职业中介机构中，有4家未经批准变更经营地址或增设分支机构，他们受利益驱动，哪里流动人员多就向哪里转移。有的隐秘于居民楼的民房中，三人一伙，两人一帮，从事非法“职业介绍”。

长期以来，对“黑色招聘”的管理只是由劳动部门做行政处罚，一般只能没收电话机、招聘广告和暂扣营业执照。结果是大部分骗款已经转移，对一些团伙构不成有效打击，风头一过，换个地方又故计重演。深圳市目前正在制定有关对策和相关法规，把劳务诈骗纳入维护治安、打击犯罪的范围。有关人士提醒求职者：千万不要随便到非法招聘机构应聘!

1. 如遇无证照或证照不全的非法职介，应及时向相关的劳动部门或公安部门反映，劳动部门可以根据有关管理条例规定对其进行处罚，所收职介费可退还给本人。

2. 如遇职介发布虚假招工信息（广告)，信息中所列的待遇、报酬与实际情况严重不符的，求职者应向劳动部门反映，请求查处，劳动部门可根据有关管理条例规定处罚职介部门，对职介部门所收的相关费用应予退还，求职者的损失，应按有关规定赔偿。

3. 用人单位以收取培训费、押金、保证金、担保金作为录用条件的，其行为违反了《劳动法》的相关规定。求职者可及时向劳动部门反映，请求查处，要求退还所交费用。

4. 用人单位以招聘推销员为名，订立推销员不可能完成的任务，致使推销员不能获取报酬的，其行为系以欺诈手段建立的劳动关系，同样违反了《劳动法》的有关规定，如果其行为触犯刑律，应由相关

部门追究刑事责任。

5. 对于因职介机构责任造成求职者求不到职业或职介收取一定职介费用后搬迁消失的情况，如是正规职介，可向劳动部门投诉，如是非法职介，则可向所在地公安部门报案，由公安部门查实，如其行为触犯刑律，应依法追究其刑事责任，未触犯刑律的，可移交相关劳动部门处罚。

对策二：剖析种种合同陷阱

对每一位职场中的人来说，劳动合同并不陌生，但对其中的相关规定和条款含义却不一定十分清楚。

合同是招聘方与应聘方建立劳动关系、维护各自权利的法律依据。在签订聘用合同时，双方的地位是平等的，所以，写进合同的内容应是相互协商的结果，应体现出双方的权利。

合同是一份具有约束力的法律文本，它约束的是双方的行为，当一方的行为违背了合同的规定，另一方有追究对方责任的权力。

在人才市场化日趋成熟的今天，合同已成为规范就业市场的重要法律依据，是合同双方维护自己权利的法律武器。但是，如果求职者与对方签订的是一份不利于自己的不平等合同，那么，合同也许就会变成对自己具有极大杀伤力的武器。

经常看到一些雇员，对企业提供的格式化劳动合同连看都不看就签上自己的大名。而当雇员离职或与企业发生冲突时，才发现当初草草签订的劳动合同，竟然使自己掉进了“陷阱”。

康宁公司大中华区人力资源部经理范钰女士对《财经时报》介绍，常见的合同“陷阱”主要有三种情况。

第一种情况是关于试用期时间和报酬的界定。根据国家相关政策

规定，用人单位对劳动者的试用期最长不应超过半年，而如果签署的聘用期限是在1～3年之间，那么，试用期就不应超过3个月，而且在试用期结束后，没有正当理由，企业不能无故与员工解除劳动合同。

一些不道德的企业，为降低成本，有的在合同中会增加试用期时间，有的不为试用期间的员工提供相关福利待遇，有的则到了试用期就无故解聘员工，然后再去招新的“试用工”。

第二种情况是口头承诺和模糊条款。一些用人单位为吸引人才，在招聘或面试时，会对求职者许下一些口头承诺，比如：“在我们企业工作满3年可以解决北京户口”、“年终奖金占全年收入一半以上”……

这样的口头承诺对应聘者很有吸引力，但却没有写入劳动合同。因此，当企业“赖账”时，员工就束手无策。还有一些用人单位，在劳动合同中写着“提供住处”、“月薪2000～5000元”、“奖金丰厚”等模糊条款，但提供的住处却可能是8人一间的宿舍，丰厚奖金可能还不足百元，还有一些企业，对收入构成是否包括奖金和福利、是税前还是税后等并没有明确说明。

第三种情况是提前中止合同条款。除了法律、法规所规定的条件之外，用人单位不能随意与员工提前解除劳动合同，同样，员工如果要与用人单位提前解除劳动合同，也要受劳动合同中相关条款的制约。比如员工违约金的金额、企业解聘员工补偿金的金额等。如果员工没有仔细阅读这些条款，就有可能在发生相关争议时，使自己的切身利益受损失。

陷阱合同的表现形式主要有以下几种：

“暗箱合同”。这类合同中的权利和义务一边倒。有些企业，尤其是私营企业和个体工商户与劳动者签订合同时，多采用格式合同，根

本不与劳动者协商，不向劳动者讲明合同内容。在合同中，只从企业的利益出发，规定用工单位的权利和劳动者的义务，而很少或者根本不规定用工单位的义务和劳动者的权利。例如，王某和一建筑公司签订了为期两年的劳动合同，但仅仅工作了一个月，就被解除劳动合同。王某诉至法院，建筑公司却以双方签订的合同中有“公司对职工有绝对的解除权”条款提出异议。原来，王某不识字，根本不知道合同内容就按了手印。

“霸王合同”。这类合同，一般是以给劳动者或其亲友造成财产或人身损失相威胁，迫使对方在违背自己真实思想的情况下所签订的，受害对象一般为高科技人员。比如，有的企业看中一名技术员后，先与该技术员的亲朋好友订立劳动合同，并且给予优厚的待遇和报酬，然后再与该技术员本人进行谈判，强迫其与企业订立劳动合同，否则就以解雇其亲朋好友相威胁。

“押金合同”。此类合同在劳动部办公厅、国家经贸委办公厅1995年7月3日下发的《对“关于用人单位要求在职职工缴纳抵押性钱款或股金的做法应否制止的请求”的复函》中明文予以禁止。但如今仍有不少用人单位利用劳动者求职心切的心理，向劳动者收了押金、风险金、培训费、保证金等各种名目、数额不等的金钱，劳动者稍有违反管理制度的行为，用人单位即“合法”扣留这部分押金。

“生死合同”。部分用人单位不按劳动法的有关规定履行安全卫生义务，妄图以与劳动者约定“工伤概不负责”的条款逃避责任。签订这类合同的主要是建筑、采石等从事高度危险作业的单位。这类企业劳动保护条件差、隐患多、设施不全，生产中极易发生伤亡事故。

“卖身合同”。一些用人单位与劳动者在合同中约定，劳动者一切行动听从用人单位安排，一旦签订合同，劳动者就如同卖身一样完全失去行动自由。在工作中，加班加点，被强迫劳动，有的单位连吃

饭、穿衣、上厕所都规定了严格的时间，剥夺了劳动者的休息权、休假权，甚至任意侮辱、体罚、殴打和拘禁劳动者。劳动者的生活、娱乐和人身自由受到非法限制。

两张皮合同。有些用人单位慑于劳动主管部门的监督，往往与应聘方签订两份合同。一份合同用来应付劳动部门的检查，另一份合同才是双方真正履行的合同。用来应付检查的合同常常是用人单位一手炮制的，连签名也是假冒的，应聘者不但见不到这份合同，甚至不知道有这份合同的存在。而双方真正履行的那份合同，是不能暴露在阳光下的，因为那份真合同一定是只利于用人单位的不平等合同。

还有一种情况，那就是用人单位利用求职者不懂法律或是对相关法律不太重视，利用劳动仲裁的时效来推卸责任，从而损害劳动者的利益。

几个月前，某电信公司与本单位年轻的工程师小李协商，解除了他们之间的劳动合同。当时，公司没有按法律规定发给小李解除合同的经济补偿，小李自己也不懂法，办完离职手续就离开了公司。

三个月后，小李听朋友说："电信公司跟你解除劳动合同，不支付经济补偿金的行为，侵犯了你的合法权益，你应该找他们去要这笔钱。"听了这番话，小李才知道自己在经济上吃了亏，立即就给电信公司经理打了电话，要求公司向他支付解除合同的经济补偿金。但不幸的是，当即遭到经理的拒绝。

小李的要求被拒绝后，心中不快，第二天就去劳动仲裁委员会，要与电信公司打劳动仲裁官司。没想到，仲裁员告诉他，现在已经超过了仲裁时效。

仲裁时效是什么？怎么就算超过时效了？小李一头雾水。

劳动争议仲裁时效是指劳动者或用人单位的权利遭到对方侵犯后，在法定期间内不行使权利，即丧失仲裁机构予以保护的权利。也

就是说，一旦错过仲裁时效，权利人的胜诉权就被消灭，即丧失了请求仲裁委员会保护的权利。

《劳动法》对仲裁时效是这样规定的："提出劳动争议的一方应当自劳动争议发生之日起 60 日内向劳动争议仲裁委员会提出书面申请。"如何理解"争议发生之日"十分重要，它关系到时效起算日的确定。"争议发生之日"是指"知道或应当知道权利被侵害之日"。也就是说，"争议发生之日"并不一定要以双方当事人产生正面冲突为标志，而是当事人知道或应当知道自己的权利被侵害之时，在法律上就被认为是产生"争议"之日，此时也就是仲裁时效的起算之日。现实中，有些人因为不懂法，当法定权利遭到侵害时，自己还全然不知，但实质上，此时法律已经推定你应当知道自己的权益被侵害了，并且已经开始起算时效了。

本案中小李与公司之间的争议，应从双方解除劳动合同之日起算，以后的 60 天作为本案的仲裁时效（因为解除劳动合同之日，小李就应当知道存在经济补偿金问题，如果企业没有支付补偿金，小李就应当知道自己的权利被侵害了）。由于小李在仲裁时效内未及时申请仲裁，而是在离开公司的三个月后才找公司要求支付补偿金并申请仲裁，因而错过了仲裁时效。此时，提起的仲裁请求，无论他是否应获得经济补偿金，都已丧失了胜诉权。

由此可见，学习相关法律法规，深入剖析劳动合同的陷阱对劳动者，尤其是对求职者具有非常重要的意义。

对策三：劳动合同辨分明

如果碰到合同陷阱该怎么办呢？北京众明律师事务所的王志毅律师说，形成劳动关系就必须签订书面合同，因为口头承诺是不可靠

的。签订劳动合同时，一定要仔细看清条款，职位、试用期时间、合同期限、劳动保护条件、报酬以及上三险等都要写明确，做到心里有数，合同自己要保留一份，万一发生纠纷可以保护自己的权利。

如果形成了事实劳动关系而单位不与你签订劳动合同或者有欺骗行为，则要保留一些相关的证明、证件等，如果用人单位不给你上三险，可以向劳动监察部门举报。

在就业市场，因为不平等合同引发的纠纷比比皆是。一些毕业生与用人单位签订的劳动合同中有不少不合法的条款，例如，有的规定毕业生的试用期长达 12 个月，有的规定毕业生不得恋爱结婚，甚至还出现了“生死合同”。一些用人单位正是利用求职者合同意识淡薄、法律观念不强、求职心切或盲目轻信而设下合同陷阱，当经验欠缺的求职者掉进陷阱后大呼上当时，常常已身不由己，合同上白纸黑字签着自己的名字，许多人在无可奈何之下，只好任人宰割。

这种故意在合同里使用概念模糊的语言偷偷埋下炸弹的手段，会侵害应聘者的权利。所以，求职者在签订合同时，一定要对合同斟字酌句地进行推敲，谨防合同陷阱，更要谨防对方在合同中埋炸弹。

这种不平等合同、陷阱合同最容易出现在就业市场僧多粥少的时候，这种时候，招聘方常常处于强势地位，有的求职者为了得到一份工作，明知是一份不平等的合同，也只好委曲求全违心地签上自己的名字。但更多的人则是合同意识淡薄，经验不足或求职心切，不小心掉进合同陷阱。

合同是维护自己权利的武器，失去了这个武器，不但会失去自己的尊严，也会失去本应该得到的利益。签合同时，一定要睁大眼睛。

什么样的劳动合同才算有效呢?

在员工与企业发生劳动争议时，劳动合同是解决争议的主要法律依据。一位经常从事劳动争议代理的律师凌云对《财经时报》表示：

从内容上看，一份有效的劳动合同至少应包括合同期限、工作内容、劳动保护和劳动条件、劳动报酬、纪律、合同终止条件以及违反劳动合同的责任。

从程序上看，一份有效的劳动合同必须要有雇佣双方的签字或印章。如果雇主是外商独资企业或外国公司在中国的办事处，那么，一份有效的劳动合同就是员工与该外企所委托的人才中心或外企服务公司签订的；如果雇主是具有独立法人资格的企业，那么一份有效的劳动合同就需要该企业的法人代表和员工双方签字或盖章之后才能生效。只有部门主管或公司副总经理签字的劳动合同，其实是无效的，是不受法律保护的。

还有一点，就是劳动合同的原件应当是雇主与员工各执一份。一般来说，企业都是将拟定好的劳动合同交由员工签字，然后加盖企业公章或由法人代表签字后交还给员工一份保存；但一些企业收回合同就没有下文了，收回的合同是否经过法人签字或盖章都没有意义，因为如果员工手中没有合同原件，在发生劳动争议时，同样无法维护自己的权益。这同样是企业设置的一种合同陷阱。

专家认为，员工在签订劳动合同时应该秉持谨慎态度，尤其是与一些小企业、小业主签订劳动合同时，更要小心。如果员工个人没有关于劳动合同方面的专业知识，工作经验也不丰富，则可以请这方面的专业人士，比如 HR 专家或律师帮忙审阅一下合同条款，以便降低可能带来的风险和利益损失。

当然，如果员工自己能够多掌握一些关于《劳动法》、劳动合同方面的基本知识，就更加稳妥了。这样，员工自己就可以识破一些低级的合同陷阱。

如果员工发现劳动合同中的问题，应该及时与雇主沟通解决。比如，对于没有写进劳动合同的口头承诺，要与雇主签订相关附加协

议；对比较模糊的条款，要请雇主明确写清楚；对与合同具有同等法律效力的员工手册也要审阅；对试用期和提前终止劳动合同条款应要求企业提供对等的权利和义务……

第六章　网络黑洞

社会在发展，时代在进步。现在网络已经进入千家万户，逐渐成为人们生活中不可缺少的部分。通过网络找工作也成了一种时髦。面对面的招聘都是悬念重重，何况虚拟的网络。如此高科技的出现，使别有用心的老板们笑弯了腰。

案例一：毕业生遭遇“网上求职”

前不久，四川外语学院一名叫李燕的学生说出了她的遭遇。她说，她跟很多即将毕业的同学一样，喜欢上网找工作。李燕在一家著名招聘网站看中了一个公司的职位后，兴致勃勃地给该公司寄去应聘信，很快就得到答复，说她的条件很合适，但公司需要对她进行职业培训，要求她购买公司的培训教材。李燕随即寄去了200元钱，但这家公司就再也没有任何消息了。虽然损失的钱不多，但让她对网上求职的可信度产生了怀疑。

“班上30位同学通过网络应聘，结果只有一位同学接到了招聘公司的回音。”“非典”激活了网上就业市场，但通过网络求职的大学生却纷纷反映，网上招聘陷阱不少。

齐同学是江苏电大应届毕业生，据他介绍，“非典”一来，他们的外出活动就停止了，班上几乎每位同学都发出了若干个电子邮件，但到目前为止，只有一位同学有了签约意向。据他统计，应聘不成功的主要原因是信息不准确。

李同学的经历和齐同学几乎一样，由于她是大专生，找工作更是难上加难。月初，她和几个同学发现，南京一家公司在网上新发出一个帖子，称公司招大专生，月薪千余元，于是大家一起将材料发了过去。但面试时，每人在交了 10 元表格费、资料费后就再也没有任何回音。

除了一般的网站，高校毕业生的就业网上也有一些虚假信息。某高校计算机专业的刘同学说，他已经连续为 2 家公司设计了软件程序，程序寄给公司了，但应聘一点消息也没有。后来他从校长那里得知，很多电脑公司都将一个程序分成若干个项目，让要求应聘的学生设计，他们其实成了那些公司免费的劳动力。

某大学就业指导中心的老师坦陈，由于每个公司都能注册，和传统的进校园招聘相比，高校很难审查在网站上登记招聘信息的公司的资质，等他们发现问题将信息删除的时候，可能已经有同学上当受骗了。

中国药科大学学生处的余永久处长说，大学生网上应聘要学会自我保护，按照道理，刊登招聘启事的网站要有许可证，没有许可证却发布招聘信息的网站最好不要去。网上应聘时，要选择专业正规、官方认可的网站，最好通过电话等其他途径对网上信息的真实性进行辨析。

案例二：翻译十分到位

2003 年“非典”时期，一些招聘会取消了，只好上网求职。绍兴越秀外国语职业学院应届毕业生马小姐，却因此而掉进了陷阱。

英语已通过专业八级的马小姐说，自己曾参加了好几场招聘会，可是一直是高不成低不就，眼看就要毕业了，她真得着了急。可是近

段时间不少招聘会都取消了，她只好上网求职。从2003年4月份开始，她几乎每天都泡在网上。

4月16日，她在“必得人才网”上寻找到了一份特别令她心动的信息——苏州市一家合资企业招聘亚太地区财务总监助理。马小姐说，招聘启事上要求英语六级水平、至少有2年以上专业翻译经验等资历。她觉得自己特别适合，所以就发了应聘邮件。一个星期后，她收到了自称是美尔祺公司中国分公司人事部的一封电子邮件，称她的条件基本上符合要求，但还必须做进一步考察。他们传了一份产品说明书，要求马小姐三天之内完成。

马小姐说，“必得网”上关于该公司的介绍很模糊，她曾经要求将公司的地址等具体情况告诉自己，可是均被告之：如果公司确定录

取她，就一定会告诉，而现在还要保密。

翻译件邮过去第三天，她又收到了一封 E-mail，说她的翻译十分到位，公司准备录用她。由于“非典”的缘故，马小姐不用立即到公司报到，可是公司需要先将她的情况入档，马小姐得按照程序先交纳 300 元的档案费、150 元的培训资料费、180 元的公司制服费等各项费用总共 700 余元。马小姐说，自己本来也不会仅凭邮件就寄钱的，可是这次他们表明了公司的名称、地址及联系电话，她才于 4 月 28 日汇出了这笔钱。

马小姐说，自己为找到一份不错的工作而高兴，可是没想到该公司却再也联系不上了。

对此，绍兴文理学院的一位老师认为，本来学校有一些现场招聘会的，可是由于“非典”的缘故，他们只好劝学生在网上找工作。网上确实存在一些骗局，要求学生们提高警惕，最好在正规的网上找工作，并且要做好核对和调查工作。

案例三：先后被骗了 5 次

最近，一些媒体纷纷报道网上招聘中存在虚假广告、过期广告等问题。而正在奔波求职的大学毕业生对网上招聘也是爱恨交加，抱怨之词不绝于耳。网上招聘真如此这般可怕、令人生疑吗？

日前，即将从南京大学毕业的张勇同学说：“我学的是计算机专业，本科学历。最近一段时间，我在网上应聘了 10 多次，先后被骗了 5 次。前一段时间，我从一家网站上发现一则高薪招聘广告，该公司招计算机人才。招聘单位是上海一家公司。可我打电话过去一问，对方早已招好人了，此信息早在半年前就撤下来了，不知道是谁又贴上去了。”张勇还说：“我曾经在网上应聘过好几个单位，比如有条信

息说，珠江路上一家电脑公司招人，可打电话一问，对方竟然称，从未发布过招聘信息，让人目瞪口呆。我还在某网站上发现一份特别令人心动的工作，该公司自称是新加坡公司，在珠海设有分公司。我联系后，该公司人力资源部还传了一份文件来，让我设计一个软件包。我发过去后，对方发了一封电子邮件给我，称准备录用。由于“非典”，让我晚点报到，但需要先将档案费、培训费、资料费等300余元汇给公司，可钱汇走后竟成了‘肉包子打狗’，此后，在网站上再也找不到此招聘信息了。”

某师范大学社会发展学院的王书记指出：“目前‘网络招聘’成了一些毕业生的追逐热点，需要人事部门加紧规范网络招聘工作。比如说，在网络上举办人才招聘洽谈会，其主办单位一定要持有许可证；招聘单位无法查找时，应聘者可以向主办单位索取赔偿。而眼下，不少登载招聘启事的网站却没贴上许可证，就连一些普通网站也在发布招聘启事。应聘者一旦权益受到损害，谁也找不着，更没人负责了。”王书记提醒一些学生说：“网上应聘要学会自我保护：一是登录正规网站。这些网站对发放招聘启事的企业把关严格。其次，选择专业网站更可靠。此外，最重要的是要保持清醒的头脑，对收费、免薪试用等必须提高警惕，要多了解企业的情况，以免在诉诸法律时，连被告都找不着。”

据美国IDC的调查表明，要想在具有卓越组织性的市场中聘请人才，就必须依赖网络招聘。如同任何事物一样，只要网上报名存在，就难免鱼龙混杂、良莠不齐。智联招聘网CEO刘浩先生，就此问题接受了媒体的采访。

刘浩认为，作为招聘网站自身，已经从几个方面杜绝、控制出现虚假、过期广告问题。从求职者的角度来说，利用网络招聘这种方式寻找工作应该注意的是，要尽量去理解HR经理的工作，他可能一天要收到 500 封 E－mail，不能及时回复也是情有可原的，不能由此断定这个招聘广告的真实性。智联招聘网正在研制、开发这样的服务，即替人事经理回复那些不被录用的求职者，给他们一个答复，从而增加供求双方的交流和认同。

对策一：了解网络招聘现状

网上招聘这种新形式一经出现，就受到求职者和招聘单位双方的欢迎。“上网找工作”正成为越来越多求职者的求职方式。网上招聘公司也如雨后春笋一样破土而出。从 1997 年北京纵横公司与二十多家人才机构率先推出“中国人才联盟网”开始，业内人士估计，目前全国有数百家人才网站。此前中华英才网以“使用过人才网站之后，你还会参加现场招聘会吗”为题进行了为期 20 天的网上调查，结果有五成以上的网民表示将舍弃现场招聘而选择网上求职。

在网上求职异军突起的同时，我们也不应该忽视其中暗藏的许多陷阱。“天下人才网”是一家新兴的面向大学生的专业人才网站，该网站负责人梁剑锋先生提醒网上求职者：在任何情况下，都不要向任何网上“雇主”发送自己的社会保险账号、信用卡号及银行账号。女生更不要在没有了解该公司真实情况的前提下去单独面试。梁先生说，网上求职、网上招聘已成为一个大趋势，但是现阶段还没有相应的法律、法规对此进行严格规范，一旦出现问题，对招聘和求职双方都会造成损害。

据梁先生说，在网上招聘盛行的美国，犯罪分子就利用互联网进行欺诈，先是在网上公布一些薪酬诱人的“招聘信息”，利用求职者急于找到工作的心理，要求求职者提供自己的银行账号，然后再利用这些求职者的个人资料进行非法活动。梁先生认为，虽然网上招聘为

求职者提供了更广阔的选择空间，但是网上也存在着诸多陷阱，如虚假信息、垃圾信息等。许多网站在广告上吹嘘自己拥有十几万个高薪职位可供查询，可实际上这些堆积如山的招聘信息往往在网上被保留6～12个月，绝大多数信息早已成为无效的信息垃圾。消除这些不良现象，除了依靠网站提高自身的诚信度外，求职者自己也应加强自我保护意识。

最近一些正在求职的大学生声称，他们在网上求职时常上当受骗。一些不法商家利用大学生求职心切的弱点，在网上设下重重陷阱进行诈骗。有些大学生的网上个人求职资料被不法分子用于非法活动。

另一方面，随着网络媒体的日渐深入人心，企业招聘已不局限于各种现场招聘会，而把互联网作为了重要的“阵地”。只要把企业的信息、招聘职位的要求贴在网站上，就可以方便快捷地找到合适的人才。同时，浏览网上的招聘信息、在网上投简历也成为众多人才寻求理想工作的重要方式。

前一段时间，有记者对我国三大招聘网站上的企业招聘信息进行了抽样调查。从三个网站各随机抽取了50条企业招聘信息并查看了其中的招聘职位后，记者发现，进入企业的“招聘职位”栏时，张贴时间在2月初，甚至1月初的“过期”信息占总数的一半以上，而令人疑惑的是，网站首页上企业名称后面却赫然注明了刚刷新过的当前日期。

有些企业招聘的时间是从2月11～28日、职位只招1～2人，记者3月1日打电话询问时，企业回答人员已经招满；有些企业招聘的时间在2月中旬，虽然没有注名截止日期，但询问时企业也回答招满了、不需要人了。据抽样调查，类似这种企业已招满人员，但网页上招聘信息却没有及时删除的情况约占总数的12%。

如果说，上述这种单纯修改首页日期，而不更新其中内容的“换汤不换药”的做法，只是网站的有关人员自以为取巧、用来吸引人们眼球的“伎俩”，不必苛求的话，那么，记者在随后与这些企业联系中所发现的问题，就绝不仅仅是这么简单了。

一些招聘信息明明在网上贴着，可当记者好不容易找到招聘企业时，得到的回答要么是“我们没有在网上张贴任何招聘信息”，要么是“您问的那个职位我们现在没有招人”，这样的假信息也达到了6%。当把情况反映给网站时，网站方面含糊其辞。

业内人士把网站刊登的过时的、假的信息统称为“垃圾信息”。网站刊登“垃圾信息”算不算侵害网民的权益呢？带着这些问题，记者采访了北京一些较权威的律师事务所。

律师们告诉记者，上网浏览信息而寻求工作的人根本不属于消费者。所谓消费，一定要购买商品或和对方有经济利益上的行为，而上网浏览信息，并没有发生任何消费行为，只是单方面的选择。法律上目前还没有明文规定，网站必须多长时间更新一次信息。网上发布的信息，在劳动法中被称为“要约”，法律上规定，类似此类要约，如果企业一方已经招满人员，或张贴的信息已经超过截止日期，信息就自动失效，并不需要声明。因此，从法律上讲，信息是否需删除或更新，只是企业和网站之间的合同问题，与上网者无关，企业和网站都不负法律责任。

律师称，对于网站刊登假招聘信息，只有企业有权追究网站的责任；但我们也不能排除网站和企业合穿一条裤子欺骗网民的情况。

据了解，由于毕业生找工作的压力越来越大，拓宽求职途径成为一种必然，网上求职也越来越流行。据北京大学、清华大学、中国人民大学等12所高校学生会最近联合做的一次问卷调查显示，85%的高校应届毕业生对网络求职持赞同态度。而网上求职的风险也与机会

并存。这些风险主要有：

一、收了钱网上公司遁形

中山大学管理学院的大学生小张在热线电话中称，他在一家人才网站发布了个人求职信息，并通过 E－mail 给几家公司投递了简历。出乎他意料的是，一家在网上招聘的公司很快就给了答复，说他的条件很合适到该公司工作，但需要对他进行职业培训，要他购买公司的培训教材。小张随即寄去 300 元，但随后这家公司就音讯全无了。

二、单独面试误中圈套

另一些网络骗子在收到求职者的应聘书后，利用求职者急于找到工作的心理，要求他们将自己的一切详细资料包括社会保障账号都发送至“招聘者”的电子信箱，然后利用这些个人资料进行非法活动。此前有媒体报道，一些骗子盯上了网上的求职信，他们通过招聘网站获取求职者的信息后，假冒招聘人员把应聘者骗到偏僻处骗取财物。

三、毕业生应加强自我保护意识

网上“求职陷阱”该如何防范？中山大学一位从事就业工作的老师指出，校园网上发布的一些供求信息可信度都较高，而社会上一些以赢利为目的的网站就难以保证了。现在一些大企业、大公司通常的做法，是通过网上接收学生的个人推荐材料，然后再到学校来考察、面试，最后才决定是否录用，直接在网上签约的很少。他希望毕业生应加强自我保护意识，比如在发送简历前，先致电到招聘单位确认，并尽快进入供求双方的真实接触阶段。

一家外企网上招聘人士警告网上求职者，在任何情况下，都不要向任何网上“雇主”发送自己的社会保障险账号、信用卡号及银行账号。女生更不要在没有了解该公司真实情况的前提下去单独面试。

无论出现怎样的不和谐音，毋庸争议的事实是，网络招聘以其招聘范围广、信息量大、可挑选余地大、应聘人员素质高、招聘效果

好、费用低而获得了越来越多的公司的认可，也博得了广大求职者的青睐。

对策二：逃出信息“陷阱”

当网上充斥着过期、虚假的“垃圾信息”，真正作为问题被人们意识到的时候，众多的网民，尤其是上网求职者都陷入了一种迷茫，似乎没有哪家网站、哪家企业更值得信赖。近日，中华英才网做出了“我们的网上没有虚假信息”的承诺。中华英才网总裁张杰贤近日在接受记者采访时向网民支招。

据张杰贤介绍，在一些网站张贴的招聘信息中，过期未更新的职位有很多，尤其是一些高级职位、需求量相当少的职位最明显；有的信息未到期，但职位已招满，由于企业交了钱，自然不甘心删除或暂停信息，而是继续张贴；也有一些网站为了提高自己的知名度或增加信息量，从其他网站上拷贝一些即将过期的信息，在自己的网站上延长信息的发布时间；还有的企业职位只招聘一人，或已经招满了却在网上张贴很长时间，其实这是企业建立自己人才储备的一种方式，企业希望有意无意地拉长时间，让更多的人才投放简历，以此来建立自己的人才库，这样一来，职位发布的时间就会看起来像“老皇历”，网民自然不知道企业的一番“苦心”。

在人们更多地关注网络、依赖网络的时代，网络上的“假冒伪劣”也逐渐浮出水面。对此，张杰贤说，现在很多网站上的招聘信息都存在过期、虚假的现象，而把这些问题揪出来，是很有必要的。虽说这可能会对网站和企业有一定影响，但这影响也应该是一种敦促，让双方都意识到这个问题，正视这个问题，并予以改正和完善，这对网络的规范化管理和企业对网站的选择、信息发布都会起到促进作

用。

提到网上的假信息，无论网站和企业之间的协议如何，“受伤”的总是网民，尤其是求职者。其实，你完全有能力避免盲目，逃出信息“陷阱”。凭借十多年的业内经验，张先生支了几招儿。

抓住“时间”。网上时常“挂”着很多信息，有很久之前的，也有近期的。求职者上网浏览信息时，最好选择发布时间是近期的，以保证信息的新鲜程度和可信度。如果看中了“时间久远”的一个职位，要先打电话询问企业是不是已经招满，如果没有当然最好，倘若已经满了也不要放弃，可以和企业多沟通，及时询问情况，给他们留下印象。要知道，企业的需求是随时在变的。

提高警惕。如果发现信息中附加了“报名费”、“考试费”等条件，不但不能信，还有必要报个警，因为这是违法的。

切忌随意。网上招聘以迅速、快捷著称，因此，很多人只大概看了看职位，觉得似乎适合自己就立刻投递，只要轻击鼠标，一次投十几份轻而易举，但结果似乎都石沉大海，以为受了骗。但你是否看清了职位的要求，你是否还记得所投企业的名称和职位？对于大部分没有针对性的随意投放简历，企业或者认为资料太详细而不愿看，或是认为太简单而不能考虑，或是筛选的过程漫长，求职者自认为没希望了。

充分准备。很多重要职位通常只招一人，有的求职者就认为“那么多人去竞争一个职位，不可信”；有的一看发布的时间距今很长了，干脆认为是假信息。其实，只要你有充分的准备，对这一行业有充分的了解和见解，对自己充满信心，问一问是否真的已招满，如果没有招满，就去争取。

对策三：网络求职谋略

通过网络求职已经不是什么新鲜事了，但是，在网络求职中也有策略，更有需要多加注意的地方，不然，工作没找到，到找到一堆麻烦事。

一、谋略一：只上大的网站，谨防网上骗子

网上求职和网下求职一样，都有上当受骗的可能。但是，网下受骗可以投诉，网上受骗就只好自认倒霉了。张某在大学中文系读大三，通过求职网站谋了一份兼职编辑的工作。经过一个月试用，张某被“正式录用”。用人单位自称是某某丛书编委会，双方约定，张的工作就是查看该编委会的征文信箱，筛选并编辑征文。由于工作量大，张常常工作到深夜一两点钟。可两个月过去了，他一直没有收到讲好的计件工资，等去邮件询问时，再也没答复，这才知道是上当了。另外，对于未面试就让应聘者交纳报名费和培训费的招聘信息，要注意辨别真伪，以防受骗。

小欧这次通过某网站找到了适合自己的工作，他对此的经验就是一定要找到可靠的、稳妥的网站才能投靠。

小欧经常发现一些知名公司招聘的好职位出现在各种网站上，往往是在一些大的网站出现之后，继续出现在小网站上，其时间差距从几天到几个月都有。同样，他还发现一些小网站有明显抄袭大型网站的嫌疑，不仅内容上拷贝，就连形式和网页设计上也有仿造的痕迹，让他无法信赖。

所以，他在经过慎重的考虑之后，选择了某大型专业人才交流的网站投递简历，有的放矢，当然收效也很好，不久便接到了面试通知，找到了满意的工作。

二、谋略二：做个网页卖自己

Oven是个发烧级的网迷，在技术上非常精通，他也知道，那些好的公司一旦招聘，信箱会被填得满满的，求职信能否发进去都是问题。

因此，他决定采取守株待兔的方法，做个网页挂在专业技术网站下，等待有心人来发现。

在自己的主页上，他不仅罗列了自己的研究成果，还免费公布了一些个人设计的小程序供同行参考，当然，也不忘将自己吹捧一下。由于网页精致，内容详尽，吸引了很多爱好者的登陆，他也找到了很多志同道合的网友，共同研究他们感兴趣的问题。

突然有一天，一位一直很谈得来的网友问他是否愿意换份工作时，他才知道，那位和他志趣相投的好朋友竟然是一家网络公司的技术主管。正好公司走了一位业务骨干，在犯愁找不到人才的时候，想起了那个拥有自己网页的Oven。

经过当然的面试过程之后，希望换个环境的 Oven 如愿以偿地找到了自己喜欢的工作，他的经验是，做个自己喜欢的网页，等待伯乐。虽然时间长了些，但是能找到你的，一定是非常欣赏你、接受你的好伯乐。

三、谋略三：不轻信用人单位

大学毕业生小东今年的求职有些惊险，在损失了一些钱之后还算如愿找到了工作。但是，他提醒愿意通过网络求职的同学，找工作一定不能随便泄露自己的底细。

在某网站上得到一次面试机会的小东，在面试单位要求交 100 元材料费的时候毫不犹豫地掏了钱包，因为他太想留在上海了。

可是，100 元之后却没有音讯了，再去面试的地点，发现已经人去楼空了。100 元对小东来说不是个大数目，却还是很心疼。他找到了当时求职的那家网站，却被告之该网站只负责登载招聘广告，不负责确认广告的真伪。甚至工作人员还问小东，“你的学历我们不是也无法确认吗?”

网络内容未必是真实的，小东那个时候才发现，原来虚幻离自己是那么近。当然，最后他的工作还是在网上找到的，然而他在第二次求职的时候就小心多了。不仅反复看公司的营业执照，还牢记了不掏钱的原则。

网上求职新禁忌

如今不论是人才想找一个适合自己发展的好企业，还是企业要找一个能为自己创造效益的人才都很不容易，于是有越来越多的人到网上求职和招聘。上网求职者并非都是专业技术人员，事实上，求职者的身份五花八门，包括管理、销售、金融和会计等各类专业人才。

如果你试图上网找寻一份理想的工作，记住，和传统方法相比，电子搜索服务自有一套独特的原则。下面是几种网络求职中经常犯的

错误：

1. 漫不经心地四处张贴简历。在尽可能多的地方张贴简历，看起来似乎是个很聪明的举动，因为毕竟这样可以最大限度地“引”来雇主们的注意。但是要知道，在某些网上求职服务站点上，任何人都可以随意浏览简历库。在你向这样一个所谓的“开放”站点发送简历前，必须充分意识到危险性，应先想好对策。比如说，如果你的老板或同事在网上偶然撞上你的简历，知道你正在寻找另一份工作怎么办？想一想，你的简历被肆意复制发往另一个站点，甚至没人费心来征求你的同意，你会有什么感觉？

把张贴简历的范围限制在招聘人员需要密码才能浏览简历的站点，以及一些在老板查询简历详情之前，必须得到简历主人首肯的站点。在那些有密码保护的网站应征空缺，限制公开私人资料的范围，这样较为安全。

2. 把简历贴在附件里发给雇主。网上应征非常简便，然而由于计算机病毒的流行，老板们最不愿意打开的就是电子邮件的附件。相反，他们希望你能把简历直接贴到信的正文或是申请表的后面。有许多求职站点和公司站点都提供表格，你可以把简历贴在填完的表格后直接“寄”出。如果公司指明接收简历的渠道，一定要操作无误。

无论采取什么样的格式，申请表中必须包括能反映工作经验和技能，以及列在职位空缺表中的关键字眼。大多数公司利用专门的招聘软件，通过搜索关键词，根据这些字出现的频率确定简历排名的前后。

3. 把所有的蛋放进网络一个篮子里。利用网络求职只是推动你事业前进的方法之一。对多数应征者来说，网上求职提供了大量有用的信息，包括休假、公司情况、专业人员的联系等等。但是别把网络作为惟一选择，在利用网络的同时，求职者也应充分利用传统求职方

式。

4. 同时在一家公司应征数个职位。有些公司在一个站点同时“贴”出数个职位的招聘广告。招聘人员说，应征者经常同时应聘数个职位。对前者来说，重复阅读相同的简历不仅浪费时间，而且很容易让他们觉得应聘者其实根本不知道自己到底想做什么。因此，不要在同一个站点应征同一个公司里的数个职位。一般说来，老板会同时阅读各个招聘口子的应征材料。你越专注于某个职位，给公司的感觉就越认真，千万别忘了只应聘你真正感兴趣的那份工作。

5. 大量邮寄简历。网上招聘人员抱怨说，他们经常接到大量并不具备资格的应征者的简历。仔细研究空缺职位的具体情况，确定的确符合你的兴趣和背景之后再去应征。

博弈进行篇——

工作时如何应对如此老板

第七章 如此老板：言而无信

有这样一些老板，他们事前说得天花乱坠，事后却一声不吭。面对如此虚假承诺、不守信用的老板，作为员工怎样应对才能使其乖乖履行自己的承诺?

案例一：老板的蜜语甜言

经同学介绍，应届毕业生张林到一个体老板手下打工。他非常珍惜这来之不易的工作，决定用少说话、多干活、出成绩的工作态度来

赢得老板和同事们的信任和好感。

然而即便是这样，老板对他也不太信任，因为他是初出茅庐的学生，还嫩着呢！两个月后，由于工作紧张，缺人手，老板把一份小活儿给了他，并对他说："这份活儿本不想给你，我也不太相信你会完成，毕竟你才来了两个月，要知道来我这儿干活儿的，干上三五个月才有可能独立干这份活儿，有的人甚至还完不成，现在实在抽不出人手，你试着干一下吧。完成后不再是学徒待遇。"

于是，张林以一个毕业生找到工作后特有的兴奋与热情认真地琢磨着、操作着，通过一番努力，最终得到了用户的认可和老板的好评。在同学的督促下，他向老板提出待遇问题。老板说："你先干着吧，我不会亏待你的，你已经算出徒了。"

由校门刚刚踏入社会的张林从老板的口头承诺中得到了信心，在未签订任何协议的情况下，全身心地投入工作中。

一年的工作结束了，全年结算工资的时候老板直言不讳地说出了每月支付报酬的底线，张林一听顿时傻眼了："什么？我还只享受学徒待遇？"

张林没有跟老板争辩。遇到这样的老板，他还能说什么呢？他觉得与这样的老板纠缠不清简直就是对自己的侮辱。

由于工作难找，劳资冲突中大量发生的事是"老板失信于员工"，而不是"员工失信于老板"。

孔子曰："信以诚之，君子哉。"就是说，诚信者，一要做到不能欺骗自己，二要做到不能蒙骗他人。孟子说："诚者，天之道也；诚其意者，毋自欺也。"

要做到诚信，必须要诚实做人，信誉做事，不仅不说谎话、假话，还应该不说那些不能兑现或无用的大话、空话，特别是不能把没有做的说成是已经做的。

在当今社会，诚信是成功者的通行证。诚信的人走到哪里都会讨人喜爱，赢得人缘，让人有种安全感和信赖感。诚信又是宝贵的人脉资源。诚信的人做市场能取得客户的信任，建立长期合作关系，获得稳定的业绩回报。诚信还是粘合剂。它能增强团队的凝聚力和亲和力。

相反，失信的人，由于缺乏基本的道德品质，不仅在公司内就是在社会上也会遭卜厌恶和鄙夷。

没有诚信的人，面子上不光彩，内心也是灰暗的、龌龊的。比如在财务报销中弄虚作假，无非就是想贪占一些经济上的便宜；再比如把没有生效的合同转到公司凑数，无非是想捞到一些经济上的好处；还有一些人把没有做的事当成已经做的，往自己脸上“贴金”，无非是想得到领导信任，保住“位子”，使自己的利益不受损失。凡此种种，不仅为人所不齿，而且损害了公司的利益，最终是聪明反被聪明误，搬起石头砸了自己的脚。

案例二：我的岗位在哪里

某公司在怀柔招聘员工200名，公司承诺：员工岗前培训合格后全部安排工作。每个员工交了500元培训费参加了培训，可培训合格后几个月过去了，公司仍不给安排工作。为此，员工将公司告上法庭，要求赔偿经济损失。

原告称，被告某公司经怀柔职业介绍服务中心审查批准，于2003年8月在该中心招聘员工。被告的招工简章明确规定，在怀柔公开招聘员工200名，对所招聘员工实行岗前培训，经考试合格者，保证全部安排工作。于是，我们到被告招工的地点应聘，经面试合格后到被告指定的单位怀柔职业介绍服务中心参加岗前培训，并通过考

试取得了上岗资格证书，被告也于 2003 年 12 月将考试合格人员名单进行了张榜公布。自被告公布录用人员名单后，我们一直等待被告安排上岗工作，现已等了 3 个多月，被告一直未给安排工作，也未告知原因，这表明其不履行招工简章中的承诺。为达到被告的上岗要求，我们每人已交纳了培训费 500 元，并付出大量的时间和精力，我们要求被告赔偿每人经济损失 1400 元。

曾任美国总统的林肯说，“你能在所有的时间欺骗某些人，也能在某些时候欺骗所有的人，但你不能在所有的时间欺骗所有的人。”在市场经济秩序不断规范，社会道德水平日益提高的今天，无论谁不讲诚信，都要为此付出惨重的代价。

“失义人心不在，失信正道不存”。社会主义市场经济是信用经济，没有信用就没有秩序，经济秩序混乱则败坏社会信用，毒化社会风气。而失信于社会，最终也必将为社会抛弃。

诚信是很重要的社会资本，在我们的生活中异常重要。周敦颐认为“诚，五常之本，百行之源也。”诚信是至善的道德境界，诚信既是一切真正道德的基础，又是一切优良道德行为的源泉。

诚信是人际交往的首要原则。与人交往诚实不欺，讲信誉，信守诺言，真诚相待，这是建立良好人际关系的最基本要求。真自本心，忠诚于行，言行一致，表里如一，这样才能获得他人的理解、信任和尊重。中国古代的父子有亲、君臣有义、夫妇有别、长幼有序、朋友有信的“五伦”之中，“信”是最基本的要求，认为人与人之间应有诚信之德、公正之义、真挚之情。诚信是人与人交往中必须遵循的基本准则，也是社会安定和谐的基础。如果人与人之间相互失信，相互猜疑，相互鄙视而不能坦诚相见，矛盾就会激化，关系就会失调，整个社会就会陷入信任危机。

诚信是人际交往中的行为规范。人际交往是由浅入深的，在最初

的人际交往中，彼此都不会给予对方过高的期待，不会要求对方善解人意、友好合作、宽容大度等，这些都是人们进一步交往时才会有的角色期待。但是，惟有诚信，不论在工作合作关系上，还是一般的相识关系中，始终被人们当做衡量对方是否可靠可交的首要标准。因为诚信不仅是人际交往的重要行为规范，同时又是可以操作的、具体的、直观的，它可以直接并且快速地评估一个人是否值得信赖和交往。是人们有意无意地用于衡量一个人是否值得深交的首要原则。一个人如果诚实守信，言出必行，一诺千金，就是值得交往的对象。相反，大话连篇，言而无信，出尔反尔，就失去了进一步交往的基础和条件。因此，恪守诚信这一行为规范是交往的重要规则。

“市场如布，总有缝隙”，这是商家的口头禅。企业诚信，老板诚信；企业失信，就是老板失信。赚多少钱也永远无法取代做人的标准，企业老板在公众和自己员工面前有义不容辞的表率作用，一个企业诚信的形成应该从老板做起。

对策一：给老板讲故事

老板失信了，怎么办？是暴跳如雷，还是沉默不语？也许你的老板没有你想象的那么坏，也许他也有自己的苦衷。如果你对你的老板还有一丝幻想，如果你对你的公司还有半点依恋，建议你采取比较“温柔”的策略，如果成功了，这种策略可能是最高明的一种。请你选择在合适的时间、合适的地点，以合适的方式给你的老板讲一两个故事。

岛村芳雄是日本赫赫有名的富商，他是在几年时间内迅速富起来的。人们问他：“您在短时间内成为富商的秘诀是什么?”

岛村芳雄说：“诚信，我是从一毛钱的诚信起家的。”

岛村先生原来是做小规模批发生意的普通商人。干了几年以后，他看到周围的很多商人都因为诚信博得了同行们的尊敬，渐渐体会到诚信在商业交往中的作用，于是就想出一个赢得信誉的好方法。

日本的渔民很多，麻绳是他们必不可少的生产工具。如果能做麻绳生意，一定会很快富起来，于是他就决定做批发麻绳的生意。他先从一家生产麻绳的厂家进麻绳，每根麻绳的进价是5毛，照理说加上保管费、搬运费，每根麻绳卖出去的价格肯定要高于5毛钱。可是岛村却以每根麻绳5毛钱的价格卖给了东京一带的工厂和零售商，自己不但一分钱没赚，还赔上了大笔钱。一年以后，人们都知道有一个“做赔本买卖”的商人，这个人叫岛村芳雄，于是订货单像雪片一样飞到岛村的手中，他的名字也像长了翅膀一样飞到人们的耳朵里。

聪明的岛村找到生产麻绳的厂家说：“过去的一年里，我从你们厂购买了大量的麻绳，而且销路一直不错，可是我都是按进价卖出去的，赔了不少钱。如果我继续这样做的话，没几天我就要破产了。”

厂方看了岛村开出的货单果然是原价销售，考虑到现在向岛村订货的客户很多，于是就决定以每根麻绳4毛5分钱的价格卖给岛村。

岛村又来到他的客户那里，很诚实地说：“我以前为了扩大自己的影响，原价出售麻绳，现在我的钱赔得差不多快光了，再这样下去，我就要关门停业了。我刚从麻绳厂回来，他们决定每根麻绳给我让5分钱，你们是不是商量一下，给我加一点。”

客户们看了进货单，知道岛村说的是实话，于是就决定以每根5毛5分钱的价格买岛村的麻绳。

由于岛村诚实，明明白白地跟厂家和客户说自己在中间赚了多少钱，赢得了人们的信任，人们都愿意和他做生意。

还有一个故事，那是1861年4月12日凌晨4时30分，伴随着萨姆特堡的隆隆炮声，蓄势已久的美国南北战争爆发了。战争爆发后，南方奴隶主率领的军队把萨姆特堡包围了。北方军队的一个陆军上校接到命令，让他保护军用的棉花，他接到命令后对他的长官说："我不会让一袋棉花丢失的。"

没过多久，美国北方一家棉纺厂的代表拜访他，说："如果您睁一眼闭一眼，您将得到5千美元的酬劳。"

上校痛骂并赶走了那个人，他说："你们怎么有这么卑鄙的想法？前方的战士正在为你们拼命、为你们流血，你们却想拿走他们的生活必需品。赶快给我走开，不然我就要开枪了。"

可是由于战争的爆发，南方的棉花运不到北方，又有一些需要棉花的北方人来拜访他，并且答应给他1万美元作为酬劳。

上校的儿子最近生了重病，已经花掉了家里的大部分积蓄，就在刚才他还收到妻子发来的电报，说家里已经快没钱付医疗费了，请他想想办法。上校知道这1万美元对于他来说就是儿子的生命，有了钱儿子就有救。可他还是像上次一样把那个贿赂他的人赶走了。因为他已经向上司保证过，"不会让一袋棉花丢失"。

又过了些日子，第三拨人又来了，这次给他的酬劳是两万美元。上校这一次没有骂他们，很平静地说："我的儿子正在发烧，烧得耳朵听不见了，我很想收这笔钱。但是我的良心告诉我，我不能收这笔钱，不能为了我的儿子害得十几万士兵在寒冷的冬天没有棉衣穿，没有被子盖。"

那些来贿赂他的人听了，对上校的品格非常敬佩，他们很惭愧地离开了。

后来上校找到他的上司，对上司说："我知道我应该遵守诺言，可是我儿子的病很需要钱，我现在的职位又受到很多诱惑，我怕我有一天把持不住自己，收了别人的钱。所以我请求辞职，请您派一个不急需钱的人来做这项工作。"

他的上司听了他的话说："你是一个诚实正直的好军人，你已经战胜了人性的弱点，出色地完成了任务。我批准你的辞职申请，但是你必须答应我一个条件，这个条件就是收下我以个人名义给你的一万美元奖金。"

如果你的老板是一个聪明人，如果你的老板是一个值得共事的人，他一定会明白你的意思并且感到羞愧。说不定他还会欣赏你的办事能力。你能以一种最合适的方法说服他，就一定有能力说服公司的客户。也许他会履行对你的承诺，并且对你另眼相看。

对策二：给老板写信

有的老板很笨，有的老板实在太过分。哪怕跟他多呆一分钟，你都会觉得很痛苦。那好吧，请你选择毫不犹豫地离开。轻易走人不是太便宜他了吗。但你又不想跟这样的人纠缠不清，那么请炒他的鱿鱼，感觉那份炒老板的快感。下面是员工写给老板的辞职信，可以借鉴！

亲爱的老板：带着抑制不住的微笑，我向您提出辞职。

我知道这对您将是个打击，但也更加证实了您是个多么难以相处的人。

我厌倦了毫无报酬的加班工作，没有奖金，没有福利，什么也没有。您还欠了我不少交通费呢，每次出去开会，路费都是我自己掏。您外出旅游把我一个人扔在办公室里工作，让我忍无可忍了。

面试时别再对人撒谎，描绘公司的美好景象了，别再浪费别人的时间了。仔细反省一下，为什么您的职员最终都离您而去？您不用猜测我的去处，我将去的公司会付给我双倍的薪水，提供培训机会，并且工作环境十分好。

我对您很失望，亲爱的老板。过去的两年我学到了许多知识。不幸的是我从您这里学到的是如何与同事勾心斗角；如何欺骗客户；做生意怎样不择手段而又不被抓住。基于最近两位同事辞职的经历，我向您解释为什么要辞职。

我家离工作地点有 2 个小时的路程，而我却连着好几个周末都要加班，经常是工作 12 个小时后再开 2 小时车回家。您从未说过帮我在办公室附近租套公寓，即使在我告诉你因为太累开车时差点出事。

我和同事们连续数周都是一周工作 70 小时，但一分补助也没有。您从不让我休息一天，甚至一个下午。我现在相信您并不懂得“谢谢你”是什么意思。

您曾经告诉我们，管理者和职员应该像个团队一样工作。但是当

我们夜以继日地工作时，您这个管理者在哪里？您的座右铭是“当客户需要时，你必须在场”。但这句话只适用于我们这些可怜的打工者。

不管我们做什么，您从未满意过。如果我们一年赚100万美元，您会责怪我们为什么不挣150万元，如果我们6天每天工作10小时，您会问我们为什么不是7天。

惟一允许因私人事情打扰工作的就是你的事情。

每天奔波于家和单位让我疲倦，您向客户撒谎而被他们责骂让我疲倦。我疲倦于听其他公司职员说您是个什么东西，我疲倦于在别人面前维护您，解释您的行为是多么不得已（其实，您的行为除了使您的银行存款不断增长外别无理由）。现在我该让您知道的是，我即将去的这家公司非常重视管理和职业道德，当然这家公司是我们的主要竞争对手，而且以前辞职的3个同事正在那里愉快地工作着。哈哈哈。

我一直以来不得不忍受您的自大无趣、言而无信。您的许多行动像魔鬼一样可怕，您的声音像一个坏了的喇叭，不停地唠叨让人昏昏欲睡。您总是装作十分忙碌，但您只是靠说才当上的头儿。您乐于下达的紧急的、没完没了的指令，比一部好莱坞电影还长。我常常奇怪，它究竟是有个结束还是永远没完？我不会再给你收拾东西。我不再保持沉默，看你责骂你的下属，你的言行极其粗鲁。你是个自恋的女王，整天无事可做。我一点都不后悔自己的行动！我要离开了，再见！我知道你会怀念我的，因为只有我才知道怎样做这里的一切，我花了一年多学会了原来要四个人做的工作。而您现在只有两个礼拜找人来做这份工作，别忘了还要培训他们。这之前我曾经写了5回辞呈，每一次您都用空头的许诺把我挽留。但这一次您再不用许什么愿了，已经有一个职位在等着我呢。我期待着在新职位上与那些智慧的人们共事。我本该说会怀念这儿的一切，可是我不能欺骗自己。我还

要提醒您，所有的员工都注意到您在中午偷偷地溜走（即使从后门），换成我，我会把大多数时间花在公司。最后告诉您一个小小的不幸，两天之后您将面临一个考核，在我留下的公文里有36处小疵误，若你能更正其中30处，我将恭喜你通过了审核。

祝您好运吧!

再看下面一封“体面”的辞职信：

亲爱的老板：

昨天下了一场雨，这让我想起著名诗人汪国真的诗句：“总有些这样的时候，正是为了爱，才悄悄躲开，躲开的是身影，躲不开的，却是那份，默默的情怀。……”

老板你看他写得多好啊，我一边读他的诗，一边吃冷面，结果醋都没放就吃完了，老板你说要是我们也能一直这么好，该多好啊。

可是天有不测风云，我要走啦，我要挥挥手地走，不带走一片云彩，老板你看这是不是也很有诗意呢。

想当初，当我第一眼看到你时就被你吸引了。你坐在老板桌后，像一台英国产的大笨钟庞大结实，你说要来工作就要先爱这个公司，因为爱了公司才会爱工作。

我应聘那天，你报了个天价，我感到受宠若惊。但是事实上，我亲爱的老板，凭着你伟大的良心给我实际的工资，我能在一月内把它均匀地花在每天的三包方便面上，还能多出1元钱，买个鸡蛋什么的滋补滋补。

在你的公司里每天早上不但要打卡，还有排好队听你训话。并且每天加班到很晚。我是负责公司粮草运营司的。听上去这官很大，其实就是管订盒饭，你说加班是给公司做贡献，所以公司为了报答员工，就要免费给每位加班的员工订盒饭。盒饭标准是一盒2元，当时那做盒饭的店家很不开心，说除非全盛着饭才这个价。没想到你听了

很高兴，说对呀就光订饭嘛，人是铁饭是钢。你还说，员工应当滴水之恩涌泉相报，吃了盒饭，加班费就不发了。大家都说：能碰上你这么一个老板，真是“福气”啊。

但我真的要走了，唉，其实不想走，想留下来好好揍你一顿，真的，打是疼骂是爱，我对你疼得要死，爱得要命，所以要是能揍你一顿，该多好啊。

噢，对了，除了这份辞职信以外，桌子上还有张我给劳动仲裁委员会寄去的状纸复印件，请看看，顺便帮我挑挑错别字，别到时法院的人来找你时，人家会因你手下的人文化水平低而看不起你。

你看，我是多么为你着想啊。

永远爱得你咬牙切齿的×××。

对策三：跟老板叫板

对付言而无信的老板，辞职好像还是不解恨，光出出气不行啊，总得采取点什么实际行动。我们不仅事后才去采取一些补救措施，在事前和事中也应该采取防范和抵制的措施。

一、法律手段

这就涉及适时签订有效的劳动合同。劳动合同是用人单位与劳动者之间权利与义务的明确约定。一份合法、有效的劳动合同应该是用人单位与劳动者之间各自权益的“双赢”。在目前就业压力较大，劳动者处于弱势地位的情形下，这种双赢的结果不可能靠企业“施舍”，得靠劳动者主动争取。

1. 聘用合同谈判：放大你的价值

求职者应聘成功以后，接下来就是和单位谈聘用合同了。了解以下几种情况，会让你在谈判中最大限度地争取自己的利益。

了解你的需要和你未来雇主的需要。聘用合同谈判需要权衡与协调，要在这类谈判中成功，你首先要权衡自己的能力。你想要什么？你是否自信能达到既定的标准从而得到奖金？了解你自己的需要将有助于你选择公司的类型，每个公司所能给的报酬和福利都有许多由来已久的制约，了解公司在其运营能力和预算范围内所能给予的，将有助于你取得更大收获。

了解特定谈判的不同变化。有时你这样的人才在市场上并不多见，公司通过面试发现你是惟一的人选，会很快聘用你。如果这时你推迟聘用合同谈判的话，你的优势将增强。有时你可能是公司的几个候选人之一，公司愿意聘用其中任何一个人。报酬是决定聘用的关键因素，那么你要权衡一下形势，了解每一方的相对形势将有助于你决定如何进退。

永远不要说谎，但要利用你的优势。诚实是非常重要的。如果在谈判中说了谎，一旦被人发现，你就失去了所有的信誉，将处在非常不利的位置。你也不要直截了当地回答某个问题，除非这样回答能使你获益。

未知也可以成为你的优势。如果一个雇主不能确定怎样才能聘用你，他所给的报酬有可能是最高的报酬。如果你泄露了太多的信息，那么报酬有可能没有原来那么高。

善始善终，把握最佳结束谈判时机。在谈判时你得到了你期待的，你就应该感谢与你谈判的人。如果你还没有意识到此时应该停止谈判，那么你可能会让公司觉得他们选错了人。

2. 签订劳动合同：打有准备之仗

劳动合同的签订，不仅事关个人在薪酬、福利、保险等方面的物质利益，还涉及到培训、晋升等个人长远发展问题，因此必须慎重对待。在试用期间或面谈接触之际，应全面了解与工作相关的情况，切

忌在工作难找的压力下，急于催促用人单位签约，结果反为用人单位所制。对于刚毕业的学生，尤其应该注意这一点。

劳动合同是劳动者与用人单位确立劳动关系，明确各自权利和义务的协议，也是处理劳动争议的重要依据。因此，在签订合同前，劳动者至少应具备以下三方面的常识：（1）提前准备。在劳动合同订立前7天，可以要求用人单位提供合同文本，以便对合同文本内容有充分地了解，特别是对于双方协商约定的条款，尤应引起高度重视。（2）把握内容。从全面保护个人利益出发，应尽量了解《劳动法》的内容，这一点虽然对劳动者来说有很大的难度，但应清楚劳动合同的条款要包括两部分：一是法律规定的条款，包括劳动合同期限、工作内容、劳动保护条件、劳动报酬、劳动纪律、劳动合同终止的条件、违反劳动合同应负的责任共7方面的内容；二是双方认为有必要明确约定的条款，应明确写明。（3）重点了解。在把握合同条款的基础上，还应该清楚了解事关自身利益的两部分内容：一是在什么情况下解除劳动合同劳动者可以获得经济补偿以及补偿标准。关于这一点，《劳动法》列出了7项内容，可向劳动部门查询。二是在什么情况下单位不得与劳动者解除劳动合同。《劳动法》第29条对此做出了明确规定。

3. 稳妥善后：让你的劳动合同“滴水不漏”

劳动合同签订后，还应积极做好善后工作。明目张胆的不公正合同比较好防范，但在签订比较正规的合同时，也要注意蛛丝马迹，以防上当。

附加条款要看清。在聘用合同中，一般都会有一些附加条款，求职者在签订前一定要让企业拿出原文，仔细审读无异议后，还要盖章留存，作为依据。要认真检查有无遗漏的约定事项或者附加说明，需要立即补齐的绝对不可拖延。

当面签字、盖章不可少。求职者拿到合同，应该让企业及其负责人同自己一起当面签字盖章，以防某些企业利用先后签字的时间在合同上做手脚（更改数字、时间等）。同时，仔细鉴定单位所盖公章，看其是否与自己即将进入的单位一致。因为在同一法人单位下，会存在许多分公司、下属单位或营业部门。

数字一定要大写。合同签字后，有些企业会抓住时间空隙，更改合同上的数字让求职者吃“哑巴亏”，所以，求职者在签订合同涉及数字时，一定要用大写汉字。

另外要注意合同生效的必要条件和附加条件（如签证、登记）；合同至少一式两份，双方各执一份，妥善保管；双方在签订时如有纠纷，应通过合法方式解决。

合同生效的条件和时间。有些合同需要登记才能生效，而时间涉及权益期限和合同续签等问题，这些都需要予以充分地注意。

上文提到的张林就是因为轻信没有签订任何合同或者协议，才白白为失信的老板做了那么多工作而拿不到应有的报酬。劳动者一定要注意，交情好并不代表诚信，诚信有时是需要法律保障的。

同时需要注意的是，对于求职者尤其是毕业生来说，协议书并不完全等同于合同。每年从大专院校毕业的学生都想努力寻找到最为优越、最能发挥自身才能的工作单位。在找到合适的工作单位后，需要与工作单位签订劳动合同或者协议书，这时毕业生就需要了解一些毕业生就业分配中的特有劳动法律事项，尽量避免在以后的工作中发生不必要的纠纷。

目前，很多企业包括北京市的一些国有大型企业，在接收毕业生时，与其签订“毕业生服务期协议书”来代替“劳动合同”，在“协议书”中只规定毕业生定期服务的义务和违反约定时的赔偿，而不提用人单位应该提供的工资标准、工作岗位和工作条件等“劳动合同”

必备的约束用人单位的条款，其用意非常明显，就是要达到既不与毕业生签订“劳动合同”，又通过高额的违约赔偿限制毕业生辞职的目的。

用人单位要求签订“毕业生服务期协议书”的依据是1989年3月2日教育部颁布的《高等学校毕业生分配制度改革方案》第14条“高等学校毕业生实行定期服务制度。服务期一般为5年，随着人事、劳动制度的改革，具体服务年限和办法也可以由用人单位与学生根据实际情况商定”，该“方案”中关于“定期服务制度”仅有的这一条款，并没有规定毕业生违反定期服务的赔偿责任；1995年我国颁布实施“劳动法”以后，企业实行劳动合同制，用人单位与员工的劳动关系应当依据“劳动法”与劳动合同来调整，教育部颁布的“方案”本身法律效力低于“劳动法”，毕业生到企业工作时，与企业签订的应当是“劳动合同”，而不应是“毕业生服务期协议书”。

4. 违约金不应高于年薪

毕业生到国家机关、事业单位工作时，可以应用人单位要求，与用人单位签订“毕业生服务期协议书”，但毕业生无论到企业、国家机关还是到事业单位工作，无论是签订“毕业生服务期协议书”还是“劳动合同”，毕业生提前辞职的赔偿不应当过高，一般不应当超过毕业生年工资。毕业生在就业时处于弱者的地位，在约定赔偿责任限制上，学校有责任综合协调、保护毕业生的辞职权利的行使，不使毕业生的权利与义务失衡，切实保证毕业生以后的自由择业权利。

5. 安置费和户籍不再是门槛

北京市的部分用人单位，包括一些国家行政机关、事业单位，为了保证毕业生在本单位长期工作，还在“毕业生服务期协议书”或者“劳动合同”中约定，毕业生提前解除劳动合同需要赔偿外地生源进京安置费，有的甚至约定用人单位有权将毕业生的户籍转回毕业生原

籍或者是学校所在地，这是不对的。

首先，北京市人民政府1999年停止征收城市容纳费，目前，用人单位在接收毕业生时也不需要交纳“外地生源进京安置费”；其次，户籍管理是公安部门的职权范围，不是用人单位和毕业生能通过《毕业生服务期协议书》或者《劳动合同》来约定的，事实上，北京市公安部门对于用人单位要求将员工户籍转回原籍的一概不受理。所以，毕业生在签订《毕业生服务期协议书》或者“劳动合同”时，注意不应当有“外地生源进京安置费”和“户籍”条款。

6. 维权要据“法”力争

按照国家规定，毕业生在报到后应享受正常的福利待遇如养老金、公积金等；对某些工作岗位的特殊体质要求，用人单位应在与毕业生双向选择时就明确，否则不得以单位体检不合格为由，如因肝功能呈阳性等将学生退回学校；另外正常的人才流动也应根据国家和当地的有关人才流动规定，不应受到限制；报到后毕业生发生疾病不能坚持正常工作的，要按单位在职人员有关规定处理，即使处于试用期，单位也不能将其辞退。

如果自己的权益受到侵犯，毕业生应学会运用法律手段维护自身的合法权益。毕业生有权向用人单位上级主管部门和学校进行申诉并听取他们的处理意见，同时也可要求当地的劳动争议仲裁机构进行调解和仲裁，也可以直接向人民法院提起诉讼。

二、社会手段

遇到言而无信的老板，又没有签订任何协议或者合同，很多求职者就会选择沉默，自认倒霉。这是不正确的。因为这样不但助长了那些失信的老板们的嚣张气焰，还间接地纵容了他们坑害其他的求职者，因此遇到此类情况我们要求助于媒体和社会舆论。利用网络、电视、报纸等手段把不守信的老板的行为公之于众，通过大众的谴责使

老板履行他的承诺。这样不仅对自己有利，也有利于社会风气的建设。

三、失业之后

如果企业要与你提前解除或终止合同，或者你主动离职，这时你不要被悲伤冲昏了头脑，因为你以后还有很多工作机会。最重要的是要把应该办的所有手续都办好，否则你将失去你应得的福利。

如果你是单位的合同工，你就要向厂里索取解除合同的通知书，上面要有单位的盖章。还要拿回个人档案，里面对你的计划生育情况有具体说明。此外，你必须了解单位是否帮你购买了养老保险、失业保险、工伤保险和生育保险。如果已买养老保险，你应该有一本记录着你及单位每个月缴费的个人养老手册，如果没有，也可以到你所属区劳动局查询养老保险的缴费情况（带上身份证），这关系到你退休后能否领取退休金的大问题。如果单位已帮你买失业保险，你还可以到当地劳动服务公司领取失业救济金。而后，你还要到企业所在地劳动部门办理停止社保缴费手续。

领取失业救济金的过程如下，首先带上你的户口簿、企业解除合同通知书、停保通知、个人档案到户口所在地的区劳动服务公司办理失业证，再到市建行开一个账户。拿着失业证、企业解除合同通知书、市建行的存折，你就可以在当地的劳动服务公司办理领取失业救济金手续，一切手续办妥后，失业救济金就会通过银行转到你的账户上，领取失业救济金期限是3～24个月。但记住每个月到劳动服务公司报到一次，顺便签名领钱。

如果发现单位没有为你买社会保险，可以到当地劳动监察部门投诉，也可请企业所在地的劳动争议仲裁机构仲裁，但不要超出60天，否则有关部门将不予受理。还有不清楚的事项应到当地劳动服务公司详细咨询。

由此可见，对于言而无信的老板，我们不是没有办法的。首先我们应该提高警惕，不要为老板的花言巧语所迷惑，应该争取的就争取，应该签合同的就签合同；其次要时刻注意老板对合同的履行情况，用法律武器维护自己应有的权益；再次如果老板失信而且态度恶劣，我们还可以诉诸社会舆论，通过大众的谴责力量迫使他履行承诺；最后这样的老板肯定无法给你提供稳定并且发展良好的工作，因此在争取到自己应有的权益之后，还是炒了他为好。

第八章　如此老板：刁蛮霸道

有这样一些老板，他们霸气十足、飞扬跋扈、性格刁蛮，对待员工态度恶劣，不尊重员工的人格尊严。面对如此老板，我们怎样才能挫伤他们的嚣张气焰？

案例一：遭遇野蛮老板

南方网讯：曾在香港大受欢迎的韩国电影“我的野蛮女友”，戏中的女主角经常运用不同的毒招折磨男友。在现实生活中，香港约有41万名“打工仔”经常遭到野蛮老板虐待，在众目睽睽下破口大骂下属“猪头，笨蛋”，用炒鱿鱼恐吓员工，令员工生活在惶恐中。

《读者文摘》2003年7月在台湾及香港进行一项“您的上司有没有欺侮您”的调查，成功访问了400多人，调查发现12%香港受访者声称曾受上司欺侮，台湾的比率则为7%（问卷上“欺侮”的定义是指上司向员工提出不合理的要求、故意挑剔、侮辱人格、损害形象等）。

根据台湾有关部门2003年4月的统计资料，台湾受雇人数约为673.4万人，若以7%来推算，受欺侮的约有47万人，平均每14名员工便有一人遭欺侮。香港劳动人口逾300万，若以12%计算，则有41万人受欺侮，平均每8名员工便有一人受上司欺侮。

专家建议，受欺侮员工可向心理咨询机构咨询，或听听同事意见作参考。也可主动要求上司改变行为。

野蛮老板十大恶行：

1. 职员犯了小错就破口大骂“猪头！笨蛋！”；

2. 处处包庇旧同事，大声指责新人，开会时严厉批评；

3. 草率交代工作，但又责怪下属办事不力；

4. 男老板经常对女下属轻薄无礼；

5. 下属想请病假，却不悦地说：“看你好好的，干吗请假”或者说：“现在经济不景气，你要有心理准备！”；

6. 经常推卸责任，喜欢在高层职员面前骂人；

7. 要求低层员工“端茶倒咖啡”；

8. 规定女下属轮流加班，却不准报加班费；

9. 稍有差错就取消下属的休息时间；

10. 骂下属“你跟蛇一样会钻”。

当你面对凶狠的上司时，你该怎么办？是选择走人，还是继续留下来？而其他人对凶狠、横蛮的上司又是怎么看的呢？

下面请看一些有过如此遭遇的职员的自述：

牟琦：我是 2003 年 5 月份才来深圳的。

刚开始，我应聘在一家私营企业。也许是在内地过惯了优越的生活，我还真有点不适应。管我们的是老板弟媳妇，30 多岁，一点仁慈也没有，整天板着一张脸，动不动就大呼小叫的，员工个个如惊弓之鸟，生怕被她抓点把柄穿小鞋。刚去时，我想给老板留个好印象，每天早早地来到办公室，可哪想到，女老板早已经坐在大班台前批阅文件了。我帮她泡了一杯茶，端过去时说一声“您早啊！”她连头都不抬，只“哼”了一声，弄得人一点心情也没有。

由于心情不好，作为公司惟一的英文翻译，常常感到精神恍忽，本来我的水平是可以的，哪怕是国外那些订单上比较复杂的条款我也能应对自如，可偏偏有一次在给英方的船务单上，我将 surcharge

（额外费用）译成了（过高费用），结果对方以价格过高要取消订单（后来我采取措施挽回了）。老板知道是我翻译错误的缘故，当着全公司的员工狠狠地将我训斥了一顿，罚款倒在其次，从此大会、小会经常点名训斥我，最后我只得含泪离开了那家公司。

专家认为：离开公司只是做事上的中断。做人仍要保持人格完好，先自尊才能获得他人的尊重。如果是你错了，责任在你，临走时要说一声 Sorroy。人总要犯错的，作为上司，要问清楚缘由，再批评，批评也要讲方法，不可没完没了。

陆骏：我厌倦了无休止的加班，不能兑现的许诺，让人失望的待遇，还有老板那坏脾气………

为迎接“十一”的促销活动，我们部门与销售部门联合搞了一次小小的 Party，本是为“十一”的促销鼓劲，第二天早上有两位同事迟到了 5 分钟，Party 的事被老板知道了，他气冲冲地来到我的办公室，拍着桌子大喊，“什么意思?”当时我还真蒙了。待我问清原委后，觉得既委屈又气愤。他不光对我这样，对其他同事也一样，尤其是对胆小的女孩子，天天都要训她们，哪怕是一点小事情，也要当个大事来渲染，弄得整个写字楼里乌烟瘴气的。这样的上司，我还有什么留恋的呢？我就辞职了。

专家认为：人际交往的根本还是沟通。如果你不满上司的某些做法，或者觉得他在哪件事上让你受了委屈，不妨坦率地告诉他，说说自己的想法，也听听他的解释。换个位置想想，如果你是他，你会怎么办？交流之后也许会有意想不到的结果，既解除误会又增进了解。就算真的有了更好的去处，走之前和老板聊上一会儿，提一些善意的建议，留个好印象。这个世界不大，说不准哪天碰上，小小一点儿人情也许会帮你大忙。

案例二：究竟是谁的错

1996 年从上海某大学文学院毕业后，我相继到过 3 家公司做文秘。生下孩子后，我听从老公的建议，没有再去上班。老公原本是开公司的，后来为债务纠纷所累，并涉嫌合同诈骗被取保候审。他丧失了经济来源。为了女儿，为了家，我在 2003 年 4 月找到一家合资的房地产经纪公司，做了总经理秘书。

公司当初和我谈妥，试用期每个月的报酬是 1700 元，转正后加

到2000元。然而，正式合同签订前，人事主管跟我说，他们以前搞错了，我转正后的月薪应该是1800元。我不想丢工作，所以没吭声。但事后想想，越来越气，他们凭什么这样蒙我？虽然只有区区200元，但对于我这样的家庭来说，这点钱也足够让我“过敏”。

钱少了不算，最令我无法忍受的是总经理的脾气。他喜怒无常，开心时很好相处，一旦心情不好，就把我当出气筒，毫无缘故地冲我大吼大叫。而且我认准了，少发钱的馊主意是他出的。

7月29日上午，我在总经理办公室帮他整理东西，眼睛一亮，放在办公桌上的一只黑色皮夹和我老公的一模一样。出于好奇，我翻开了它，里面有许多卡。心想反正我受了他这么多气，他还克扣我的工资——就算是他还我的。于是，我从里面抽出一张信用卡。

不一会儿，总经理就来了，把皮夹收入衣袋，并没有发现什么。到了中午，我已经冷静下来，觉得这样做不好，准备找机会把卡还给他。谁料他的老毛病又犯了。我的办公室在二楼，他在三楼。为了叫我方便，他不肯打电话，每次都是冲楼下大吼。那天很热，其他办公室都关门开空调，但他要求我的办公室的门必须永远敞开。我实在热得受不了，把门开了一条缝。他看见后，又是一通骂。我也来了火，心里说：“你等着瞧!”

几天后，为了出气，我拿着这张信用卡，专拣高档的商厦去刷卡。购买了价值6000多元的三星T108手机、22700元的卡帝亚手表、5850元的卡帝亚戒指、两只6100元的卡帝亚钱包、两只4570元的BALLY钱包。

我从公司辞了职后不久，接到了警方的电话。

专家认为，该员工即使在公司遭遇不公正待遇，也不该采取如此极端的做法泄私恨。她完全可以通过正当途径讨回属于自己的利益。以这样的做法对付刁蛮霸道的老板，使自己付出的代价太大。

案例三：真心换开心

Shelly在我们公司里是很出名的“恶”上司，她领导的部门跳槽率极高。在公司里有个说法：老板看不惯谁，不用付违约金就可让那个人走人，秘诀是把他调到Shelly的部门。

我不幸成为这个倒霉蛋。调到了Shelly的部门，当她的助理。我暗自制定了一套战略战术：努力工作，任劳任怨，凡是Shelly吩咐的事情，我都往好的一面想。比如：Shelly让我反复修改同一个策划案，我想这是锻炼我文笔和耐心的机会；Shelly让我加班，就当为家里省电费，伙食费；Shelly有时当众责骂我，就当锻炼我的厚脸皮吧……

时间久了，我才知道Shelly有不幸的感情生活，离了婚，带着一个女儿，全靠自己打拼才熬到现在的位置。身为女人，我又情不自禁地同情起她来。渐渐地我尝试去了解Shelly，我知道她的胃不好，于是常常备着胃药。有一天，Shelly出去见客户了，我突然接到从幼儿园打来的电话，说她女儿病了。因为Shelly见的是公司里的大客户，我想还是不要打扰她，自作主张赶去幼儿园带她女儿去看病。到了下班的时间才通知Shelly，她匆匆赶到医院，一把搂住女儿，一副慈母样。转眼到了Shelly的生日，我偷偷买了束百合花，标上我们部门所有成员的名字，并衷心祝Shelly生日快乐。年终吃团圆饭的晚上，热闹完了，我看见Shelly心情不错，于是悄悄尾随她，在一个转弯处假装与她不期而遇。我对Shelly说其实大家都很尊重她，愿意把自己部门的业绩做好，可以和其他部门一比上下，8小时的工作时间，大家都很累，希望大家的BOSS能为大家创造和睦友爱的氛围，这也是有益于工作的。Shelly听了良久没说话，只祝我新年快乐！我忐忑不安

地过了一个新年假期。

新年后，我们意外发现，Shelly 的脸上多了笑容，渐渐地我们的部门有了笑声，开始和睦团结。Shelly 开始和我们一起去做操，去购物，一起带着她的小女儿去郊游。最近我们还在为她物色男朋友呢！

我终于赢得了这个挑战，每当同事问起我与 Shelly 相处的秘诀时，我神秘地一笑，指指自己的心，不做回答。（资料来源：Sunshine）

对策一：短兵相接

与老板交流是一门学问，要摆正心态，更要学会技巧。

必须明确：不管受到了怎样不公正的待遇，你的老板如何不讲理，一定要勇于提出要求！如果隐忍不发，没有人知道你心中所想，任何利益都是自己争取来的，不是老板给什么就必须接受什么。

那些霸道的老板通常都认为只要不断地威胁雇员，就能让他们服服帖帖地干好活儿。

张萍的老板是个典型的女强人。无论何时，只要对某件事有疑问，她就会大发脾气。为了赶一份财务报告，她曾强迫一名第二天就要做新娘的女职员从晚上 9 点一直加班到第二天婚礼将开始的时候。更为刻薄的是，她经常在大庭广众之下羞辱员工，从不顾及他们的尊严。

对付这样的老板，你必须经常让他（她）感觉到你的存在价值。尤其当你预见到他会对你恶语相向时，你必须事先就想好回敬他的措辞。当然，更重要的是，你自己不要被吓倒。其实，一个张牙舞爪的人，就好像路边一只朝你狂吠的狗一样，你只要不被吓跑，而是继续向前走，最后退缩的一定是那只恶狗。

因此，应对霸道的老板，就应该有足够的勇气。跟他们谈判的时候，最重要的是自信！当然，这一点基于你提出的要求是合理的。

跟老板过招，一定要摆正自己的心态：你的老板也是普通人，他的任务更重，也要面对来自他的上司、其他部门等方方面面的压力。对绝大多数老板而言，他最大的愿望是更好更快地完成任务，而不是从一上任就想刁难谁。

如果你觉得他对你不够公正，首先要冷静几分钟，想一想“他为什么这样做?”如果你过于情绪化，或者对老板有成见，可能会和他大吵一架，而这样只会使情况更糟。要始终坚持“对事不对人”，了解他的真实想法，顺应他的思路，冷静、客观地提出要求。

在方式上要心平气和。如果是待遇问题，要列举你付出的劳动，所得到的回报，并举出别人待遇合理的例子，请老板告诉你其中原因。如果沟通无效，可以直接去找大老板。通常上司们都不愿接受一般员工的越层报告，“大老板”会信任他选中的中层管理者。但是，

当你觉得问题得不到解决，还是要勇于改变状况，对顶头上司说“不”！

切忌私下议论或传播对老板的不满。如果部门同事对老板有一致意见，可以联名致信“大老板”。私下议论于事无补。

当然，在职场中有时需要忍耐。你与老板刚刚开始合作时，有个相互取得信任的过程，你要努力证明自己的实力，对小的不愉快要忍耐。你不妨和老板经常做一些小沟通，汇报工作进展，请教如何改进。你可以这么问：“您能给我一些建议吗？”“我这一阵总是不能做到完美……”

实际上，你的老板在他的职位上也并不总是称心如意。他可能很难与员工有真正的沟通，也不易获得朋友似的友谊，正所谓“高处不胜寒”。有个员工以前总认为他的老板很挑剔，两人合作不愉快。一次郊游，他无意中对老板说：“您最近做的一次策划挺棒的。”老板很吃惊，顿有知音之感，随即俩人谈起了更多工作计划，关系渐渐融洽。

当然，作为老板，要摆正自己的位置，官威十足的老板是最令人讨厌的。缔造松下王国的松下幸之助有一句名言：“管理的定义很简单，过去、现在、未来都是沟通。”据调查，70％的优秀经理人的主要工作时间用于沟通：和客户、平级部门、上司，当然，也包括和下属。

现代企业倡导这样的上下级理念：密切合作，相互支持，没有森严的等级观念。现代社会崇尚团队精神，因为没有人能靠单打独斗取得成功。

老板一定要相信：没有一个下属愿意跟你作对。员工有勇气提出意见是很不容易的，而你能听到反馈是幸运的。听到不同意见，首先考虑：这对部门和企业利益有什么影响，对实现最终目标有什么影响。

所以，当你遇到刁蛮的老板，就请把你的不满直接说出来，可别自认倒霉。先做好炒他的准备，然后尽可能找机会和他谈谈，真诚地表露一下自己的想法和意见。一定要义正词严地和他说话，让他知道你应该受到尊重。

对策二：避实就虚

对于老板的错误，暗记在心，以备不时之需。同时工作上让他离不开你，就不会太为难你。其他事情尤其是公事，老板说了算。

你刚刚跳槽到一个薪水很高的单位，但不久就发现，老板脾气暴躁、为人粗鲁，下属稍有过失便雷霆大发，出言不逊，有时言语严重刺伤人的自尊心。有一天，这种事终于降临到你头上了，你该怎么办？

很多人梦想找到一份十全十美的工作，老板又好，薪水又高，但这样的美梦并不是每个人都能实现的。不少人肯付出很多代价只为换取一个薪水很高的工作或职位。而你，既然占有这方面的优势，就不必计较其他方面一些小的牺牲了。

如果老板脾气暴躁、为人粗鲁，这也给了你一个表现自己宽容、大度风范的好机会。就算他不分青红皂白就出言不逊是大错特错，但是，要是你把这当成鞭策自己上进的动力，对待工作一丝不苟、精益求精，不出现任何闪失，难道他还能鸡蛋里挑骨头吗？再说，忍受他大发雷霆的又不止你一个人，其他同事如何面对呢？多学学别人的做法也可以给自己找来点心理平衡。

当然，一贯纵容他的恶语伤人也不是长久之策，只是一定得想出个出奇制胜的点子。比如，你和另一位同事协商好做搭档，找一个适

当的时机，你假装和你的同事在工作中发生了意见分歧，然后，你把自己老板平时最爱挖苦人的话和盘托出，再让你的同事以“不问是非、恶语伤人、影响团结”等等为由逐一反驳。也许，你的老板真能从旁观者清的角度获得一些启悟呢!

公司是一群人以利益为前提，在提高生产力的共同目的下，所组成的团体。这并不是为了结交朋友、建立良好的人际关系的场合。所以对于讨厌的上司，以下就是基本的应对之道。

关于工作上的沟通，有两点需要注意。第一点是不管在讨论、报告或会议场合，都只谈和工作有关的事情，除此之外的话题绝对不多说。第二点是当你和你讨厌的人面对时，尽量提醒自己把脸部的线条放柔和。通常我们在面对不喜欢的人时，表情就会自然而然变得僵硬，很容易让人看出你的心思。你所讨厌的对象，有时只不过是跟你个性不和，其实可能并没有做出什么伤害你的事，所以碰到这种场合，最好还是忍耐一下，修正一下脸部的表情，千万不要表现得太失礼。

总之，不论多讨厌对方，都要尽量避免正面冲突。尤其当对方是公司内掌握大权，有能力、地位的人时，更要特别注意，不要为自己带来不必要的麻烦。

大多数的人一定有过：“我不想和这个家伙有任何个人接触”的想法。但是只要能够维持工作上的协调，我想在其他方面也不会有太大的问题。对于个性不和的人，只进行与工作有关的接触，可以减少冲突的产生和精神上的压力。

根据美国盖洛普咨询公司的一项调查，大约30%的管理人员是因为他们主管的行为而辞职。换句话说，有时候让你辞职的主要的原因不是工资低，也不是没有培训机会，就是顶头上司难以相处。

事实上，不能做一个好雇员，就不能做一个好老板。或许你负气

地辞职，但当你到了一个新公司，突然发现新老板也有原来老板的影子，你就会明白，什么叫逃避不是办法了。

工作中必须用一部分时间和精力来实现沟通，而沟通比较难的地方就在老板和雇员之间。试一试吧，用点耐心和策略就可以改善关系！

做好你的工作，这是沟通的基础。然后认真观察形势，当你的上级发火如果你大叫，他通常会叫得比你还大声。但是，如果你表现很冷静，他就会很快地恢复冷静。

不要尝试去改变老板的个性，正如老板也不太容易改变你一样。不如试着分析一下他的态度的原因并表现出你理解他，他会把你当成同盟者。沟通的魅力就在于潜移默化地影响一个人，最终提高工作效率。

不过有些老板偏偏对人际关系的好坏感觉迟钝，即使知道别人不喜欢他，他也无所谓，只会单方面地以为："人际关系不好的原因，是因为没有和人推心置腹地谈谈心"，于是反而喜欢常常找别人一起去喝酒吃饭。通常碰到这种情形时，不宜断然拒绝，最好的方法是婉言找个借口谢绝。

本来是老板自己把文件搁在一边，既不翻阅，也不签字，当有关部门追索时，他反而质问下属为何不提醒他或早点给他。这是令人气愤的，如果这位老板三番五次犯同样错误的话，那你也不要反唇相讥，聪明的下属，应当把批评的话吞回肚里，变成日常多提醒。

这样做的结果，不仅可以保证工作如期完成，也保留了上司的自尊，而且还增加了你对于他的重要性，一举三得。何乐而不为呢？

因此，我们要尽量地多体谅，少批评。在批评老板之前，先要从对方的角度想想，为什么他要那样做。有时候，对方可能有难言的苦衷。在此种情况下，对无伤大雅的事就应该以关心代替批评，这样会

使对方更容易接受。每个人都喜欢听赞美的话，而且如果这种话是当众听到的，就会更加觉得有面子。反之，有关批评的话要尽量私下说，这样除了能照顾到对方的面子外，对本身的形象也会产生好的影响。

同时，要讲究批评的语调，要学会婉转地表达自己的意见。人们常说，“一样话，两样说”，虽然是相同的一句话，但是用不同的语调说出，让人听起来感觉就会大不一样。

对策三：管理老板

看了这个小标题，你一定以为我们是在哗众取宠，你肯定会怀疑或不以为然。其实，管理你的老板，不是让你去改变老板，而是了解他到底是个怎样的人。这不会太难吧?!

你与老板之间冲突不断，深受其害的是谁？当你为与老板间的关系而辗转反侧时，他可能正呼呼大睡呢。老板或许会想想怎么把你搞定，但你绝不会是他生活的中心。要是你今天递辞呈，他才不会悲痛欲绝呢。老板并不愁也不急着要改善这种关系。而你处于委曲求全的一方，如何打理这一关系，就要靠你自己了。

可悲的是，有些人以为，恶劣情况会像恶劣天气一样随着“气候云团”的移走而神奇般地自动好转。相信总有一天，老板会为过去的所作所为向你道歉。别奢望奇迹不请自来了！也许能创造奇迹的只有你自己。你得思考，为什么老板会有这种表现？你看到老板是真正的老板吗？你需要时间、耐心大量地收集资料。

你了解你的老板吗？你可能会说：“我当然了解他！”然后，就举出一大堆他的恶劣行为。但是客观地看，有些老板不懂得如何与人有效沟通，更不常表露自己的感受。他们有事放在心里，并认为自己应

该与员工保持适当的距离。

传统型老板倾向于把自己的角色定位于船长，不断告诉自己要保持冷漠与疏离，好让属下仰视自己。他们很少交际，更不可能向属下透露心事。认为身为老板必须好好压抑情绪，工作才会比较顺利。这件“船长的外衣”让我们对老板内心所知不多，要想管理你的老板，你就必须先剥掉它。

想剥开“船长的外衣”，你就得先变成一名学生。与其老是觉得受到迫害，不如改变一下角色。当个公正的剧评家。你可以笔录下老板的一举一动，之后，你会惊喜自己学有所得，和老板相处不再困难，参与会议不再让你冷汗直流。时间一到，你甚至期盼开会，你将变成一名学生，至于所修的科目呢？就是你的老板。

除了记，你一定要学会问。最好的询问对象是同事和其他与老板共事的人。最棒的资料来源是你老板的秘书或助理——如果也和你聊得来又值得信任的话。如果你找得到前任员工，他们是绝佳又安全的消息来源。因为他们已经离开了“战场”。不会介意说些内幕了。

有关老板的7大问题

1. 老板到底在忙些什么？你说得出来吗？他怎样度过一天？他怎样评估工作，老板的老板又是谁？天天发生的事，你不一定注意到、不一定了解到，这需要用心去观察。

2. 老板的习惯、工作风格、目标及价值观是什么？信不信由你，老板的首要目的并不是整你。你也无需如此自怜。你的老板和你一样，对生活充满个人期望。因此知道他想要什么，对你绝对有好处。

我们先从找出老板的工作习惯和风格开始。他每天早上几点到办公室？他习惯早到还是晚到？当老板走进办公室后，是怎样开始工作的？是立刻行动？还是花30～40分钟避不见人，想想今天该做的事？有的老板总是故意把会议安排在每周一早上9点。这是一周里早起最

痛苦的一天，因此，老板可以借此分辨出好员工和懒员工。如果你觉得老板真是这样的话，不管你其他日子来得多晚，周一一定要早早到，你就可以获得很高的印象分。

3. 老板的目标和方针是什么？很多有强制固定性工作习惯的老板都是完美主义者，他们绝对不能容忍拥有懒散的工作习惯或不尽全力工作的员工。有些老板则比较关心工作的完成进度，拓展业绩或赶上期限是最重要的。

4. 老板如何应付压力？有些老板在工作期限迫近时会变得格外和善。换句话说，他们压力愈大，就愈好相处。而另一些老板，在压力面前则容易产生情绪的混乱。要是你的老板可以健康地承受压力，算你走运。而对有些老板而言，压力会使他心情烦燥。小心！这种老板可能正在找替死鬼或出气筒呢。

5. 老板的管理风格是什么？一般说来，大多数老板的管理风格不出以下两大类：一种是事必躬亲，一种是鼓励员工培养独立的思考和良好的工作习惯。事必躬亲型，可能是很会鼓励、提携属下的老板，也可能是不停地指手画脚的老板。而鼓励型的老板，如果事先给你提供足够的相关资料，让你自由发挥是最好不过的了。但如果事先不沟通、交代不清楚，就让你一人在黑暗中摸索的话，你的压力将会是很大的。

6. 老板到底需要什么？一旦你发现老板对属下的需要，绝对会让你大吃一惊。通常老板可以分两大类型：一种是很怕自己做决定、需要旁人不断地安抚和肯定的老板。另一种是很有自信的独立型老板，不需要员工的回应与肯定。如果你根据老板的类型来决定自己的做法，就很容易得到老板的关注。

7. 老板的优点是什么？了解老板的优缺点对你的影响，比挑他的优缺点更重要。

好了，现在你已经大致了解了你的老板，就应该对症下药了。你还能与他共事吗？还是换个新工作？总结一下，至少你可以知道自己身处何许人之下!

第九章　如此老板：目无国法

有这样一些老板，他们把利益看得比一切都重。为了赚钱，他们不仅可以出卖良心，还敢触犯国法。他们有的阳奉阴违，钻法律的空子，跟劳动执法部门打游击，损害员工的合法利益；有的甚至明目张胆，公然走上犯罪的道路。遭遇这样的老板，我们应该怎么办？

案例一：员工遭遇“霸王合同”

“签订本劳动合同 8 年内，女员工不得怀孕，否则企业可以立即解除合同”、“夫妻同在本单位的，一方要求辞职，另一方劳动合同自行解除”…… 这些看似荒谬的“霸王”条款，如今就堂而皇之地写在我们某些人的劳动合同上——在哈尔滨人才市场举行的一次招聘会上，黑龙江省某建筑公司招聘了一名财会人员，公司人事负责人在面试时向应聘者提出，5 年内不得怀孕，否则将不予录用。无独有偶，在黑龙江省人才大市场举办的专场招聘会上，北京一家驻哈尔滨的分公司招聘女高级文秘，面试时要求应聘者 8 年内不得怀孕。

据哈尔滨一位业内人士透露，现在许多用人单位在招聘女职工时往往有许多附带条件，要求女职工在一定期间内不得怀孕，在哈尔滨已成为不成文的规矩，一些企业在招聘女职员时规定 8 年乃至 10 年内不得怀孕，理由是生育子女影响企业工作的连续性，增加了单位的成本支出。

两年前，王女士应聘到一家外企，签订劳动合同时，发现在例行的条款外，赫然写着一行小字："女职工在合同期内不得怀孕，否则立即解除劳动合同。"虽然心里挺别扭，但为了拿到"饭碗"，她还是签了字。孰料，半年后"意外"怀上宝宝的王女士，真的被企业"扫地出门"了。一气之下，王女士将企业老板告上了仲裁机构。后来，虽然经过调解，王女士得以保住工作，但这只是"噩梦"的开始。接下来的两个月，她得到了特殊"照顾"——每天在办公室里抄宪法。两个月后，王女士终于"主动"辞职了。

作为"霸王合同"的受害者，王女士的遭遇让我们痛心。但是，除了大骂企业不仁不义之外，我们还能做些什么？

一、企业员工：缘何敢怒不敢言

据了解，"霸王条款"内容千奇百怪，但让我们感到纳闷的是，其中不少条款一眼就能看出问题，但许多人为什么还会心甘情愿受企业的"盘剥"，甚至吃了哑巴亏也不敢站出来维护自己的权益呢？

劳动法专家左祥琦律师认为，造成这个现象最主要的原因是劳动力市场供求不平衡。一个"饭碗"几个人抢，再"霸道"的条款也有人签，职工只能委曲求全；另外，现有法律、法规还不够健全，所以即便职工"敢怒敢言"，也未必能取得成功。这样一来不仅助长了个别企业的"霸气"，也为他们"钻空子"提供了可乘之机。

对此，某外企的一位白领连连叹息，企业的"饭碗"，看着虽好却没那么容易拿到。明知道是"霸王条款"，但你要么接受，要么走人，没有条件可讲。万一不幸"触雷"，也只能认打认罚，否则和企业"抓破脸"，往后的日子不会好过。这种情况下，骂的再痛快，又有什么意义呢？

二、霸王条款："如意算盘"行不通

某企业的负责人向记者叫屈："如今企业的经济压力那么重，制订一些对企业有利的条款有什么错？""霸王条款"果真能让企业占尽

便宜?

对此，劳动争议网CEO程向阳告诉记者，对企业来说，虽然短期内可能得到一些直接利益，但潜在的影响很大。因为，这些“窝心”条款会丧失企业的凝聚力，严重影响职工的士气和满意度。另外，这些“霸王条款”中很多都属于无效条款，如果职工提请仲裁，企业就会“搬起石头砸了自己的脚”。

左祥琦律师也认为，“霸王条款”只能留住一般员工，对于优秀员工则根本行不通。他们即便可以暂时“委曲求全”，一旦有机会，跳槽率会非常高。

三、专家观点：谁来治“霸道”企业的病

遭遇“霸王条款”，企业员工是否只能认“倒霉”？对此，左祥琦律师告诉记者：“受到‘霸王条款’侵害的职工，可以向劳动争议仲裁委员会申请仲裁。对仲裁结果不服的，可以提起民事诉讼。”但是，左律师也坦言，在目前这种供过于求的市场情况下，很难从根本上解决问题。因此，工会的作用举足轻重。否则，靠职工个体的力量很难与企业抗衡。

针对屡屡发生争议的“竞业禁止”问题，劳动争议网CEO程向阳特别提醒那些“身怀绝技”的高级人才，签订劳动合同时要格外慎重。因为，目前对于个人的经济补偿并没有统一的标准，所以在合同上签字后，一旦发生问题对个人非常不利。

“士气可鼓不可泄”，这是几千年前“老祖宗”打江山时就总结出来的名言。几千年后，仍然是亘古不变的真理。但我们不愿看到的是，由于掌握着职工的“生杀大权”，极个别企业渐渐滋生出一种“霸气”。

一位业内专家分析，企业给职工更多的权利，自身势必要承担相应的义务，反之也是如此。就像“1+1=2”或“2-1=1”。但是，

由于这个简单的算式在运算过程中带动了人的感情，结果肯定是“1＋1＞2”或“2－1＜1”。

某企业在事业如日中天的时候，曾因一名高层管理人员另起炉灶，并拉走大批业务骨干而元气大伤。此后，为绝后患，该企业要求全体管理人员和业务骨干签订书面承诺：5年内保证不主动跳槽，否则退出已分住房、每年自愿支付相当于双倍年薪的补偿金、夫妻同在该企业的，另一方合同自动终止。令该企业领导始料不及的是，当即就有若干人提交辞呈，勉强留下的也是“人在曹营心在汉”，当初创业时的干劲和凝聚力消耗殆尽。仅仅两年时间，一个好好的企业几尽

崩溃。

对此，一位业内人士比喻得非常恰当：企业制度如同身体里的骨髓，如果正常的造血机能都不能维持，再强壮的生命也会很快枯萎。同样，缺少了凝聚力和人气的企业，也只能走向衰落。(文/徐虹)

案例二：可怜的孩子

几个十几岁的湖南籍孩子，被人诱骗到浙江打黑工。他们经历了一场噩梦之后，才知道打工路并不平坦，充满了血腥和无奈……

2002 年 8 月 5 日，年仅 15 岁的唐柏缘和哥哥唐铭石在湖南永州市一位政协委员的救助下，终于回到了永州市东安县芦洪市镇的家中。唐柏缘的父母望着被折磨得病快快的两个儿子，禁不住一把抱住他们，号啕大哭起来。

唐柏缘兄弟俩跟另外 6 名伙伴，是在 2002 年 6 月份被人介绍到浙江省嘉兴市一家毛衣厂打工的。当这群十几岁的孩子满怀美好的愿望走出家门时，哪里会想到迎接他们的不是钞票，而是黑心老板设置的罪恶陷阱……

被骗入“黑厂”打黑工

2002 年 6 月中旬，湖南永州市冷水滩区普利桥镇小江桥村村民杨春知来到邻近的东安县芦洪市镇和鹿马桥镇等地招工。他说他的姐夫雷爱砣在浙江杭州开了一家毛衣厂，还需要 10 多名工人，工资待遇优厚。

有的村民正闲着没事干，便很有兴趣地问他：“工资多少钱一个月?”杨春知拍着胸脯说：“包吃包住，四百多元钱一个月。”有的青年便在一旁担心地问，工作环境很差吧？杨春知嘴巴一撇说：“工厂在杭州，杭州知道吗？人间天堂呢!”

见有这样的好事，鹿马镇16岁的刘荣满等4个男孩子便立即报了名。芦洪市镇腰塘村15岁的唐柏缘也很想到外面去打工，他怯声地问："我还未满16岁，没有身份证，在那边打工被抓住时怎么办?"杨春知正愁招不满人，见有人来报名，便连忙说："没事没事，这次去的好几个人都没满16岁呢，你向跟你长得相像的人借个身份证就可以了。"

于是，在杨春知的一手策划下，腰塘村的唐铭石和唐柏缘两兄弟，以及14岁的唐前和19岁的唐鸣鹏等4人便都报名参加了招工。

6月24日，杨春知带着唐柏缘等8位年轻人来到永州火车站搭火车去浙江，他让每个人交上100元钱，替他们统一购买了车票。列车开动后，他才将火车票给唐柏缘等人。唐柏缘他们仔细一看，发现车票并不是去杭州的，而是去嘉兴的。这时，唐前、唐柏缘他们心里有了疑惑，便问杨春知为什么不去杭州，是不是买错了票？杨春知答道："嘉兴就是在杭州的。"说完便不再理会他们。

唐柏缘他们从没出过远门，压根儿也不知道嘉兴跟杭州是两码事。所以，他们听杨春知这么一说，也就相信了。

到嘉兴后，杨春知才告诉唐柏缘他们工厂在洪合镇。在洪合镇下车后，杨春知说到厂里还有几十分钟的路，因为没有出租车愿意去，所以要步行。正在这时，杨春知的姐夫雷爱砣开着一辆三轮车赶来，将唐柏缘他们接到了厂里。

唐柏缘他们这才发现，所谓的工厂"藏"在偏远的新华村姚家头。而更让他们吃惊的是，这个工厂只是个租来的小宅院，面积不过100余平方米，生产场地非常简陋，里面只摆着十多台织毛衣的机子。而且厂里既无厂牌，更无任何营业执照，纯粹是一家地下作坊。

见此情景，唐柏缘他们的心一下子掉进了冰窖里。但事已至此，他们只好买来水桶、蚊帐等日常生活用品住了下来。第二天一早，杨

春知便叫唐柏缘他们进工场学习。几天后，就叫他们正式上班。每天凌晨5点钟，杨春知便将唐柏缘他们叫醒，一直工作到晚上10点多钟，才能休息。

尽管拼命地干，唐柏缘他们每织一件毛衣只有0.6元钱工资，还要从这中间提40%给杨春知。因此，他们每织一件毛衣实际上只能赚0.36元钱。他们每天要织15件毛衣，才能保证5元钱一天的伙食费。唐柏缘他们这才明白，杨春知当时向他们承诺的包吃全是骗人的鬼话。伙食差得让他们根本吃不下去，每餐吃的都是些从菜市场上捡来的菜叶，全是用白水煮的。没过几天，唐铭石就病倒了，躺在床上起不来。杨春知发现后，便一把将唐铭石从床上拖了起来，大声吼道："刚来就想偷懒了，还不快去做事，小心揍你！"唐铭石只好强撑着身体去上班。

一次，唐柏缘与先来厂里工作的工友"耗子"闲聊，"耗子"好心地告诉唐柏缘说："来这里工作根本赚不到钱的，我已工作了一年，厂里没给我一分钱工资，反而说我欠了1000多元钱伙食费，不让我走。"没料到这话刚好被从门外经过的雷爱砣听见了，他一脚将门踢开，冲进来一把抓住"耗子"，朝着他的胸部和头部就是几记重拳，一边打一边恶狠狠地说："谁叫你在这里乱说的！"

直到此时，唐柏缘他们才真正意识到自己已经落入了黑心老板的陷阱……

面对这种情况，唐柏缘他们便商量着要回家。当他们向老板雷爱砣提出辞工的要求时，雷爱砣当即翻了脸，指着他们的鼻子恶狠狠地说："谁都不要走，谁走就砍断谁的手脚。"吓得唐柏缘几个未成年人战战兢兢的，不敢再多说一句话。

7月2日，刘荣满等4名员工没有被吓到，整理好行李准备回家。雷爱砣见状，立即叫来几个地痞，强行将他们扣留下来。刘荣满质问雷爱砣为什么限制他们的人身自由？雷爱砣蛮横地说："要走人可以，每人留下 500 元钱，不然我就打死你们！" 4 人见无法脱身，便说要打 110 报警。杨春知见状，立即叫地痞围住他们不让其随意走动，同时将唐铭石他们 4 人拉到后面的一间破屋关了起来，以防他们报警。刘荣满 4 人为了尽快从这个"黑"工厂里逃出来，只好凑了 600 元钱交给雷爱砣，又说尽了好话，最后才得以离开。

唐柏缘和唐铭石 4 人也想走，但他们凑不齐"赎身钱"，只好留在这里。他们每天要工作 16 个小时以上，几乎没有休息时间，大家整天都感到脑袋昏昏沉沉的。好几次，14 岁的唐前差点晕倒在机器上。唐前等人再也受不住了，7 月 15 日，他们向杨春知提出要回家。杨春知、雷爱砣又叫来几个地痞，然后一起威胁他们："别惹火了我们，我们可不是吃干饭的，你们要是逃，我们就追！追上后就用摩托车撞断你们的手脚，绝对说到做到！"

当天中午，几个地痞与杨春知从酒店里吃完饭出来，满嘴酒气地走过去问唐前他们："还想不想回去了？"唐柏缘兄弟俩怕遭毒打，吓得浑身发抖，只好小声地说了一句："不回了。"几个地痞见唐前没说话，便恶狠狠地问他："你回不回了？"唐前仍不回答，一个地痞便冲上去，狠狠地打了他两耳光。唐前被打得眼冒金星，泪水一下子就流了出来，只好违心地说了一句："不回了。"雷爱砣在旁吼道："哭什么哭！你们要是走，我到时让你们哭都哭不出来。"然后，他强行逼着唐前他们立即上机织毛衣……

在留下的 4 人当中，唐鸣鹏的年纪最大，他时时刻刻在想着逃走。但他考虑到 4 人一起走目标太大，便决定带唐前先走，留下唐铭石和唐柏缘兄弟，也好相互有个照应。7 月 23 日晚上 11 时左右，唐鸣鹏和唐前趁大家都沉睡之机，悄悄收拾了一点东西，将一封短信塞进唐铭石的口袋里。然后，他们爬出了围墙，拼命地往外面跑。

由于他们身上仅有10元钱，只好沿公路往嘉兴方向跑去。快天亮时，怕杨春知他们追上来，他们便偷偷躲到路边的一堆杂草里。第二天清晨，杨春知查房时发现唐前、唐鸣鹏不见了，便立即骑摩托车向洪合镇方向追去，出门时他恶狠狠地说："追上一定打死他们!"随后雷爱砣也用手机给杨春知发指示："就是上了火车，也要将他们弄回来。"

当着全体员工的面，雷爱砣夫妇还恶狠狠地说："一定要打死唐前，就是追到东安，也要打断他的一条腿，让他们知道我们的厉害!"同时他们还威胁唐柏缘兄弟俩说，"你们一定事前知道唐前要跑，为什么不告诉我们，抓住唐前后再收拾你。"

而这时，杨春知他们一边派人留在火车站，一边派人沿路来回追寻唐前和唐鸣鹏，吓得唐前他们不敢露面。第二天晚上，他们躲进公路桥下面睡了一夜。令人遗憾的是，唐鸣鹏他们虽然脱离了魔爪，却只是一门心思地想着怎样逃跑，没有想过去报警。如果这样做的话，不仅他俩可以得救，而且还可以将唐柏缘兄弟解救出来。唐鸣鹏他们一连在嘉兴四周躲藏了3天。这3天里，他们没有吃任何东西，连水也不敢去喝。他们饥饿得几次要晕倒在地，俩人互相搀扶着，互相打气壮胆。最后找到了一个公用电话亭，唐鸣鹏掏出身上仅有的10元钱，给家里人打了一个求救电话。

电话打通后，听到家人的声音，唐鸣鹏禁不住在电话里大哭起来，一时哭得连话都说不出来。在一旁的唐前怕被别人发现，连忙催唐鸣鹏告诉家人速来浙江接他们，然后就匆匆地挂了电话，又跑到偏僻的地方躲了起来。杨春知、雷爱砣带人在火车站一带守了三天两夜，没有发现唐前和唐鸣鹏，才悻悻地回去了。

27日，唐前的妈妈和唐鸣鹏的弟弟火速从湖南赶来，几经波折，最后才在火车站边的一条小巷子里找到了唐前和唐鸣鹏。这时，他俩

已经虚弱得连走路都迈不开步了。因为担心杨春知他们闻讯赶来，唐前和唐鸣鹏的家人立即将唐前他们接回了湖南……

案例三：一个员工的遭遇

据齐鲁晚报2004年2月28日报道：在河南省打工的一名农民工，由于不堪昼夜不休的繁重体力劳动，忙里偷“闲”想休息一下，不料被老板打断胳膊和腿扔出场外。身无分文的他历时6个月不远千里爬行回家。

今年50岁的孙文流，是郯城县泉源镇前寺村村民。2003年正月经人介绍到河南省蒙县东小球乡小宋庄砖厂打工。在河南，孙文流与同行的农民工一起，没白没黑地拉砖坯、出砖块，干了四五个月，繁重的体力劳动终于让他支撑不住了。一天夜里，孙文流想出去休息一会儿，结果被老板发现打断了左胳膊和右腿。当他醒来后，发现自己躺在医院里，医生告诉他是巡夜的民警送他来的。当医院得知孙文流是山东外出的打工者，身上又无分文时，遂将其赶出了医院。

断了胳膊和腿的孙文流流落在郑州街头，他只能在地上崴着走，每崴一下都得忍受钻心的疼痛。大约十多天后，一位好心人用一块木板和几个轮子给他做了一个四轮滑板车，有了这辆车，孙文流产生了回家的念头。他滑着小车，累了就歇会儿，饿了就向人乞讨，白天孙文流滑行赶路，晚上就睡在滑板上。他曾因炎热、饥饿，晕倒在烈日下，也曾因饥寒交迫晕倒在雪地里。他辨不清方向，问路也无人理他，以为他是个疯子，他只能在心里念叨：我要回家。他就这么用一只胳膊支撑着滑板，从酷热的夏季到寒冷的冬天。经过6个月的爬行，孙文流终于回到了临沂，就在这一天，他鼓起勇气又问“这是哪里?”当路人告诉他这是临沂市平邑县时，孙文流哭了！这个好心的

路人听了孙文流断断续续的可怜讲述后，把他送回了家。乡亲们看到鬼魅一样的孙文流都惊呆了，因为郑州方面打来电话告诉他的家人说，孙文流已于半年前失踪，村民们都以为孙文流客死他乡了呢。

对策一：哪些官司容易输

近几年，据劳动部门统计，本市乃至全国的劳动争议案件数量均呈逐年大幅攀升趋势，这一方面表明劳动者法律意识、维权意识普遍提升。另一方面，劳动者却对那些因申诉对象不正确或提供不出充分有效的证据而最终导致所提出申诉失败的因素缺乏了解，并且缺少相应的心理准备，以致不能理智地对待裁决结果。为此，宣武区劳动争议仲裁委员会开始试行“申诉风险告知制度”，将常见的容易导致败诉的因素，制作“申诉风险提示书”，在当事人提出申诉前明明白白地告知，让他们做好承受、避免和应对各种风险的心理准备。这种情况主要分为三个类型。

一、类型一：申诉对象有误

职工小张因解除劳动合同支付经济补偿金与企业发生争议诉至劳动争议仲裁委员会。庭审中，该职工出示了劳动合同书，但该单位马上提出反驳，他们认为劳动合同上的甲方为非被申诉人。因此职工只好撤销原来的申诉，不得不重新变更被诉人。

评析：首先，案例中职工的请求在仲裁委还没有对争议进行审理前，其请求没有得到支持。这是因为案例中职工所诉主体有误，简单地说就是没有找准被诉对象。依据《劳动法》的规定，劳动合同是劳动者与用人单位确立劳动关系、明确双方权利义务的协议。解除劳动合同应该是做出解除决定的来承担相应的责任，劳动者应掌握争议发生的事由应与被诉人有关联。在案件审理中，常有职工因所诉主体有误导致其请求不能得到支持。

二、类型二：提供证据不足

宋某因与原单位解除劳动合同支付经济补偿金与企业发生争议诉至劳动争议仲裁委员会。在审理过程中，单位认为未曾与该职工解除过劳动合同，当仲裁庭要求职工出示企业与其解除劳动合同的相关证据时，职工无法提供，仲裁委因申诉人没有证据证明自己的主张成立，故对其请求不予支持。

评析：该案例由于职工缺少证据，解除劳动合同的事实如不成立，那么仲裁委对企业解除劳动合同的决定是否正确或是否应支付经济补偿金都无需审理，职工提出的请求自然无法支持。

三、类型三：申诉请求不完全

某职工因企业拖欠工资提出申诉，仲裁委经审理对职工的请求予以支持。但在执行该裁决时，职工发现企业除支付了拖欠的工资，没有支付因拖欠工资另加发25%的经济补偿金。职工就此向仲裁委提出异议，得到的答复是：因本人未提出过该项请求。

四、评析

案例中是因为职工的申诉请求不完全，广义地说是请求不当，如果劳动者在提出申诉请求时，没有把所想的全部提出，就会导致仲裁委对其未请求的部分在此次得不到审理，由此形成劳动者的合法权益不能得到充分的保护。

宣武区劳动争议仲裁委员会的钱炼告诉记者，建立申诉风险告知制度，在劳动者维权的同时，从另一方面提示劳动者要理智地对待申诉。因为案件的输赢，不仅取决于案件本身的是非曲直，还受当事人所提出的请求是否合情合理合法、主体是否恰当、是否超时效、是否对自己的主张能够提供使仲裁委予以采纳的证据，申诉人是否能按时交纳费用和能按时出庭等几方面因素的影响。劳动者对这些因素所带

来官司输赢的不确定性，不仅应该知道，同时应正确对待。

有关法律专家也提醒劳动者注意，推行申诉风险告知制度，对于当事人来说，能慎重地对待和避免申诉风险，三思而行，理智地选择解决争议的方式，减少诉讼，降低维权成本，最大限度地保障诉权。申诉风险是指当事人和委托代理在劳动仲裁活动中可能遇到的与争议事实无关的、但影响案件审理和执行，致使所提出的各项请求无法实现的风险因素。常见的有以下几种：(1) 主体有误；(2) 申诉请求不当或不合法；(3) 不能按时交纳申诉费用；(4) 不能提供充分有效的证据；(5) 不能按时出庭；(6) 请求事项已超过法定时效期限；(7) 一方当事人下落不明等。

对于劳动仲裁部门来说，此举是实现"公正效率"的有效措施，防止滥用诉权，可以缓解仲裁人员案多人少的矛盾，节约有限的仲裁资源。以上提示，可帮助您正确行使申诉的权利，做好承受、避免和应对各项风险的心理准备，以此降低维权成本，减少不必要的损失，充分保护您的合法权益。(李哲——北京青年报)

对策二：菜鸟"防身术"

最近，许多大学毕业生已经找到了工作，有的即将与单位签订劳动合同，有的正在实习期间。市劳动和社会保障局人士特别提醒大学生们，为了保障自己作为劳动者的合法权益，签订劳动合同时一定要慎之又慎，决不能大意。

一、签订劳动合同应当合法

依法签订劳动合同是其产生法律约束力的前提，但是如果签订的劳动合同不合法，那么求职者的权益保护就会遇到困难。因此，求职者一定要先确认自己签订的劳动合同是否具备产生法律约束力的条

件，包括：用人单位这一劳动合同主体须符合法定条件，用人单位应当依法成立，能够依法支付工资、缴纳社会保险费、提供劳动保护条件，并能够承担相应的民事责任。双方签订的劳动合同内容（权利与义务）必须符合法律、法规和劳动政策，不得从事非法工作。此外签订劳动合同的程序、形式必须合法，如经协商一致、采用书面形式等。

二、一年合同试用期不能超60天

刚刚进入单位，一般都会有一定的试用期。《北京市劳动合同规定》对试用期的长短进行了明确规定："劳动合同期限在6个月以内的，试用期不得超过15日；劳动合同期限在6个月以上1年以内的，试用期不得超过30日；劳动合同期限在1年以上2年以内的，试用期不得超过60日；劳动合同期限在2年以上的，试用期不得超过6个月。"需注意的是，试用期包括在劳动合同期限内。

三、工作内容劳动条件应细化

岗位工种外延大或比较广，说明在履行劳动合同期间，当事人从事的岗位工种变化范围大。求职者可以要求用人单位对岗位工种适度细化。

对于试用期、培训、保守商业秘密、补充保险和福利待遇等求职者希望在劳动合同体现的内容，当事人可提出在劳动合同中写明的要求。

四、掌握必要的相关知识

劳动部门提醒，求职者在签订劳动合同之前，最好应该认真学习和了解一些劳动法律和法规方面的知识，例如合同双方当事人的权利义务，劳动合同的订立、履行、变更、终止和解除，法律责任等规定，这样求职者才能争取一些对自己有利的权利和义务，或者一旦日后用人单位违反合同规定，求职者就可以利用法律武器来维护自己的权益。

掌握用人单位违反有关规定，或用人单位应承担责任时，求职者有利于争权主动权。比如：劳动合同的试用期超过以上规定期限的，当事人可以要求变更相应的劳动合同期限，或者要求用人单位对超过的期限，按照非试用期工资标准支付工资。用人单位应当及时变更劳动合同期限，或者按照非试用期的工资标准支付工资。按照规定，劳动合同只约定试用期，未约定劳动合同期限，当事人要求约定期限的，用人单位应当与当事人协商确定劳动合同期限。双方当事人就劳动合同期限协商不一致的，则应按劳动合同期限与试用期对应相关的规定确定劳动合同期限。

五、及时签订劳动合同

特别要强调的是，劳动合同应在求职者上岗、试用前与用人单位

签订，而不是试用合格后。用人单位与劳动者存在劳动关系未订立劳动合同，劳动者要求签订劳动合同的，用人单位不得解除劳动关系，并应当与劳动者签订劳动合同。

六、掌握相关细节

签订劳动合同前，仔细阅读关于岗位的工作说明书、岗位责任制、劳动纪律、工资支付规定、绩效考核制度、劳动合同管理细则和有关规章制度，不论这些用人单位的文件是否作为劳动合同的附件。因为，这些文件中会涉及求职者多方面的权益，求职者应当遵守规定是其法定义务，作为劳动合同附件时，与劳动合同具有同样的法律约束力。

第十章　如此老板：色胆包天

有这样一些老板，其中包括女老板，他们对异性图谋不轨，为了达到占有对方的目的，不惜采取各种卑劣的手段。面对这样的老板，身在职场的男男女女该如何面对？

案例一：办公室里遭老板强暴

我今年 34 岁，与丈夫结婚多年并育有一女。从 1995 年起，我在南京市一家国有公司从事销售工作。1998 年，我被调入该公司的下属单位做营销工作。因工作时间长、待遇低并且离家远、无法照顾幼女及家庭，两年后我辞了职。没多久，该公司缺人手，而我仍想回去从事自己熟悉的工作，于是就请求原公司的老领导和新任总经理 L，请求回原公司工作。因我工作表现一向很好，不久他们就开会通过了我的请求。2001 年，我又回原公司销售部上班。

说起 L，在该公司下属单位工作时，我曾与他打过交道。1998 年的一天，很晚了，我被上级集团某领导等人拉去陪酒、唱歌。当时任集团办公室主任的 L 就借机骚扰我，又亲又抱。那帮领导干部见了却无一人制止。而我，一个比他们的职位不知低了多少级的员工，只能默默避让，哪敢大声呵斥……所以这次回公司前我也考虑过，我虽略知 L 的本性，但我想他当他的老总，我做我的小职员，平时没有什么接触，离他远点就是了。到底饭碗重要啊！我哪里知道，这一步我是自投罗网！两个月后发生的事让我饮恨终身！2001 年 11 月的

一个下午，我正要外出拜访客户，在电梯厅等电梯时，恰遇L。他叫住我："你到我办公室来一下，我跟你说点事。"总经理要找我谈话，我岂有不听从之理？他还拿出钥匙，让我替他开门。我在前面开了门，他跟在后面进了办公室，我听到"喀哒"一声门被他随手关上。后来等我反应过来时，他已将房门反锁！他使劲把我按倒在沙发上，不顾我的激烈反抗……强暴了我。我被这突如其来的袭击吓得麻木了！他得逞后居然边穿衣服边说："你放心，我做过绝育手术，不会出问题的。"我浑浑噩噩地走出门，一路走一路流泪。我怎么也想不明白，一个大型国企的领导怎么敢在光天化日下、在办公室里强奸女下属？他的眼里哪儿还有党纪国法？只有色胆包天！在大街上，我给自己最好的女友打了个电话，告诉她刚才发生的一切。她劝我报案，我说我害怕啊！我怕没有人相信我，别人会认为是我在勾引他，与他较量，无论哪方面我都处于劣势；即使我告了他，这种事传出去，我的名声也毁了；更重要的是，我将不得不离开公司，再次失去来之不易的工作，而我的家境不好，根本经不起风波；我怕家庭破裂。我的头上悬着一把剑啊——饭碗、名声、家庭、亲人，一个女人的一切，逼得我强忍下这奇耻大辱！恐惧、懦弱使我失去了将坏蛋绳之以法的时机。但是我也很清楚，如果我一味软弱好欺，那么这种事有第一次就会有第二次、第三次！我将那天穿的被污染的内裤留下了。第三天中午，我来到L的办公室。他假惺惺地承认他犯了罪，依法应坐牢，然后他就开始承诺。我说："我不会和你作任何交易，我被你作践了，我不能再自己作践自己！我只要求你以后离我远点，不要再为难我！"当时我天真地以为我放他一马，他会吸取教训，不敢再欺负我。可我又错了！

从此L对我记恨在心，寻机报复。他不但处处刁难我的工作，而且以公司没钱为由，克扣我的销售提成，剥夺福利待遇，每月仅能

领到一点底薪。我的工作业绩在公司内做得最好，可如今却被逼入绝境！事到如今我才明白，忍是没有用的！忍气吞声只能让坏人逍遥法外，并且更加嚣张！委曲求全，只能使自己处处被欺，永无宁日！我想终究还是有党纪国法的，坏人一定会罪有应得！

案例二：自尊的代价

在同龄人当中，我的经历应该算是比较复杂的。过去，我的收入比现在高很多，但是，收入高和心情好是不成正比的。

我就是因为实在不能忍受上司的侮辱才离开原来那家公司的，我离婚也是因为这个。

我最后一份工作是在一个做房地产的私营企业。男老板比我大几岁，他就是那种一有钱马上就觉得自己了不起，想霸占谁就霸占谁的人。我们公司好几个和我年龄不相上下的女人都受过他的侮辱。当然，她们当中忍气吞声留下来的人，有的得到了好职位、房子、汽车等等。

我到公司的时候是做财务，我是学这个专业的，一直也干这一行。人家说会计一般都是老板的贴心人。我无所谓，反正对得起人家给我的工资就行了。

后来时间长了，老板对我越来越亲昵。比如，他出差给我带香水、化妆品，偷偷给我的时候，说一些暧昧的话。我已经是30多岁的人了，心里明白，有些东西能要，有些东西是不能要的。这样，我总是保持距离。我经常从他带回来的礼物当中挑最便宜的一样，剩下的让他给他太太或者送给别人。我明白所谓老板对员工的“感情投资”是什么。

有一天，我们加班很晚了，他非要送我回家。路上，又说要到酒吧去喝一杯，我不好意思拒绝，一起去了。结果，那天他说了很多不着边际的话。他喝了酒人就不规矩了，我一直躲闪。在我家楼下，他突然使劲抱住我，亲我的脸。我使劲推他。结果，这一幕被站在楼下等我的丈夫看见了。我说什么我丈夫都不信，他认定我和那个男人有

关系。

我过了一段非常苦的日子。丈夫不信任，那个男人开始不断地骚扰我。他经常在半夜里往我家打电话，不管谁接，他就说他想我了，让我去找他。这样一来，我对我丈夫就更没法解释。

我曾经去找老板，跟他据理力争，他说："我怎么你了？谁不知道咱俩好？要不，我一个老板，出国为什么给你带礼物？"我求他别骚扰我的家庭，他说："你为什么不理我？我对你那么好，还得不到你，你让我怎么办？"

我的结果是辞职和离婚，一个女人，没有工作，又没有家庭，难是可以想像的。不过，到今天我不后悔，没有什么能让我放弃尊严。人活在世界上凭的是一口正气。

案例三：一个男人的遭遇

年仅 27 岁的张涛是哈尔滨人，毕业后留在了天津，先在畜产外贸公司就业。后又应聘一家外贸公司。作为国际贸易专业的高材生，又有出众的英语口语水平，他一试中的。

这家公司是巴西华商的独资企业，专门从事五金矿产进出口生意。女老板的夫家和天津有着非同一般的渊源，丈夫的祖父是旧时天津的五金矿产业和金融业巨头之一，解放以后曾经在全国工商联和民主建国会担任高层要职。现在，夫家仍是巴西著名的华商。

女老板在资财上和丈夫实行"AA 制"，丈夫在一家分支机构遍布世界的矿业公司做董事长，女老板则将总部设在香港，在美国、巴西以及日本、韩国都有分公司的"华"字头企业里做自己公司的董事长。

女老板奔波于自己的公司之间，难得回一次巴西。她的丈夫也来

过几次大陆，伉俪出入双双一往情深的样子。

张涛没有去想那是他们礼仪式的表演，他认为这与自己毫无关系。岂料，他已被女老板悄悄看中，把他作为了充填自己内心空虚的中意猎物。

张涛初到公司被安排在货物部，只做些理单、发收货的事情。那时，他和别人合租民房住。没有两个月，张涛被安排负责和海关打交道。公司让他住进了在旅店为骨干员工租下的三人间宿舍。又不到两个月，他被安排做了总经理办公室主管文员，负责人事、业务的资料统计、分析和管理，明显成了公司最高决策层的亲信。

他自己对于这种无功受禄也摸不着头脑，而这时，女老板开始有理由找他单独了解情况。

女老板找他总是在忙完了应酬的晚上，一谈就到了深夜，女老板就说“放松放松”吧，带他去游泳。女老板不游，只要一杯葡萄酒慢慢喝着看他游，然后，等他洗浴，又带他去吃宵夜……

开始，张涛没有非分之想，女老板的年龄足可以做他的母亲，如此受到垂青和优待，他只想敬业。当然，他是个聪明人，他明白自己所处的位置应该起到什么作用，所以，他也有意向女老板汇报一些只有“亲信”才会汇报的事情，譬如，某业务主管以宴请客户之名为自己的女朋友用公款大开生日宴会之类。

很快，女老板宣布，张涛升任董事长助理，当董事长不在公司时，张涛以相当于总经理助理的职责职权协助总经理工作。

明眼人清楚，张涛的地位已经相当于副总经理，成为了董事长的真正心腹。

然而，张涛没有受宠若惊，他觉出难堪与尴尬把自己紧紧包围了。

在这样的公司里，张涛的受宠绝对不会引出人们明显的非议，哪

怕群起攻之，丝毫也不能动摇女老板的地位，而只能砸碎自己的饭碗。

然而，张涛却不能心安理得。

女老板在市郊别墅区花 30 万美金购置了一幢私宅，宅中只有一个她从巴西带来的华人老女仆。那是女老板的私人禁地，一般人再有要事也休得进去。张涛作为女老板的助理，要随女老板去参加各种应酬，要送女老板回家。而女老板则每每要他到了别墅后洗浴一番，甚至为他定购了一套轻柔的绸睡衣，要他洗后陪着她喝一点葡萄酒，吃一点宵夜……

张涛不是一个木讷的青年，他知道，自己长得挺拔俊朗，是属于“帅哥”类型的男孩，他更从女老板对他专注目光中看出其内心的暧昧。张涛已有自己的女友，两人相爱甚深，他当然不会接受一个老女人的暧昧。但他也有个人难以逾越的私念。张涛想，自己只身在外，没有根底，能找到这样一个收入优厚的位置实属不易。他想，女老板或许有着女人高高在上形成的孤独和变态吧。何况，女老板对他毫不吝啬，大把地为他花钱，没完没了为他从国外购置高档衣物对他“包装”，而且女老板似乎无意突破“性”的防线，他想就这么逢场作戏敷衍吧，到了自己有能力购买一套住房以后，索性大路朝天，各走半边。

他想，无论如何，自己不能做对不起自己的事情。

女老板却对他粘得越来越厉害。甚至在别墅安排了他的客房，遮人耳目地装置了计算机，以要他连夜整理机要资料为名，留他住宿。

张涛也了解到，女老板夫妇早就不和，她的丈夫从年轻时就是个花花公子，走到哪里都和女人有染。他们夫妇间订有不成文的“君子协定”，互不干涉私生活。但是，作为条件，他们双方在各自身边都安排了自己的心腹，监视他们不得和自己的情人公开表现出婚外恋关

系——不得危害家族的名誉。

他也开始知道，为女老板开车的台湾人老林，就是那个监督者。女老板已经因此打发了她原先的一个情人，那人是个很英俊的香港仔。

张涛明了了这一切，内心越来越不安。他知道女老板对他不仅仅是心理上的暧昧，而是已经把他作为情人。只是，因为有那个眼线老林（甚至还包括那个华人老女仆），女老板才不敢明目张胆地和他发生肉体关系。

张涛严加提防女老板可能的放纵，却也更加体会出一个堪称豪富的贵妇在婚姻的不幸的重压下心理发生了怎样可怜的变态。

她越来越用心地“包装”张涛，甚至连袜子、内裤、钥匙链这样的琐碎之处也亲自费心选购。她把张涛打扮得光彩照人，经常带张涛去出席她和一些同等身份的女人们的聚会。她的用心是炫耀，不知是炫耀自己还有魅力吸引一个美少年，还是炫耀自己财大气粗，能养得起品质优良的小男人。

可是，不知女老板是为了欲盖弥彰地避嫌，还是为了显示自己把张涛玩弄于掌心，或是她多年的心理障碍，女老板开始对张涛节外生枝地发脾气，有时在大庭广众之下就突然变脸，对张涛像对待佣人一样大发雷霆，恶语训斥。

其间，张涛以他乏于世故的天真犯了个不大不小的错误。他单纯地以为“理解万岁”，他在生活上主动照料女老板，寻机用自己的理解劝慰女老板，同时找出种种借口和女老板拉开距离。他以为，他可以因此让女老板知道，他是讨厌扮演这种被正派男人不齿的角色的，他又幻想能因此和女老板形成“朋友”的关系。

可是，他大错特错了。女老板作为自然人，是个女人，而且是遭遇了不幸婚姻的女人，她需要理解和同情。然而，作为社会人，她已

经习惯于颐指气使，习惯于用金钱去换取自己至高无上的权威地位，她不允许有人有悖于她的意愿，她也不再习惯和别人平等真诚地交朋友——她可能以为张涛一边有意从她的钱袋里找便宜，一边要甩开她，竟明显地开始报复张涛，没完没了地要张涛到她的别墅整理文件，却又在凌晨三四点钟一边斥责张涛进行得太慢，一边打发那个老林送张涛回去……

张涛几乎一连几个星期都难以和女友见面。

去年年底的一天，女友的同事给张涛打来电话，告之女友患急性菌痢已住院。张涛连忙赶去，人刚到医院，女老板就打来电话，要他赶快回公司。张涛怒从心头起，决心不予理睬。岂料，气急败坏的女老板竟赶到医院，以索要计算机存盘的数据为名，对张涛大加训斥，然后扬长而去。

女友问张涛："怎么回事?"张涛哭了，他不愿再隐瞒什么，把事情原原本本讲给了女友。他说，他惟一要敷衍的原因，就是想尽快能买到住房。

女友听了，问他："在住房和我两者之间，你看重的到底是哪一个?"

女友很难过。她说，如果张涛还愿和她恋爱，就不能有丝毫的犹豫，马上辞职，马上走出这种不光彩的角色，哪怕这种角色是自己忍受着屈辱被动扮演的。女友说，她要等待张涛做出决定，再用行动证明她爱的是张涛这个人，不是张涛担任高层白领的职务，不是张涛的逾万元月薪，更不是张涛追求的理想中的私宅。

张涛决定辞职。女老板终归是个见多识广，精于世故的人，她极平淡，一句也不谈及给了张涛什么好处，她马上安排人和张涛办理交接，并指示马上物色接替张涛的人选。不过，她要求张涛第二天就腾出他的宿舍，以便物色到的人可以马上入住。她那淡中生威的神情分

明在对张涛表示出一种污辱，一种不屑一顾，一种像丢弃一件旧衣服一样的随意。

张涛说，他在那一刻才彻底醒悟，自己曾经想和这个拥资亿万的老女人有所思想沟通，摆脱做情人的尴尬而要做忘年交的想法有多么愚蠢，自己想保持和这个老女人的朋友关系以保住自己优厚收入的职位的念头又是多么卑贱。

所幸，女友未因此鄙视他，也没有拒绝他，否则，张涛只怕会真正成为一个世间丑角了。

搬出公司宿舍时，张涛的心情很复杂，转眼之间，他就从一个令人羡慕的高层白领沦为了一文不名的求职者，他要暂时住进女友通过工作关系求一家企业提供的单身职工宿舍，那里没有设施齐备的卫生间，没有服务员 24 小时随叫随到的服务，没有地毯，没有空调，没有闭路电视，甚至连放一台计算机的地方都没有。他虽然有天津的户口，却是这个都市的流浪汉；他虽然有女友，但还要用自己的努力去烧热不该冷却而已经有所降温的爱情。但他也感到自己重又拥有了一种属于自己的实实在在的东西——他自己的人格。

张涛在万分苦恼中找到我们几个朋友倾吐了这一切经历。好在他已经在一家商场找到了负责货管的职位，并住在商场的保安员的宿舍。女友对他不冷也不热，但在生活安排上却是前所未有的细心。但张涛怀疑这种“前所未有”的感觉是不是自己的一厢情愿，他害怕和女友的关系会自此逐渐冷却，分手而去。

有朋友说他：“这是不是你自己做贼心虚，无故生疑？”

张涛垂首不语。看得出，一场意外的遭遇使他的内心压上了难以推卸的重负。

看完了这个故事，我想所有的人都会觉得沉重。性骚扰，其实不止落在女性的头上，男性亦然。

对策一：老板是色狼，千万筑道墙

好色的老板常常会给下属带来烦恼：他可能会要求你帮他向太太隐藏事实。若是同性，他可能会邀请你与他同流合污，一同作乐；若是异性，糟糕的是他要打你的坏主意。

要应付这种上司，你不能对他大义凛然地加以斥责，除非你准备辞职或另有打算。

对于女性，假如上司对你打坏主意，那的确是最难应付的问题。不少被上司性骚扰的下属情愿辞职不干，放弃自己在公司已取得的成就再重新开始；也有些人因为经济压力，不得不忍气吞声。但久而久之令自己身心受损。

职业女性除了业务上需要与相关男士交往周旋外，也常会面临来自老板的许多问题。譬如有一天下班后，老板热情地邀请你同赴晚会或共进晚餐，如果你拒绝了，无论你的言辞多么委婉，态度多么诚恳，也会刺伤他的自尊心，令他不快；如果你不假思索欣然应约，不明其用意和居心，又可能会给你带来蜚言甚至伤害。那么，职业女性如何应付老板的夜晚之邀呢?

找一个借口婉拒。即使你无真正的理由，也要找一个借口如家人“生病”等婉拒他，如他仍不死心，那就对他说“改天吧”，以免令他难堪。一般聪明人碰了软壁后就不会邀你私下约会。当然，你若找不到适当的借口，那就只有奉陪了。

化妆避免浓艳。既然要赴约，一定要精心打扮，否则同事或上司会以为你不尊重他。但不要浓妆艳抹，让人家误以为你的刻意妆扮是为了吸引他，触动其非分之想。

绝不可穿过于暴露的服装。尤其是与之共进晚餐或同赴舞会时。

因为这种把身体过多展示给同事或上司的穿著，一来有无视上司威严之感，二来带有明显的挑逗性，会让人觉得你很轻佻，同时又可能为别有用心者提供可乘之机。

不要将头发散开。在男性面前将头发散开，会被男性误以为是一种调情信号。以致做出使你意想不到的举动，影响你晚宴的心情。

不要滔滔不绝。在宴会中若有男士与你攀谈，你必须保持落落大方的态度，简单回答几句即可。切忌忙不迭地向人“报告”自己的身世，或向对方详细了解，不然会被视作长舌妇。

不要说长道短。饶舌的女人肯定不是有风度教养的社交人物，若在社交场合说长道短，揭人隐私，必定会惹人反感。

不要在众目下涂脂抹粉。若是你需要修补脸上的化妆，必须到洗手间或附近的化妆间去。

不要忸怩忐忑。在社交场合，假如发觉有人注视你——特别是男士，你也要表现从容镇静。若对方跟你有过一面之缘，你可以自然与他打个招呼。若对方与你素未谋面，你也不要忸怩忐忑或怒视对方，你可以有技巧地离开他的视线范围。

不要木讷肃然。面对初相识的陌生人，可以由交谈几句无关紧要的话开始，若老坐着闭口不语，一脸肃穆表情，与欢愉的宴会气氛便格格不入了。

切忌贪杯。贪杯是女性大忌。尤其在与上司对饮时，一旦饮酒过多，既对老板不尊重又会给自己身体健康造成影响，更可怕的是醉酒后失态，影响你的形象，甚至酿成千古恨。

适时告辞。如果是叙谈公事，老板一般都会把握好时间；如果纯属发展私人感情或公事之后闲聊，你又无此意的话，最好在适宜的时候提出结束交谈，握手告辞。因为在酒的作用下，彼此都会说出隐私，事后想起可能会感到后悔。总之，要用自己的智慧去应付夜晚之

邀，让人叹服你的才华、机智和清正的人格！

其实这些小技巧并不难学，问题是你不太在意。也许你常抱着一种侥幸的心理，当不幸真正降临时，后悔已经晚了。害人之心不可有，防人之心不可无，还是多注意点好。

让我们再看一个心理防治的案例：

“舒唱老师：

你好！

我是一名职业女性，有一种烦恼像大山一样压在我心头，让我寝食难安，严重地影响了我的正常工作。希望您在百忙之中，能给我指

点迷津。

我想我应该属于比较内敛的人，待人接物诚恳、含蓄，工作认真、努力，多次获得奖励。另外幸运的是部门同事都是比较简单的人，彼此相处得很好，如果没有以后发生的事情，工作生活是非常如意的。

他（我暂叫他P）约年长我10岁，晚我一年进公司。刚开始一起工作的时候，大家合作非常愉快。P工作严谨、平易近人，一付谦谦君子的模样，很快他被提拔为部门领导，成为我的顶头上司。

从此我的生活被彻底扰乱了。我和P并排办公时共享一台计算机，偶尔有手脚接触也很正常，并没怎么在意，后来我发现他总是有意地抚摸你的头发，抓抓你的手，碰碰你的脚，让你很恼怒，但又抓不住什么把柄。我开始注意工作时离他稍远一些。有时，P也说些黄色笑话，但他并不大声让别人听到，只是声音低低的像拉家常，别人还都以为我们关系好着呢。直至有一次加班，办公室只剩下我们两个人，P左右看了看，将手放在了我的手上，“干什么?”我起身要走，“玩玩呗”，P边说边将手放在我的屁股上，我奋力一躲，就回家了。我觉得这种行为很让我恶心，现在想想我应该给他一耳光才对。

后来，我有意与P保持距离，绝不与他单独相处。也时常借闲聊时表达我厌恶肢体接触的观点。他毕竟是我的上司，我还不想和他闹僵。日子就这样过去了。有一次，我和一个女同事谈起此事，她说：我早就知道他不是什么好东西，就喜欢看女人的特征部位，目光猥亵，在办公室我从来不穿露肩的衣服和裙子。于是，我就更加注意保护自己。

有一次休假后来上班，刚坐下，P悄悄递上一张写着诸如“想你”之类的纸条，我当时脸色非常难看，毫不客气地将纸条撕掉，非常坚决明确地说：你骚扰了我，我非常厌恶这种行为，如果你不停止

的话，我将对你不客气。当然，我的升迁也打了水漂。

之后，我们维持着表面的和睦，P的位置也越来越高。确实从那以后，他没再对我有过份的言语和行为，却在工作上屡屡刁难。让人气愤的是，这种刁难他仅让你一个人感知，不知情的人绝不会想到。这样下去，我想肯定不会有好的结果。每想着这些事情，想着这种虚伪的上司，心情就非常糟糕。最近一年，我觉得记忆力急速下降，作为一个年轻的女人，前面的路还很长，我该怎么办呢?

渴望得到您尽快的答复。

小黎：你好!

我们只可以保证自己的纯洁，但是我们不要期待这个世界在短期内能像我们一样纯洁。当我们开始了解并接受这个世界的不纯洁时，我们就懂得如何在学习中去面对它了。

所有的措手不及都会给人带来恐慌。因此，要试着给自己的心留有空间，去接受一切的“突然袭击”!

性骚扰在全球都是一件十分普遍而又有些无奈的事情。女性为此苦恼的要多于男性。这里面既体现了男性在性方面的饥渴与放纵，又体现了男性的攻击性与占有欲。当然，性骚扰事件再多，也只是少数男性在做的事情。大多数男性愿意接受理性和道德作为规范。

在这件事情最初的处理中，你的不知所措令你在行为上也有些不妥。当你有了警觉的时候就告诉他：“对不起，也许是我错怪您了，但是您的脚总是碰触我，真的令我很难受。您知道，我一向很尊重您……”

当你把不好意思等面孔去掉时，也许一切都还来得及。

官位做得越高，害怕的事情越多。所以，面对他你不要怕。因为事实上，他比你恐惧的事情要多得多。是你的不敢吱声才让他得寸进尺的。

建议一

告诉他你谈了一个男朋友，脾气不太好，要和他谈谈。

建议二

如实地告诉他你的身心情况，并且告诉他这种情况不可以再继续一天。你要把事情如实地反映给总公司领导。并且还可以写一份给领导的信让他看一眼。

建议三

做这一切的时候，你一定要严肃、镇静并且有力量。

建议四

他如果问你要什么，你至少要告诉他，要尊严。希望他为自己的行为道歉。

也许做这件事情有丢失工作的危险。那就要看你要什么了。如果你要忍气吞声是你的事，如果你要挽回尊严也是你的事。但很多时候是一种两难选择。所以，要问你自己的心，什么更重要？

对策二：爱上老板是错觉

对于职场里的女孩，爱上老板的故事司空见惯。不管故事的起因如何浪漫，但好梦成真的总归是少数，多数人还是那些痴迷的失落者，并且在失落的伤痛里缅怀逝去的爱情，直到梦醒后才知，原来那不是爱，不过是爱的错觉。

错觉一

把崇拜当成了爱。在女人爱的错觉中，对男人的尊崇和对成功的膜拜可能是最强烈也是最“合理”的一种。在女人的理解里，男人的定义一定要和他的成功休戚与共。如果你的老板原本就是个酷男人，他的成功为他的人增加了荣耀和魅力，使你对他的尊崇到了痴迷的地

步。

一旦涉足恋情，女人的感情总有一份想像的浪漫，女人的忠诚总包含着一厢情愿的归属。但很多时候，他对你的青睐也会成为其他女人的迷情；他对你的吸引也会成为其他女人的诱惑。况且，尽管你认定自己爱上了他，如果有一天他不再做老板，也许你会后悔自己看错了人；一旦他的事业遇上了麻烦，你对他的爱也许会在一夜之间付诸东流。

无论到什么时候，共苦都是伴侣生涯中必备的品德。因为生活总是变幻莫测，今天的老板有可能明天名落孙山，今天的成功也可能会成为他明天的挫折。爱一个人，首先意味着你愿意和他共苦，如果你只能同甘不能共苦，你对他的爱有待反省。

错觉二

他是父亲的替代。有些时候，某些爱老板的女孩，她爱的不是老板，是父亲的替代。

这在今天的独生子女中并不少见。正如大家知道的，父亲是孩子接触的第一个男人，母亲是孩子接触的第一个女人。过去的家庭有老人，加上有兄弟姊妹陪伴，孩子不容易发生对父母的爱恋，今天的孩子多是独生子女，加上父母也开始了前所未有的二人世界，生活环境的单一和孩子本身的孤独很容易使子女发生对父母的爱恋。尤其对与母亲不和的女孩，本来感情的匮乏就容易寻找替代，如果她生就敏感，更容易产生对父亲的爱恋。

如果你觉得自己真的爱上了他，脑子里又时常浮现父亲的身影，不妨问自己，如果他长得不像父亲，你对他还有没有这样的感情。因为我们每人心里都有一个爱的画像，加上感觉的爱往往起始于一个人的外形。如果你的老板有和你父亲接近的长相，你对他的爱多半夹杂着对父亲的向往；加上他眼下的成功和权力，自然容易让年轻的你陷

入迷情。

对有恋父情结的女孩来说，男人的成功更多的不是男人的荣耀，而是她对父亲的尊崇。如果她父亲曾经辉煌，老板的成功会加深她对父亲的爱；即使她父亲不曾成功，老板的业绩也会成为她对父亲的想像。女人就是这样一种神奇的“动物”。女人的神奇不在于女人的感觉，而在于女人的感觉里包含着女人一厢情愿的取舍。

错觉三

迷恋他的金色光环。当金钱被套上成功的光环后，人对金钱的迷恋越发理直气壮，尤其是女人。虽说老板的钱和大款的钱本质上没什么两样，但对职场女人，前者似乎更具魅力。如果你让一个职场女人傍大款，她惟恐沾上暴发户的低俗；如果你让她追老板，她理所当然地认为恋老板更高雅，也更体面。大凡女人对男人的才华都有种特别的迷恋。所谓“郎才女貌”指的就是这样的搭配。尤其对职场女人，比起略显粗俗的大款，不光老板的才华，连同他儒雅的风度也会加深他对女雇员的吸引。

然而问题就出在这里。如果你爱上了一个才华横溢并且风度翩翩的老板，千万记住，不管他表面看来多有男人的魅力，若没有品质的支撑，才华有可能成为他游戏的资本，连同风度也会成为他作秀的表演。提到爱，世界上只有不易变质的东西才能作为爱的基石，那就是人的品质，并且只有在品质的根基上，男人的才华才算数。

错觉四

爱上虚荣还是人品？没人说女人不能爱男人的成功，但你要明晰，对任何人，只有当成功和他的品质融为一体时，他的成功才能给你带来幸福。如果他只有成功没有人品，成功也许是他侥幸的投机，也有可能是他欺世盗名的虚荣。这种情况下，一旦你成了他的猎物，他立刻会抽身而去，把对女人的伤害当作他成功的见证。

在你一方，如果你爱的只是他的成功，你对功名的膜拜也包含着同样的虚荣。而虚荣和人品的区别就在于，虚荣只是一时的荣耀，人品才是一生的幸福。所以，如果你爱上了自己的老板，不妨自问，我爱的是虚荣，还是他的人品？只有确认自己爱的是人品，他品质上的光彩才能成为你今生的富足。

对策三：借鉴大家的经验

如何面对性骚扰，尤其是老板的性骚扰？我们可以看看以下具有代表性的见解：

一、尊严是最宝贵的财富

梁小姐，23 岁，计算机录入员。“老板向我伸出‘魔爪’的第二天，我就离开了那家公司。”性情开朗的梁小姐打进热线时，很“自豪”地说。据梁小姐介绍，2003 年 4 月份，她应聘到某家公司做文员兼出纳。上班 10 天后的一个中午，她伏在办公桌上休息时，老板突然从背后抱住了她。她当即就厉声叫老板松手，并理直气壮地告诉老板：“请你自重点，如果你看中的不是我的能力，那么我马上就走。”过后，虽然老板郑重地向她道了歉，但是，考虑了一整夜后，第二天，梁小姐还是选择了离开。

梁小姐告诉我们，虽然她现在的这份工作没有先前那份工作具有挑战性，而且待遇要比先前那份工作低很多，但是，她并不觉得后悔，如果要她为一份工作而委屈自己，甚至要她为这份工作付出人格的代价，她觉得太不值得。

吕先生，41 岁，大学教师，从事社会心理学教育。吕先生认为：如果女性一直都能坚信“尊严无价”的话，那么性骚扰并不是一个特别难解决的问题。吕先生解释说，有的女性为了升迁，为了保全职

位，为了利益，逆来顺受地接受上司和男同事的骚扰，虽然是不得已而为之，但在她们内心深处，却是利益和尊严在“讨价还价”。在一些人看来尊严是虚的，利益是实的，所以才在骚扰面前不敢“翻脸”，甚至连一点不悦之色都不敢表露出来。而某些漂亮的女人在面对性骚扰时，敢于站出来，满脸正义地捍卫了她们的尊严，结果，这些敢于为尊严而“战斗”的女人不但没有被辞退，而且还成了单位离不开的骨干，赢得了男上司和男同事的尊重。尊严没了，利益即便有，也长久不了，而且麻烦还会越来越多。

二、女性也应“苦练内功”

肖女士，35岁，私营企业老板。肖女士觉得面对性骚扰者的诱惑，要做到的就是这么几个字“无欲乃刚”。她认为，女孩子在职场中只要明白和坚定无欲乃刚的道理，以平常心对待自己的工作，凭本事做人，而不是凭关系做人，不奢望不属于自己的东西，也就不会失去原本属于女性的尊严。

黄先生，29岁，某通讯公司领导。黄先生觉得：大学生在学校时就应该学会如何区分和应对性骚扰，一些女大学生在就业时无法认清自己，总想做一些既轻松待遇又高的工作，这些不成熟的就业心理在无形中就成了上司性骚扰的“理由”，因此，美女们在埋怨上司的同时，自己也应把握好就业心态。

三、可以用合同来预防

覃先生，法律工作者。覃先生表示：性骚扰的取证是个难题：一方面，性骚扰本身是一种主观敏感的问题，另一方面，上司的性骚扰大都在办公室里发生，而且只有两人在场，是否构成性骚扰无人能说清。即使性骚扰受害者能偷偷录音录像，但是这种证据的获取也会因为取证程序不合法而无法被法院认定。

龙先生，南宁市某律师事务所律师。龙先生认为：“防范性骚扰

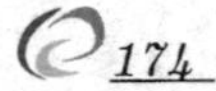

的内容应写进劳动合同。”他认为，现在很多被性骚扰的女性都不敢站出来与骚扰者对簿公堂，部分女性会向上一级单位反映情况，或者上诉到法院（但往往都因取证等问题而败诉）。在国家出台防止性骚扰的法律还需时日的情况下，将防止性骚扰的条款写进劳动合同这是个以最短的时间、最直接的方式防范办公室性骚扰的有成效的措施，可以约束一些人的不轨之举。

第十一章　如此老板：钱迷心窍

有这样一些老板，他们把金钱看得比什么都重要。在金钱面前，什么情感、道义、法律全都抛到了九霄云外。他们克扣工资，设置工资陷阱。而员工往往因为没有经验而莫耐其何。但聪明总被聪明误，这样的老板总有倒霉的时候。

案例一：我上了“底薪+提成”的当

相信看过报纸广告的人都曾看到过诸如“底薪+提成”的招聘广告，看得多了，好像也没有什么免疫力了，因受“非典”影响没找到工作的我迈进了这个美丽的陷阱。公司人事主管是一个年轻英俊的小伙子，口若悬河，一句“本公司不在乎学历，只注重能力，以前有业务员一个月赚了两万……”让我毫不犹豫地上了一当。

上班了，我却傻眼了！原来保底是有条件的，是要在给公司带来利润的前提下才有饭吃。老板振振有词：“公司为你们提供了一个成就事业的机会，如果你们不能为公司创造利润，公司又拿什么给你们发工资?”可是连基本的生活保障都没有，员工又如何创造价值？如果双方就老板的托词可以完全达成一致的话，我相信猫和老鼠也能成为好朋友了！

于是我们几个员工开始了消极怠工，整天交流受骗的经历，总结受骗的教训，顺便从中找一点点受骗的趣事。这等无聊也就罢了，最痛苦的莫过于每天看着办公室里川流不息的女孩们，个个如花似玉，

清一色天真单纯的脸庞，周而复始地步我们的后尘，而我却无能为力。

公司没有财力打广告，却迷信曾经时髦的直销方式，也就是挨家挨户地上门推销。用天道酬勤、成功人士都是从销售做起的来激励我们。赚不到钱反倒每日搭进车费、饭费、电话费……

现实生活中，没有底薪的用人单位并不少见，尤其是从事营销的岗位。有的根据销售业绩，按一定的比例提成，上不封顶，下不保底；有的设有一定的指标额，完成指标才能拿底薪，完不成则没有薪水；也有的试用期内没有底薪，临时工不付底薪，在一定范围内促销的不设底薪。凡此种种，不一而足。

从表面看，没有底薪并不是不发薪水，而是“风险共担，利益共享”。这样，企业不仅减少底薪的那部分支出，还可以断其退路，逼迫销售员硬着头皮向前冲。不发底薪的企业还会说：绩效挂钩是企业人才管理的一个重要思路，是企业激励员工的一种做法，完全符合多劳多得的酬薪机制，并没有损害劳动者的利益。

但是，劳动是人类的第一需要，也是人们谋生的手段。劳动者在为用人单位提供一定的脑力或体力劳动后，理应得到相应的劳动报酬。虽然劳动者可能没有销售业绩，但并非没有付出劳动，没有功劳也有苦劳。虽然交易不成，但同样宣传了产品，起到了广告效应。况且，销售业绩的好坏，可能与产品的功能、性能有关，也可能与品牌有关，并非完全是销售员的过错，把成交作为衡量工作实绩并非不可以，但辛勤的劳动一点得不到认可，无论如何都说不过去。

此外，只要职工在法定工作时间内，在用人单位指定的劳动岗位上从事了劳动，企业就应支付不低于最低工资的报酬，这已经是劳动法明确规定的。当然，作为职工，在指定的岗位上，应该发挥自己的劳动能力。对于确实不胜任岗位要求的人员，企业应该及时将其调离岗位，培训或转岗，而不是一分钱都不付。

事实上，没有底薪的做法，对企业自身并不完全有利。没有底薪，从业人员缺乏安全感与归属感，那么必然会以自身收益最大化作为行动准则，发生跳槽的现象也就不足为怪了。特别是那些已在企业中得到一定的实践锻炼与提升，身价已经提高的营销老手就更容易流

失。

如此说来，企业没有底薪的做法不仅不合情理，更不合法。作为用人单位，应当及时纠正这种行为，否则，必将受到法律的制裁。用人单位在与绩效挂钩的同时要有个前提，那就是要注意游戏规则，注意把握分寸。可以在保证职工的最低工资待遇的前提下，让职工维持其必要的生活开支，同时通过多劳多得，充分调动其积极性。

作为求职者，也不要随便签订劳动合同，对于不付底薪，或口头宣称底薪加提成，但底薪是有条件的招聘应当谨慎。如果像案例一的情况埋头苦干一个月，仍拿不到薪水的，应当向当地劳动部门反映，用法律维护自己的合法权益。

案例二：老板任意克扣

最近，女工王某在平江区劳动监察大队执法人员的详细解答下，终于搞清自己工资单上 2003 年 1 月至 5 月每月被扣 170 元的真相。原来，是被她曾经工作的工业品商场胡乱扣掉了。同时，由于老板无故解聘，6 月份的工资尚在拖欠中，为此，王某准备申请劳动仲裁，用法律武器为自己讨个说法。

王某 2002 年 12 月得知工业品商场事业六部正在招工，就报名应聘。试用期一个月期满后，王某和租借商场柜台的小老板丁某签订了正式的“劳动合同书”，合同书中约定，从 2003 年 1 月 1 日到 12 月 31 日，每月工资 650 元，奖金按照营业额另行计算。而其实，据劳动监察部门调查，丁某从未按照 650 元的标准支付王某的工资。这份合同书仅是为了符合市劳动用工部门的有关规定而遮人耳目。私下里丁某答应，每月付王某工资 450 元，另外每月补贴 50 元为其支付养老金，不足部分从她工资中扣除。按照商场和丁某的有关协议，王某

的工资由丁某付给商场后再由商场付给她本人。王某上班后，就将劳动手册等交给了事业六部的经理。

2003年6月4日，在没有事先被告知的情况下，王某在下班时被老板丁某辞退。而此前，王某已在社保局的电脑上查到自己1月至4月的养老金并未到账。而在商场发放的包括5月份的工资中，却有170元的养老金扣款。为此，王某十分不解。为了讨回这笔没有到账的扣款，同时为了让老板支付6月份的工资和承担违约责任，王某终于来到平江区劳动局。

劳动监察部门的执法人员在找到商场事业六部时，由于直接承办人已经更换，商场竟然回答不出这笔170元扣款的用处。如果是养老金扣款，那么由于该市5月份刚好调高了社保最低缴款基数，该月的扣款理应发生变化。按照新的社保最低缴款基数，当月商场应该扣除王某个人承担部分63.68元，而老板丁某应当为王某支付的部分为222.88元。按照两人私下约定的养老金补贴还有50元，商场代扣的部分应为172.88元，商场难道少扣了钱？实际上，商场每月是按照丁某和王某私下约定500元的标准支付工资的，扣款170元雷打不动，按照劳动监察部门的说法，这种扣法属于典型的“缴费倒置”，即把养老金中该由老板支付的大头，转嫁到了劳动者身上。而按照劳动部门的规定，丁某和王某的私下约定是违法的。所以，在劳动裁定申请上，王某有关发放工资的标准是650元。而在一笔糊涂账面前，商场却往老板身上一推，至今没有说法。

进城的打工族向来被认为是一个弱势的群体，他们被老板克扣工资，或以其他名义侵占合法权益的事件屡有发生。前不久，在沈阳市和平区一家酒店就发生了一起员工集体被拖欠工资的事件。

2003年5月10号，位于沈阳市和平区繁华地段的新威龙食府酒店发生了员工集体罢工讨要被拖欠工资的事件。

事件的起因是因为5月10号当天上午，酒店贴出的一纸告示，那张告示声明因酒店的原承包人中途违约并失踪，现酒店收回承包权，而对于在店内打工的所有员工的工资和抵押金，酒店概不负责。

这件事情立即引起了所有在酒店打工人员的不满，因为酒店的告示等于说，他们在此之前36天的工作报酬即将付之东流，而且包括他们在来店时被要求交纳的100～500元不等的抵押金也将没处讨要。于是，在店内打工的近60名员工开始罢工向店方要说法。

5天后，店方采取强硬态度，决定将这近60名打工者按离职处理，并吩咐新聘用的保安人员禁止这些员工进入酒店。

当天，这些被酒店辞退的打工人员选出了代表，决心要为自己的应得报酬讨个说法。

5月23号，这些打工者已经和政府信访办、劳动监察部门以及新闻媒体等多家单位取得了联系，在为争取自己应得的权益四处奔走，但因为已经近2个月没有经济来源，这些家在外地的打工者处境已经很是艰难……几乎每天他们都要来劳动监察部门，了解进展情况。

然而，劳动仲裁的法律程序要经过立案、送达、答辩、审理、执行等法定程序，打工者担心，他们的处境很难等到那个时候了。

与此同时，劳动监察科的执法人员也正在继续努力和酒店交涉，为事件处理的调查取证工作进行不懈努力。

经过了20多个不眠的日日夜夜，打工者的血汗钱终于有了着落。对于打工者这个相对弱势的群体，劳资纠纷的阴影始终会笼罩在他们头上，在这个打工者市场供大于求的状况下，某些雇佣者仍然会想钻法律的空子，以非法手段占取打工者的合法权益。前不久，在全国范围内开展的以劳动法维护民工权益的活动就得到了打工族的热烈拥

护，国家还会继续加大劳动监察和劳动仲裁的执法力度，力争还给打工者一片晴朗的天空。

案例三：老板，我要加薪

每当面对老板，原先好不容易鼓起来的勇气又瘪了下去。已经不下 5 次了。这一次，我已跨出了他的门口，但刹那间生起一股豪气，“赵总，我还跟您商量一个事，就是希望能提高我的薪水。”这句话一说出来，我立马感到一种说不出的舒畅。老板显然料想不到，但他很快就控制了自己，接下来，我们就双方的想法、要求进行了沟通交流。最后，他表示认可，但调薪幅度需要考虑一下，并且说了句：你为什么不早告诉我呢?

过了一天，人事部经理电话通知我，从这个月起，按我提要求的 50%给我加薪。这是我有生以来第一次向老板提出加薪。然而一个多月后，我走了。

走前，老板承诺，若不走可按我要求的 2 倍加薪。但我走的原因不是因为薪水。为什么不早告诉我？我一直在想赵老板的这句话，在想是否我不提加薪他就根本不想我的各种需求，在想他从来就不从别人的角度去考虑关心过别人。总有这样的企业，他们极少珍惜已拥有的人才，或者把自己的人才不当成人才，总是羡慕别人的人才，当人才失去时，他们才觉得珍贵，才采取措施。

虽然是如此简单的问题：“老板，我要加薪。”但对许多以挣薪水为生的上班族而言往往是“想加薪口难开。”生怕因此得罪了老板，被炒鱿鱼。

其实，你也许想不到这句话可以给你带来很大的利益。因为，当你用这个问题问老板，你很快就会知道自己在老板眼中是什么地位。

如果老板反应良好，对你的要求照单全收，这就表示他很重视你在公司的价值；如果老板反应冷漠，不理不睬，甚至为此大发雷霆，那么，你可以找个新老板，再向他提出同样的问题了。毕竟，赖在一家不欢迎你的公司里工作，对于你的前途没有什么好处。

所以向老板提出这个问题，无论反应好坏，都同样对你有好处。这个问题对于做营销工作的人，尤其有效。由于工作关系，我曾经结识了做营销业务多年的李小姐。目前她已经是一家大型贸易公司的销售部经理。

但最初涉足营销业务，李小姐却是从销售部秘书做起的。当时她主要负责协调处理各业务部门工作以及订单的全部流程。李小姐工作非常勤奋，但同时这种千篇一律而薪水又不高的工作却不能令生性好胜的她感到满足。每天看着公司墙上悬挂的业绩明星照片，她认定凭借自己多年的工作经验一定不比他们做得差。

经过认真考虑，她终于走进了老板的办公室。当时她是“一颗红心，两种准备”，如果加薪不成那就另谋高就了，毕竟如此“逼”老板涨薪水的事例并不多见。不出李小姐的意料，老板对她的要求开始非常吃惊，明白无误地告诉她，按照公司规定，她所从事的工作只能拿这么多钱。这正是李小姐等待的答案，于是她将自己的想法全盘托出，决意要调到销售第一线拿高薪。老板的态度又从惊讶转为惊喜。公司本来就希望从内部选拔人才充实第一线团队，以前觉得李小姐工作细致认真，却没想到她还有如此的闯劲。两人的想法一拍即合。

“即使你得不到想要的一切，也应该尽力去争取。”李小姐的勇气给她带来了意想不到的好处，她终于得到了一个大展身手的机会。(文/安文勇)

对策一：如何让老板给你加薪

为企业打拼多年，而薪水却停滞不前，以何种方式才能扭转眼前的颓势？遇到“铁公鸡”型老板怎么办？你得到的报酬是否真正反映了自己的身价？增薪幅度、职位升迁，未来的“饼”你想要多大？失败了可能会失望，但若从不尝试，则注定要失败。无论替哪家公司、老板打工做事，永远别忘记你出售的最重要的产品就是你自己，加薪本是正常的事，你有理由主动来扭转这种局面。加薪要求，请大胆地说出来。

在公司由于业绩下滑，从而大幅削减员工奖金，甚至冻结薪金的时候，要求老板加薪，就不合时宜。你得了解每年公司是否给所有员工统一加薪？或者每名员工要自行和公司讨价还价？找到合适的机会，鼓起勇气要求老板加薪，也许他会告诉你公司目前资金短缺。这时你不要绝望，记住，没有老板愿意失去他最好的员工。

多要一点儿何妨。如果你长久以来一直待在一家公司工作，很容易遇到这样的问题，你的薪水已跟不上行情了，你不得不依据现在的收入与老板洽谈新工作的待遇。

薪酬问题是一个敏感问题。要求过高，往往会让老板感觉你贪得无厌，如果是在公司用人之际，更会让人觉得你有乘人之危，胁迫老板的想法。反之，如果要求过低，这又无异于自己贬低自己的价值，这样的直接恶果是，你未来工作将处于劣势，刻薄的老板甚至会得寸进尺，进一步剥削你的劳动。因此如何拿捏加薪的分寸，就成了你必须认真考虑的问题。

喜欢下象棋的人知道，对局双方之间的竞争在于彼此所走每一步所产生的反制效率，谁能最终把对方压制住，谁就能取得胜利。这个

道理同样能够运用在职场中，即如果你策略用得对，即使对方是你的老板，他也无力招架，最终迫其就范。具体到我个人的经验就是："多要一点儿"。

首先，你应针对该职位的行情与老板展开讨论。如果你事先对别家公司类似职位的待遇有充分了解，将有助于你在与老板的谈判中强调你工作的价值。你可以清楚地向他表明，你知道自己的薪水一直偏低，并解释偏低的原因，但不要为自己辩解。例如，你可以说，一般公司给某职位的待遇是N元，而你做相同的工作却只有M元，但论技能你并不比其他人差，因此待遇应该比照行情。

话往下谈就该涉及到具体数目了，这时至关重要的一点是，要给自己留有足够的谈判空间。掌握"多要一点儿"的原则。就定义来说，谈判等于妥协。如果你要求些什么，老板都满口答应，那你一定是要的太少了。大部分情况下，要达成妥协，一定有取有舍。如果你一开口就照你心里想要的说，那结果要不就是无法达成协议，要不就是你甘愿委曲求成。

当然，多要一点的原则也应有个尺度。如果你要求不合理，也可能信誉尽失。失去谈判的优势，可能连工作都丢了。因此应该在合理的范围内多要一些。

此外，你应该准备好"多要一点儿"的理由，例如，根据行情，要求更多薪水；其他公司给予你同职位的员工的某些福利，希望老板也能照办。有时因个人较特殊的情况，如贷款买房、买车等要求甚至也可以作为理由。一般情况下，大多数公司不会答应你所有的要求，少数情况下，对方甚至一个也不同意。但重要的是，只有这样你才能得到你真正想要的东西，而且，只要你"多要一点儿"的要求合理，老板一般也不会因为你开口而为难你。

刀有刀刃和刀柄两部分。握在刀刃上，可能皮开肉绽，鲜血淋

漓。而如果握在刀柄上，便可以任由你宰割，安全可靠。

如果你的老板是个一毛不拔的铁公鸡，那么主动让他给你增加薪水可不是一件容易的事。但以我个人的经验，这个难题就如同一把刀，如果你掌握其中的一些技巧，处理得当，自然会招财进宝。反之，如果处理不当，那后果可就不堪设想了。

要想使你的加薪计划一举成功，你首先应该有一个很好的策划。把事情的前因后果都想清楚。做好准备，以免到时措手不及。

比如，选择适用的对策和决定运用的时机，都需要完善的规划。如果你了解老板的需求，大概就能想到交涉时会涉及到哪些问题。这时，你最好把所有你认为有助于说服老板的材料都以书面的形式列出来，你为公司工作的年限、所取得的业绩、同行业同职位的薪酬水平，以及你本人能站得住脚的加薪理由。此时的你应该站在老板的角度来思考问题，将上述理由给予评判。再不然，也可请教知心朋友，所谓旁观者清，有许多想不通的事，一经别人指点，便恍然大悟！总之，在拟订的计划中，不但要包括可以预见的问题，同时也要有未雨绸缪的打算，尽量使计划能够具有伸缩性，在必要时做出修正。

在向公司提出加薪之前，应该就自己对公司的实际价值有一个正确的估计。要肯定自己不是因为业绩不佳而没有得到加薪的机会，想一想自己出色地完成了哪些项目，在哪些工作方面还能有所提高以及在未来你还能为公司作出哪些贡献。要知道，工作上的成功是你获得加薪的基础，你必须要老板知道你是值得加薪的。

如果上一次的考评结果很好；如果你的任务越来越具有挑战性；如果你拥有老板所需要的独特才能；如果你的上司以及上司的上司都喜欢你，说明你已被看成是一位很有价值的员工。但如果你连自己份内的工作都做不好，你拿什么和老板谈？

目标要明确。问问题前，要考虑清楚老板认为如何的表现才算是

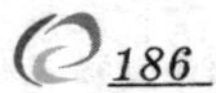

他满意的，因此你要知道自己应该怎样做才能达到目的，将考虑重心放在未来，留意你的公司要过多久才能再有加薪的能力。专家建议说，将自己定位成是公司的核心员工之一，这样你就是公司加薪的对象之一。

不要鲁莽冲动。专家提醒说，不要以威胁离开的方式要求公司加薪。在找老板谈话之前，要提醒你是在为自己的未来做打算。围绕你的需求问老板问题，但不要只顾你自己。确信你提出的建议，能使公司整体受益。越少说你自己想要什么和别人没有什么，你就越能让自己接近目标。

加薪多少合适呢？这很关键。你需要诚实地为自己估价，不要漫天要价。先做些调查，了解自己的行业和所在位置的工资水平。你可以从报纸、杂志和互联网了解到不少这方面的信息，当然，目前国内这方面的工资调查还有比较大的局限性，许多所谓的薪金调查结果因为受到了调查方式、地域和行业的限制，仅能作为参考。更可靠的办法是从朋友或熟人那里了解这方面的情况。

另外，如果你身处热门专业，人员需求紧张，行情看好，你要求加薪的幅度就可以适当提高。毕竟其他公司也正急需你这样的人才。你可以尝试先提出加薪5%，半年后再要求增加5%。如果公司不同意，你应该和老板谈一下，怎样才能加薪，或者是否能以其他方式来补偿，比如奖金、休假、交通费等等。

要明确是谁决定你的薪金。这个人未必就是你的顶头上司，可能是公司内其他部门的人员。否则，即使你有全面的加薪理由，找错了倾诉的对象也是枉然。

另外，不要在基本薪金问题上与你的老板直接交锋。由于员工薪金是公司的固定成本，所以提升员工薪金将意味着加重公司的负担。因此，你可以换一种方式要求加薪，例如，让公司给你部分认股权或

加少许奖金等。

提供一些可供老板选择的加薪方案，也是方法之一，但要确定这些方案在实践中都是具有可操作性的。薪酬顾问建议，可要求老板提供更好的办公场地、停车场或通讯设备等。这些东西虽然不能让你看到实际的薪金加幅，但实际上是增加了你的收入。如果你的公司规模较小，你可以要求老板报销你的部分费用。

也不要只盯住你的工资现金账户。如果你的公司资金短缺，你可以向公司要求一些非现金报酬。例如，可以要求公司压缩一周的工作时间，实行弹性上班制或给予额外的休假时间。薪酬顾问表示，当一家公司实在没有能力给员工加薪的时候，它将更乐意给员工提供上述的补偿。

同时不要忽视了你的职业发展。虽然职业发展不像现金报酬那样是实实在在，但职业生涯的发展机会是无价的。这些机遇不但可以帮助你在公司经营有起色的时候，迅速提升你自己，而且还能让你的才能全部施展出来。因此你可以尝试将加薪要求转化为要求公司给你提供职业发展机会，包括增加培训，转换工作岗位等。或者要求公司给予你参与完成任务、或加入委员会、或参与建立公司未来发展计划等机会，以便让更多的人了解你的才华。

要想顺利说服老板，你还得是个头脑灵活的创意者。与老板交涉的过程其实就是一个劳资谈判的过程，你应该学会与老板交换条件，最终达成妥协。懂得运用创意，就可以把你的要求以老板能够接受的方式提出，从中找出与众不同的“交换法”，如此往往能使老板接受那些觉得困难的要求。其中的关键在于，你所开出的条件要有限度，不要狮子大张口。你要求的东西与要求的方式，都得讲道理。就算你是百里选一的难得人才，但是就长远的眼光看，要老板事事迁就你也绝非明智之举。你坚持的东西越少，最后得到的东西往往就越多。

何时开口提出加薪，也是有讲究的。要选择你的老板比较轻松的时候，在他心情不好或者比较忙的时候，最好不要谈这事。而且要注意挑选合适的时机，如公司近期业绩增长，或者你刚刚顺利完成的大项目给部门增光的时候。

最后，你还得做个表演者。如果你能保持从容不迫、顺应自然的态度，任何事情都能应付自如。如果你表现得情绪紧张、心烦意乱，不仅无法将自己的意思表达清楚，也往往给老板留下心虚的印象，要加薪也就没戏了。因此，在与老板交谈中，你必须保持思想、态度和言行的协调统一。

许多人在要求加薪时会感到难为情，因此也就结结巴巴地取消了他们的要求。《人往高处走》一书的作者劳拉．伯曼．福特冈说："解决办法就是与每一个人甚至包括你家里养的宠物一起一次又一次地练习，以便你在走进上司的办公室时就能确切地知道你打算说些什么，而且你能够有力地说出来。”并且要对自己的表现有信心，要确信自己的业绩值得加薪。先说服自己，你才有可能说服老板。

如此，再碰到加薪难题时，你不但可以应付自如，还可以像大厨师那样，运刀操作，游刃有余呢!

对策二：识破工资陷阱

缺德的老板通常有三大损招：一是千方百计扣回来。账面上员工都拿得到最低工资数目，但实际上这个工资包括了伙食补贴、房补，厂方会以提供食宿为由扣下来，员工拿到手的钱十分微薄。宝安某个工业镇一间电子厂的员工就向记者投诉，厂方要求每月买下 120 多元的餐票，但因卫生水平与食物极差，员工不愿去食堂进餐，但厂方坚持不退款。二是工资结算不划清基本工资与加班工资界限。按照“劳动法”，加班工资为平日工资的 150％，加班费则按 200％支付作为劳动报酬。而极低的基本工资，每小时一两元甚至更低的加班费，使许多打工者每月要加班逾百个小时，总收入才达到最低工资。如按照每天 8 小时，一个月正常上班时间，打工者的收入远远低于最低工资标准。三是不打卡，只按照计件工资方式，逼得员工长期加班加点。依照规定，加班加点工资、特殊条件下的补助及国家规定的保险、福利待遇等不得属于最低工资部分。但在供大于求的劳动力市场现实下，许多打工者被迫采取哑巴吃黄连的态度。

劳动关系虽然范围非常广泛，包含非常丰富的内涵与外延，但在市场经济社会里，它最后的结果一般都要化为经济结算。而工资是劳动关系维持、延续、终止的重要因素。因此，前来相关部门咨询的人中，有关工资问题占的比例相当大。综合用人单位在工资问题上玩的花样，要留心以下 6 大陷阱。

违反最低工资规定。这种情况以前比较严重，有关部门加大了查处力度后情况好一些，受害群体主要是技术含量低的工人和农民工。比如一些饭馆雇用外地人，条件是包吃包住每月只给300元，其实这就是一种违法行为，因为按照规定包吃包住折算成工资难以计算，所以它不应包含在工资里边。

以实物工资代替货币工资。有些企业由于亏损，就将公司的产品发给职工，这是一种以实物工资代替货币工资的做法；还有的企业采取更为变相的形式，他们虽然不给职工发产品，但给每个车间制定额度，原来应该发给你800元，现在只发给你400元，另外400元靠卖产品所得发放。

支付周期不合法。这种现象在一些私营企业和IT企业中存在较多，比如原来约定的发薪日期是2日，到了下月就变成了5日，再下个月又变成了8日，这种没规律的做法本身就是侵权行为，有人测算过，如果每月都晚发一天工资，过了几年实际上就等于少发了一个月的工资。

拖欠工资。这种现象目前比较普遍，主要存在于国有企业和IT企业中。国有企业往往是由于效益不好，而一些IT企业则借口投资人不给钱了就拖欠职工工资。有关规定指出企业如果征得了职工代表大会的同意可以延期发放工资，这就不算是故意拖欠工资，否则由于周转不灵造成的工资拖欠就算是无故拖欠。

克扣职工工资。拖欠工资是指该发工资而没有发，而克扣工资是指没有足额发放工资。原劳动部规定企业只能在工资中扣除职工的保险费和个人所得税，至于其他项目则不能扣除。

少给或不给加班工资。对于职工加班的工资，有些企业要么不支付，要么不足额支付。此外当职工休病假、产假、婚假时，有的企业只支付一部分的工资，这种带薪假期间工资发放不足或不发就是侵权的行为。

节日加班费该如何拿？职工李某曾在一家公司就职，负责对外贸易工作。在工作期间，公司派其赴国外布展和参加贸易洽谈活动。回国后，李某深感自己的知识水平还不能完全胜任眼前的工作，决定辞职，但此时已临国庆节，公司要求“十一”放假期间，参加洽谈会的人员尽快将订单整理好。于是李某在10月1～3日在公司加班整理订单。10月8日假期一结束，便向公司提出书面辞职申请。公司当即同意了他的辞职申请并为其结算工资，当他拿过工资结算单时，发现公司仅支付自己“十一”休假期间3天的工资，他认为国庆节放假7天，支付3天的工资不合法并且对于自己3天的加班，也应支付加班工资。但公司认为，按公司的惯例，每次参加完洽谈会后所有的工作人员均应及时将各种订单整理好并报公司，只因这次恰好赶上“十一”放假，国庆节放假本应是不发工资的，但考虑到职工的确来上班，所以按日工资标准发放了工资。仲裁结果，裁决被诉人按不低于工资300％的标准支付李某10月1～3日的加班工资。驳回李某要求支付放假期间另外4天工资的请求。

这起争议案焦点有两个，一是国庆节7天休假如何支付工资。“劳动法”第51条规定“劳动者法定休假日和婚丧假期间以及依法参加社会活动期间，用人单位应当依法支付工资。”二是国庆节期间加班工资如何支付。“劳动法”第44条规定“有下列情形之一的，用人单位应当按照下列标准支付高于劳动者正常工作时间工资的工资报酬：“法定休假日安排劳动者工作的，支付不低于工资的300％的工资报酬。”

劳动仲裁机构提醒，一、国庆节的7天假期中，其中有3天属法定节日，劳动者应享有工资，借来的4天休息日不带薪。二、国庆节期间安排加班的，用人单位应按不低于劳动者日工资标准的300％支

付加班工资。

法律专家提醒：节日工资被拖欠的陷阱

1. 合同陷阱。由于职工的法律意识相对薄弱，被雇用时根本没有想到要签合同。有的虽然知道要签合同，但往往签订的却是无效合同，只规定了雇主一方的权利，而对工资数额、支付方式、支付时间等重要内容都没有规定。这样的合同，无法保护职工的合法权益。职工可向劳动部门反映，由他们来规范、鉴证合同。

2. 转包陷阱。职工从事的工程是被人转包过一手、二手，甚至是三手的，那就要特别小心。调查表明，部分打工者被拖欠工资正是由于在层层转包中的某些环节出现了问题，或承建商携款逃跑，或是出现三角债，职工的工资没了着落。因此职工要有与老板联系的方式，以防老板失踪，工资无处追讨。

3. 时效陷阱。据调查，一些职工的工资要不回来，就是因为超过了时效，连劳动部门都无法受理。有的用人单位拖欠工资常采取的一招就是“拖”。职工应及时向劳动部门反映。

4. 证据陷阱。想要回工资，就得向劳动部门提供充分的证据。当然最好是劳动合同、工资单、欠条、人证等一应俱全。劳动部门在处理拖欠工资投诉时，最常遇到的问题就是证据不足，作为行政部门需要依法行政，证据不足就谈不上执法。而有些用人单位利用这一点，千方百计不给职工提供相应证据，为最终赖账埋下伏笔。职工一定要保存好一切可能用得着的物证，以不变应万变。

一些案例引出的拖欠工资等问题，反映了一些老板目无法纪或者说钻了法律的空子，面对这样的老板，我们应该如何应对？最重要的问题，集中在劳动合同上面。

有关数字显示，全国因劳动合同而发生的劳动争议案件上升突出。2002 年比 2001 年增加了 52%，这也提醒广大劳动者：劳动合同

引起的争议如此多，一个重要的原因就是劳动关系不对等，从而造成大多数劳动合同名存实亡、流于形式，一切由“甲方”说了算。调查结果表明，仅有不到25%的人敢在劳动合同上与老板较真。

劳动纠纷案件何其多？据了解，全国法院一年审理的劳动纠纷案件达7万多件，比“劳动法”实施第一年的1995年增长了1.7倍，而因劳动合同引起的争议则是“祸首”。

劳动争议案件的大幅度上升，除了劳动者与用人单位的法律意识不断增强外，主要原因是：劳动报酬和保险福利待遇缺乏保障，如长期拖欠或无故克扣职工工资、不及时支付职工医药费和离退休人员的养老金、劳动合同管理不规范等。

在履行合同中，作为聘用主体的甲方通常有能力和条件制约作为受聘主体的乙方，而乙方则通常没有条件和能力制约甲方。在国有、集体企业以及由此而来的企业中，劳动争议相对较少。而在非公有制企业，特别是私营企业中，存在着较多的问题。劳动争议的大幅上升，已成为一种社会隐患。

就企业在劳动关系上存在的主要问题，可以概括为以下4个方面：

1. 建筑、餐饮、商业销售类企业用工劳动合同签约率低。在这些企业中，一般职工不签劳动合同，口头合同盛行。有些企业劳动合同内容不规范，业主与职工的地位极不平等。劳动合同文本多为企业自留，不给职工。在产生劳动纠纷时，职工往往处于不利境地。

2. 工资过低，不按时发放工资。不少企业抓住员工怕失去工作的心理，给的工资极低。工人的付出与实际报酬远远不成比例。

3. 参加社会保险的面不广。这个问题主要集中于规模不大、效益不佳和领导法律及道德素质低的企业，这些企业没有专门的部门或人员负责员工保险和福利管理，不少国有、集体企业只在意所谓“正

式工”的保险福利，对聘用的员工则能拖便拖、能糊弄便糊弄。

4. 格式合同单方合同较为普遍。企业事先按国家有关法律和劳动部门制定的合同示范文本，事先打印好一个聘用合同，不容分说只等“乙方”在上面签字或盖章。企业利用谋职者迫切求职的心态，只约定劳动者有哪些义务，而对于劳动者的权利往往表述不清、要领模糊。一些危险性行业的用人单位为逃避该承担的责任，常常在签订合同时，要求员工工伤自理，一些私营企业还规定女职工不准怀孕等。

从劳动争议案件看，“乙方”作为劳动关系中的弱势方，劳动权益比较容易受到侵犯：工资无保证，超时劳动无报酬，合同条款模糊，社会保险无人管，劳动安全无保障等。

劳动合同是甲乙双方建立劳动关系、维护各自权利的依据。在劳动关系上双方的地位是平等的，然而却有很多人不敢与老板谈论和商讨双方的劳动合同。

就业形势严峻和就业压力太大的现状是其中首要原因。其次，受制于个人能力、年龄和身体状况等也是不敢对格式合同提意见的重要原因。再者，法院在审理劳动争议案件时，常常把举证责任归于原告——职工，采取“谁主张谁举证、谁先主张谁先举证”，也让职工不敢也不能理直气壮地与老板“较量”。

在劳动争议案件中，企业与职工双方当事人的法律地位明显不平等，企业是主动处罚的强者，而职工是被动受罚的弱者。职工的出勤、劳动违纪等行为均是由企业单方面记录在案，并由企业单方面认定、存档。职工无记录权（即使私自记录也属无效），即不可能持有自己出勤、劳动、遵章守纪等行为直接的书面证明。一旦企业领导人有意打击报复、随意处罚职工，职工则由于自身无权、被动、弱势等特定条件限制，要举证证明自己的清白是非常困难的，甚至不可能依法维护自身的合法权益。

我国法律规定，企业主和劳动者应当是平等的，但实际上很难有实质上的平等。尤其是在目前劳动力市场严重供大于求的情况下，许多人为了保住饭碗，忍辱负重，助长了某些“甲方”的老大作风。劳动争议仲裁是解决劳动纠纷的主要法律途径，是诉讼的前置程序，未经仲裁，人民法院不予受理。当事人应当知道其权利被侵害之日起60日内或劳动争议调解委员会调解不成30日内向劳动争议仲裁委员会申请仲裁。仲裁委员会组成仲裁庭开庭审理劳动争议。

如果当事人对劳动争议仲裁裁决不服的，自收到裁决书15日内可以向人民法院起诉。法院立案后，仲裁裁决失效，人民法院将依诉讼程序审理劳动争议。当事人对一审判决不服的，可自收到判决15日内向上一级法院起诉，超过期限判决生效。上一级人民法院依法进行二审，程序同一审。

当事人对已经发生法律效力的判决、裁定，认为有错误，可以向原审人民法院或者上一级人民法院申请再审，但不停止判决、裁定的执行。当事人对已经发生法律效力的调解书，提出证据证明调解违反自愿原则或者调解协议违反法律的，可以申请再审。当事人申请再审，应当在裁决、裁定发生法律效力后两年内提起。

对策三：对黑心老板说不

根据目前已受理的纠纷案件来看，建筑业、装修业和餐饮服务业这三个行业中的纠纷最多，约占整个纠纷的90%左右，而其中尤以建筑业最多。有关人士分析认为，造成这三个行业纠纷较多的原因在于，目前这三个行业的管理监督体制存在着诸多弊端。

从餐饮服务业的纠纷看，大部分属于劳动合同纠纷，用工者打着试用期的名义，廉价赚取打工者的劳动力，并通过强制缴纳抵押金的

手段，控制胁迫打工者，这样的纠纷在服务业较为多见。

在东北从事装修业人大多来自我国南方地区，在这一行业纠纷中，“克扣”是最多见的形式。这些南方打工者大多有这样的想法，干个人家庭装修，利润小风险也小。干工程装修，利润大风险也大。干完活少给钱是这一行业的通病。

相比较而言，建筑业中的有些用工者，在各种黑心者中算是最“黑”的。其他行业的用工者盘剥打工者的血汗钱或者还找出一些借口，而从受理的建筑业劳务纠纷来看，基本上是“就是没钱，坚决不给”，连个借口都没有。其根源在于目前建筑业管理的混乱，开发商、建筑商、施工队层层发包，层层欠钱，打工者往往不但要不着钱，甚至连欠钱者的下落也找不到。

黑心者在克扣、盘剥打工者的手段，可谓花样不断。

曾在哈尔滨市打过工的山东梁山打工者江华，2002 年初带着 40 多个同乡一起来到哈尔滨。同年 9 月，他们通过投标为一家公司装修厂房，按照合同，拼命干了两个月如期完工。按预算，他们应得到 8.9 万元的劳务费。然而工程竣工后，公司方采取拖延战术，江华去 10 次，能要回 1000 多元钱，40 几个人最后连吃饭都费劲了。马上要过元旦了，大家急着回家过年，用工者了解情况后又采取了新的策略，公司经理对江华说：“你要是同意劳务费为 6.5 万元，现在就可以把全部拿走，要是仍坚持 8.9 万元就等着吧。”无奈的江华只好在 6.5 万元的预算书上签了字，经理告诉他可以去财务室取钱，等江华到财务室后又被告知“没钱”，再找经理已经没人了，经理留下话，“等有钱再说，否则愿上哪告就哪告”。

2002 年初，哈尔滨市巴山派出所来了一名报案者叫王震，20 岁，黑龙江省海林市人。几个月前王震交了 500 元风险抵押金后，成为南岗区一家大酒店的服务员，老板不但扣下了他的身份证，还定下种种

规矩。王震月工资 500 元，可每月到手仅有 100 元左右。王震想不干，但老板扣着身份证不给。几天前，王震负责的一桌客人跑单，引来老板的不满，对王震进行毒打，并命令保安看管，让其还上这桌酒席钱后才能离开，在其他服务员的帮助下，王震才得以跑出来到派出所报案。

河南来哈尔滨市打工的李宏斌等 10 人，干了五个月的铺路工，用工者累计欠他们劳务费 6.8 万元，但事后介绍他们工作的工头跑了，用工方以把钱给了工头为名，拒付此款。哈尔滨市道里区法院受理了此案，由于工头跑了，李宏斌等人又拿不出相关证据，该案一度陷入困境。

应该看到黑心用工者的行为，往往不仅会对打工者造成伤害，也会引发更大的社会问题。2002 年，哈尔滨市警方破获了一起绑架案，3 名犯罪嫌疑人都是外地打工者，而他们绑架的 7 岁男童，则是他们打工时老板的孩子。老板不但拖欠了三人近万元的劳务费，为了达到不给钱的目的，还雇人对他们进行殴打。三人在走投无路的情况下，想到了绑架老板儿子索要劳务费的主意。三人最终得到严惩，但黑心的老板在这一案件中有着不可推卸的责任。

打工者遇到黑心老板怎么办？有关人士呼吁：拿起法律武器，维护自身权益。

郭丽华律师点评上文的三个案例认为，江华的作法不可取。其一，自身应有的劳动所得被克扣，其二，这样的作法在法律上被看作是自愿放弃了 8.9 万元的要求，即使上法庭也讨不回中间 2.5 万元的差价了。

王震不应当仅仅把拿回身份证、抵押金作为目的，还应当进一步维护自己的权益。根据《黑龙江省劳动监督检查条例》的有关规定，(1) 王震在解除劳动合同时，将得到经济补偿；(2) 老板收取抵押

金，将受到500元的罚款；（3）老板克扣工资，劳动部门可责令老板限期支付王震工资报酬、经济补偿，并可以责令支付赔偿金；（4）根据“劳动法”第96条规定侮辱、殴打、体罚、非法搜查和拘禁劳动者的，由公安机关处以15日以下拘留、罚款或者警告；构成犯罪的，依法追究刑事责任。由此可见，法律上有很多制裁黑心老板的办法。

李宏斌是幸运的，如果用工者和工头有一份收据（甚至是假的），李宏斌都可能拿不回一分钱。因此，劳动者应当增强法律意识。

是不是没有签订劳务合同就没有讨说法的地方了呢？哈尔滨市道里区人民法院副院长丁日新明确回答：“不”。

据丁日新介绍，法院首先要区分打工者和用工者之间是劳务合同关系还是劳动合同关系。人民法院对形成劳务合同关系的纠纷可以直接受理；如果双方形成劳动合同关系又产生纠纷，需到劳动机关申请仲裁；双方当事人对处罚决定不服的，可以依法申请行政复议或者向人民法院提起行政诉讼。当事人对处罚决定逾期不申请行政复议，也不向人民法院提起行政诉讼，又不履行的，做出处罚决定的机关可以申请人民法院强制执行。法院在审理劳务合同关系纠纷中，很多打工者没有签订任何用工协议，但也能够胜诉，这是因为打工者能够提供可信的人证、物证。

看了上面真实的故事，我们面对老板的任意克扣，该如何应对？

就目前的实际情况来讲，目前劳资纠纷主要表现在工资的纠纷上。目前，拖欠工资、拖欠加班费、工伤不给补偿等各类不法行为，不时侵害着一些劳动者的合法权益，随之而来的劳动争议也越来越多，给社会带来了许多不稳定因素。中国政法大学行政法研究所副所长何兵博士提出：“相对于企业来说，务工者个人可称为弱势群体。如何保障弱势群体的合法权益是一个亟待解决的社会问题。”

中国社会科学院法学所研究员、中国律师协会劳动和社会保障法

专业委员会顾问史探径也表示："'劳动法'其实明确规定，劳动者获得劳动报酬是法定的权利。""依照国际通行的惯例，在'劳动法'出台之后，还应该会有'工资法'等法规对于工资的具体支付问题做明确限定。"

目前，劳动力市场的饱和状态制约着劳动力的选择空间，这也是务工者对于工资支付现实"敢怒不敢言"的重要原因。

毕业于北京师范大学的一位女研究生为难地表示："现在工作特别不好找，我 2003 年 1 月份被一家杂志社录用，我拼命工作，加班加点，领导多次表扬我稿子做得好。但是，杂志社一直没有给我们发过工资。我们一直等着，一直忍着，一直告诉自己工作不好找，可能丢弃了这份工作就面临着失业。到了 3 月，我终于忍受不了而辞职。但是直到现在，原来的工资还没有发，我原来的一些同事还在继续忍受着。"

害怕失业而忍受工作中种种不公平的待遇，特别是关于工资的种种不公平待遇，这是许多务工者当前的真实心态。中国人民大学劳动人事学院的李春林老师分析说："目前，我们过多地强调了劳动者和用人单位选择的'自由'，但实际上，这种真正的自由是不存在的。目前我们的劳动力市场紧张，基本上处于'卖方市场'，大多数人找工作的第一目的是养家糊口。在这种情况下，劳动力真正自由选择的空间其实很小。"

如何保证工资支付规定的执行，这是此法规意义的关键所在。北京大学社会学系的夏学銮教授提出，采取国际通行的支付手段是按时、足额给付工资的重要手段。

夏学銮教授说："比如采取从银行划账的方式，就可以在制度上避免老板克扣工资或少发工资的任意行为，可以保证工资金额按时、足额发放，同时银行业也会起到审计、监督的作用。"

何兵博士特别提到了工会的作用，“建立独立的工会组织，是保证务工者合法权益的重要方式。每个企业都需要成立独立的工会，各行业都应成立工会联合会。工会代表广大务工者的利益，以理性的方式帮助工人维权。”史探径研究员还强调了劳动合同的订立环节，“劳动者在订立合同时必须有自我维权意识。”

贯彻这些措施的根本，在于政府的执法力度。史探径研究员表示：“政府部门和劳动行政部门必须加大执法力度，另外，群众、媒体的社会监督也是‘工资支付规定’顺利实施的有效手段。”

第十二章　如此老板：诡计多端

一年到头辛辛苦苦，起早睡晚。公司不肯升职加薪也就算了，运气差一点的，遇上个诡计多端的老板，那才叫冤。虽然说世上还是好人多，但是一些老板为了赚钱，可是什么歪招都能想得出来。作为一名打工者，如果没有受过专门的反诡计培训，那可真是防不胜防。

案例一：就这样被工作套牢

作为一名求职者，总希望找到一份“好”工作。

那何谓“好”呢？薪水好、福利好、工作环境好、受老板重视。所以，当我面试一家公司时，知道自己是从1300多名大学生中被挑选出来的，真的是很受用。所有的失望、不快全都一扫而光，一口答应过年后会提早回来，参加培训。

培训时，真的觉得很受重视，公司里的总经理、副总们全都来和我们见面，给我们讲课。我记得最清楚的细节是：一位副总正在给我们上课，突然手机响了，他非常绅士地向大家说了声“对不起”，然后走到墙角，接通电话说：“我正在开会，要不然你等会儿再打来吧。”

我当时好感动，一个副总为了给我们这些大学生上培训课，竟然挂断客户的电话！足见他们对新人的重视。再加上学校、家长一再地催，所以，试用期的第二天我就痛痛快快地签了协议，办了户口，打算在这儿长干。

可是试用期还没过，我就开始觉得不对劲了，加班没有加班费，迟到倒是肯定会扣钱，只给报销公共汽车票，打的不管什么原因一律不给报销。福利只会发一些客户用来抵账的、马上就要过期的产品，其他的就什么都没有了。另外老板被称为“葛朗台”，管办公用品的的小姐被称为“欧也妮”。

这时候我想反悔，可是已经来不及了。因为户口已经办好了，想撕毁协议，只能让公司开“退工证明”，这可是比登天都难。所以，我至今还被困在这个地方，面对自己喜欢的工作，却被老板榨干了所有的热情。

通过这段经历我总结出几点：

1. 不要被公司的热情招待冲昏了头脑，因为越是好的公司越是会和你保持平等的关系，基本上是：好公司和你平等，一般的公司会看不起你，差的公司会讨好你。

2. 别急着和公司签协议，只有在你工作了一段时间之后，才能了解这家公司，才能知道它到底怎么样。

3. 就算签了协议，也别忙着办户口，一旦办了户口，你就是人家的人了，不管好死还是赖活着，你都得干满一年。

案例二：给老板当替罪羊

丁丁也是职场的老同志了，大学毕业 10 年他跟过 3 个上司，第一个阴险狡诈，做起生意来六亲不认，对待下属只有训斥，最后还拖欠员工工资一走了之；第二个老板是业内数一数二的人物，整天把融资、金融资本、强强联合这样的字眼挂在嘴上，让丁丁听了觉得明天很有希望。老板的生意做得很大，丁丁才到公司的时候他还在制造业里挣钱，之后又搞起了零售业，店面盘下了 10 几个，装修也很上档

次，就是生意始终不灵，亏空越来越大，老板却一点不急，还让丁丁陪他到江苏去考察，据说要在那里搞一个什么科研项目。丁丁见他越来越没谱，自己心里倒有点发虚，现在的公司挖他，他便忙不迭地跳槽了。

看起来新老板思路敏捷、为人谦厚，前台小朱的妈妈开刀，老板找了自己的关系为她安排，市场部小李去外地出差丢掉了手机，老板补贴他重买一部，公司的奖惩制度也很合理，多干多得，大家的积极性很高。每年两次的旅游，一年一次的体检，还有逢年过节的补助，甚至员工学英语也可以报销。丁丁见到这些充满人情味的细节，自己也觉得干劲十足，他说，难得有人把我们当人，我自然应该好好表现。

丁丁成了新老板的助理，负责一个新市场的开发，所有的计划和细节丁丁都请示过老板，老板说："你是这个项目的负责人，这个计划不错你放开手脚干吧。"

丁丁一头扎了进去，每周出差，天天加班，一个月以后，他发现问题所在，这个项目曾经有人操作过，因为本身的先天不足失败了。丁丁经过自己的分析，发现开发这个新市场的确缺少相应的条件，他向老板提出了自己的看法。

老板说，也好，我们先停一停，最近你也累了，给你10天假，去休息一下吧。

丁丁休假回来，发现自己的办公桌被别人占用了，自己的私人物品堆成一堆放在一旁，老板召见他，告诉他因为项目开发失败，股东们十分不满，他只好挥泪斩马谡了。丁丁不明白，开发这个新项目，自己除了用了一笔差旅费之外，公司并没有损失什么，为什么一下子就成了罪人了呢？

可是老板一脸难色，丁丁也无法启齿，只好卷铺盖走人。

事后丁丁遇到知道其中原委的人，才恍然大悟：老板在公司里的股份很少，每年要向几个股东负责，今年营销情况不佳，丁丁开发的新项目成了他的借口，通过财务的移花接木，丁丁开发的费用成了一笔大数目，造成了公司的亏损。

挖角、提拔、放权都是老板挖好的陷阱，丁丁成了老板的替罪羊。(资料来源：吕玫)

案例三：老板对我耍阴招

一、背黑锅你来，送死你也去

以前那个老板，真是可怕。喜欢朝令夕改，今天气势汹汹说要做这做那，明天就要。你赶得要吐血，明天她又若无其事："这个啊？不要了！"

亲眼见她"阴"过一个MM。那次我们要争取一个重要的客户，她让MM做个产品的展示计划。那天中午，她特地请MM去吃大餐，席间，她一反常态，用琼瑶片女主角的温柔腔调甜言蜜语："你很努力，我都看在眼里，你真是我的好帮手……这个客户非常重要，影响到公司一笔巨大的单子，所以这个展示推介一定要做好，交给你来做，我非常信任……这件事弄好了，我一定会替你向大老板申请奖金！"

这些都是MM事后告诉我的，她当时真是很感动，满以为老板转了性，开始体恤下属了。所以她很尽心地做计划，女老板也没来干涉，MM每做好一部分，拿给她过目，对方看起来都满意得不得了。

终于，客户来了。MM当着全公司高层的面，给客户做介绍。到这时她才发现，有一个关键部分不知何时被老板改动过了。硬着头皮讲了十几分钟，客户在那一点上纠缠不休，她疲于招架，最后对方

还是不满意。

大老板的脸色一下子变得很难看，老板顿时用手指点着MM发威："你怎么做的？给你半个月就做出这种东西来？真让我失望！"最恶心的是，她还用英文冷冷地补了句，"连猪也不会像你那么笨！"(资料来源：麦麦)

二、老板是个"演技派"

进那家公司时，就知道公司有条不成文的规定——只要你愿意，就能去读在职硕士，公司允许你在上课时间带薪请假。也算是个福利吧。

可我们部门似乎一直没人有兴趣"享受"这个福利。我不明其祥，想想在这里待了一年多，拿出个文凭后，也差不多就到了跳槽的时间了，不如趁此机会"发展"一把！

找了个机会问老板，他把胸脯拍得砰砰响："很好嘛，我很支持啊！只要学校通过，公司这边没问题！"

在职研究生考试不难，很快，我就揣着录取通知书向老板报喜去了。老板一愣，随即点头："很好很好！要努力读书哦，你的工作量我会考虑的！"

谁知第二天，学校来了个电话，居然说"搞错了，你没有通过考试"。我再晕头转向地去找老板，他深表同情。

现在想起来，只觉得历任老板里，他的演技是最出色的！离开公司后我才偶然得知真相——为什么当时部门里从来没人"考"上过？因为老板自己是大学老师出身，你前脚说要报考，他后脚立即去打招呼："千万别录取这个人！"我那次意外收到通知书，是学校出了岔子，最后不是照样被神通广大的老板追回？

当着你的面，老板一定会说得比唱得还好听，大讲什么"个人发展"，私底下，哪个老板会喜欢手下频频请假？

三、夺老板所爱

这件事是我一个做销售的同学酒后吐真言说出来的，听了真觉得心里发寒。那年他们公司财务部招了个很漂亮的外地小姑娘，公司里“和尚”多，美女少，他和另一个谈得来的同事都对小姑娘有了情意。两人是好朋友，所以妨碍了表白，平时也都是三人行，下班吃饭、泡吧、聊天，搞得跟哥们一样。

其实小姑娘心里喜欢我同学，但是那个同事一直都很直白地表示，不是买礼物，就是坚持送她回家……三个人就这么僵持着。“僵”到后来，小姑娘终于“忍”不住了，主动打电话约我同学，两个人开始交往。但是怕同事伤心，他们还是三人行，装成什么事都没发生。

某一天，小姑娘吞吞吐吐地对我同学说：“其实你不想想，我一个外地人，又不是什么名牌学校毕业的，公司为什么把我招进来，又给这样的薪水?”后面的话证实了我同学不祥的预感——她来面试，被公司的上海大老板在走廊里撞见，结果指名要人事部招她进来。该老板离婚数年，身边美女不断，没想到这次主意打到了公司内部……

同学大惊失色，要女朋友跳槽，小姑娘摇摇头：“总要在这里待一段时间，才能再去找新的工作。就业形势那么吃紧……”同学想想也是，两人只能继续地下恋爱。

先倒霉的是他同事，因为追急了，他索性在公司当众捧了束花，向小姑娘求爱。我同学和小姑娘当场脸如死灰，因为发现老板出现在他身后。老板的反应很平淡，扔下一句“上班时间做正经事”后，转身离去。第二天，那个做工程师的同事被派驻西北分公司所属的一个穷乡僻壤，时间是2年。

我同学呢，最终也没能纸包住火，老板面无表情地派他去贵州一小城市开拓市场，时间也是2年。

四、反“闷”老板

偶然听到了这么件事，实在是瞠目结舌。

某天，大老板召集全公司所有的 SeniorManager 和 Director 开会，原来一个 Director 在签一笔大单子时，糊里糊涂在写条款时出了差错，说是送给客户一套财务软件，却没说明是哪一种——这种软件，便宜的只有几百美元，贵的要好几百万，客户较起真来，公司不就亏大了么？

据说当时大老板强烈谴责此人，并号称已在前一天将他开除，满屋子人噤若寒蝉。可慢慢地，有了新的说法，说是被开除的那个同事其实是吃了老板的“闷棍”。此人要跳槽到竞争对手那里，在我们这行，这种事也不少见，可大老板非常生气，居然一手策划了“合同陷阱”，让他往里跳。想在业界搞臭他，让他以后很难做业务。

没多久，另一个 Director 也要跳槽。他当然不会傻到覆辙，而是找到老板诉苦：“唉，这两年做得也实在是累啊，现在正好有家国企想请我，我也想去享两年清福，老板你看怎么样……”老板眉开眼笑，挥手放人——谁叫该 Director 暗示以后会把这家客户的单子统统交给老东家呢？

老板这边还在合不拢嘴地盘算今年的盈利，那边 Director 一个转身，去了我们最强的竞争对手那里，顺手带去一个千万美金之巨的大单子当见面礼。升职，薪水往上翻，再回来挖走了一群得力的老部下……非但没吃老板的“闷棍”，还把老板“闷”了个脸皮发紫。

对策一：学会吃老板的“甜点”

一个有心计的老板常常会用包含有个人情感的言辞来笼络员工不安的心。我们把这样的言辞称为“甜点”。

甜点一："你是我的心腹"

小李是刚进公司的新人，由于工作绩效出色，备受老板赏识也赢得了同事们的支持。在一次与老板的私人谈话中，老板意味深长地拍着小李的肩膀说："……你和他们不一样，你是我的心腹！你就是我在职员们那里的耳朵和眼睛，我需要你及时向我汇报其他职员的工作情况和他们私下聊的一些事情！"涉世不深的小李把老板所说的一切都信以为真，真的把自己当成了老板的心腹。

此后呢？他不仅在工作中投入了忘我的热情和精力，而且还经常向老板汇报同事们的情况，事无巨细，面面俱到。时间长了，小李却发现他自己的生存空间越来越小，生存环境越来越困难。同事们和他不再像以前那样嘻嘻哈哈，打打闹闹了，什么事情也不和他提及了，同事们和他的关系变得敏感和紧张起来，真正把他当作老板的心腹和耳目。小李成了名副其实的牺牲品。

策略：一个上司对下属的关心与问寒问暖，一定不会离开工作目的。他希望你做的是一颗永不生锈的螺丝钉。作为下属不要被"你是我的心腹"的甜点迷惑住。不要天真地以为你有缘能和老板成为朋友。你一定要和老板保持距离，过分亲近老板，会让别人怀疑你的能力，同事也会反感和排斥。

甜点二："这里的一切全交给你了！""我最信赖你！"

小兵是公司的销售主管，在一次老板出差的时候，老板信任地拉着小兵的手说："这里的一切全交给你了！我最信赖你！"

在老板离开后的第三天，客户打来电话，反映同类产品现在开始促销，并咨询该公司的产品是否也有相关的优惠活动？小兵突然想起老板离开前他曾经申请过相关事情，也提交了相关报告，老板做了口头批示，但未做详细的布置和工作安排。本应向老板汇报请示的小兵耳边响起了老板临行前的重托，于是自作主张，实施了自己的促销方

案。结果把在外地扩大市场的老板弄得很被动。老板回来不久，小兵就被炒了鱿鱼。

策略：当老板离开，工作交给你时，通常会这样对你讲。但你要学会捕捉老板的“弦外之音”，不要把老板所说的一切都信以为真。

“这里的一切全交给你了!”、“我最信赖你!”之类的话，很大程度上是对你工作积极性的勉励。你要切记，交给你的只是工作而已，而不是老板的位置和权利。千万不要不知深浅，俨然把自己当成老板一样，自作主张，指点江山。最好的方式就是及时向老板汇报工作，请求指示。自作主张的结果往往是费力不讨好。

甜点三："好好干！我是不会亏待你的！"

阿雅是公司的业务骨干，经常为额外工作加班加点，并为此付出了很多精力和时间，而每一次老板都会扔个"甜点"给她，"好好干！我是不会亏待你的！"但老板却丝毫没有支付加班费、奖金和补助的意思和行为。

策略：和老板说"不"的确很难，但是自己也不是万能的机器，勉强自己的事情还是越少越好。要学会说"不"，学会提出自己的要求，争取应该得到的利益。职场如战场，很多时候自己的忍耐和好脾气会使自己因小失大，影响职场生活。

适时地舒展一下自己的个性，你的饭碗反而会端得更稳！别让老板以为你好欺负，既然自己付出劳动就应该得到回报。所以你要做的有以下事情：

1. 掌握同行业同等职位的人员配置和薪金最新行情。了解自己薪金所处的位置以及可以活动的空间。

2. 自己建立一个绩效清单。定期进行填写：自己做了多少工作(注意列出具体的时间，日期，工作性质)，取得了哪些成绩，为公司节省了多少资金。这样提出加薪就会有理有据了。

3. 坦诚相见，说出你自己的优势和长处以及自己的专业技能。

4. 加薪无论对于你还是老板都是一个敏感的话题。不要怕惹老板不高兴，想想自己付出的辛苦、时间、精力，加薪不是什么过分的要求。再说，老板不也说过不会亏待你的吗?!

对策二：识破老板的诡计

似乎身边的朋友都在升职加薪，可为什么我还在原地踏步，难道我真的那么差?

你有没有想过，你的停滞不前，其实归根到底都是老板在搞鬼。

你拼命干活、成果显著，老板对你的表现无可挑剔，他说公司一分钟也离不开你，许诺要发红包给你、提升你，让你成为职场冉冉升起的明星。

然而你所期待的闪光时刻却始终没有出现，也许永远也不会出现。然而他（她）对你的使唤却愈加频繁。也许你会替他辩解，他（她）实在是太忙，根本没有时间来考虑一下普通职员的晋升。他（她）是新手，还不懂用尊重和奖赏来保持优秀职员的忠心……必须承认这世上肯定会有好老板，他（她）很清楚你的事业不可能就在这里停止，他（她）会尽力帮你成功。但是也有些老板是十分狡诈的。老板有千千万万种，但手下却只有两种：一种是好使唤，一种是不好使唤，老板们只关心自己的利益，更有甚者生怕属下的锋芒盖过自己，无所不用其招地霸占你的功绩，遇上这么一位老板，别说升职加薪，连自由呼吸都是一个问题。

老板诡计之一：虚假晋升

这是老板最常用的花招之一，你干得好，他（她）屡屡答应要提拔你，等到最后他（她）不得不兑现诺言，你才发现你所期待的升职只是一个名称变化而已，比如由“私人秘书”变成“高级秘书”，你陷入了一个大骗局。

对老板来说给得力干将一个新头衔是最好的解决办法了，但问题是就算老板夸你是打工女皇又怎么样呢？你的薪水你的职权并无任何改变，老板在玩弄权术。对付这一诡计，有两大妙法。

1. 试着承担更大责任。不妨游说老板给你一些提高技能和地位的机会。比如主动请缨担任新一地区的项目负责人，“给我 3 个月的时间，若表现不错就让我继续干，如果不行，我自动辞职。”待你出色地在新岗位上干足 6 个月以后，你的职权得到名副其实的扩充，而

下一步，你可以理直气壮地提出加薪的要求了。

2. 暗劲：充分利用新头衔。没有人能确定希拉里能干些什么，但人人知道她是谁。你已升了职，这人人都知道，老板没有说明你的升职具体所在，正是你可利用的一点。

由“私人秘书”变为“高级秘书”，而你的理解就是高级二字已将你列入高级管理人员之列，你可借机堂而皇之参加一些公司的高层会议，看看其他高层职员是怎么干的，在讨论会中试着发出自己的声音，争取一些项目，在很多情况下，项目就意味着资金和权力。倘若老板明里暗里阻止你参加会议，也好，正好借机公开，请教新头衔的具体职权范围，让他（她）给一个明确答复。

老板诡计之二：拖拉搪塞

老板说要给你加工资，话锋一转“阿莓，现在公司实在太忙，先放一放！”这一放就是3个月，有一天老板愁眉苦脸地说：“阿莓，公司最近资金紧张，现在给你加工资怕其他同事有意见，所以年底前一律不加薪。”

过完年，老板突然患上失忆症，你的加薪梦就这样无限期地拖下去吗？行动吧！

1. 以守为攻。老板在加薪问题上的拖拉绝对不是失忆，哪个老板不是精明过人，真正的原因只有两个，要不就是认为你尚不值这个价，但又别无他法来激你为其卖命，要不可能真是出于人事关系的考虑。

不管怎么样，你要首先弄清加薪的一般条件，小琳加了薪，你得搞清楚到底是因为她读了MBA，还是因为她在工作中有创新，她身上到底有什么是你所缺乏的，一旦你弄清楚了，你可以坦然面对老板，当然这可能有点尴尬，但这毕竟是他（她）自己的许诺没有实现，所以不妨直接些，“对于我来说，加薪可能需要以下这些条件

吧……”。老板当然知道这些你都已具备，然而却坚持说：“小莓，以你的表现肯定是要加薪的，不过，公司这两个月的预算有限……”静待2个月后，倘若老板又加了别人的薪，你最好还是尽早离开。

2. 曲线救国。让公司里的人帮你说话，你可以给你们专业的报纸写稿、参加各种商务PARTY和MEETING，让你的名字常常挂在人们的嘴上，适当放出其他公司想要挖你的消息，如果你的老板不想失去你，他（她）肯定会兑现诺言，若不见动静，最好约老板开诚布公地谈谈，虽然有点冒险，但好过无限期等待。

3. 穷追猛打。事实证明这是最有效的一招，如果老板对你说“过几个月之后再说吧!”你必须问他“到底过几个月?”他（她）说3个月，OK，3个月之后主动找他（她）谈，若老板不是搪塞，你就和他（她）分析到底为什么还不行?指出他的借口不堪一击，就算加不了薪，痛骂一顿走人。

老板诡计之三：口吐莲花

这样的老板在外企最多，“你是最好的，绝对是最好的!”“你不知道在你没来之前整个公司运作得多么糟!”“你是我的秘密武器，不可或缺的SUPER GIRL!”

以上这些是不是听起来很耳熟?连你有时仅仅是收发一个邮件，回答一次电话也会让他（她）大肆表扬一番，你在怀疑这值得吗?但老板为什么要这样做呢?

这就是老板的诡计，记住花哨的词藻总是很容易把你的事业心拖入昏睡状态，你既醉心于他（她）的赞誉，而时刻又担心达不到他（她）的要求，众所周知，老板有时扮演的是类似于父母的角色，我们在寻求他们赞赏的同时，又生怕令他们感到失望。他（她）说没你就不能活，那你怎么忍心丢下你的工作，尽管对这工作已感到厌烦或者这项工作对你来说根本就是大材小用。

警醒吧！别上当了，下面有两个策略值得一试：

1. 记功簿　下次当你的老板唱一些“你棒极了！”之类的含混赞歌时，你最好问清楚点，“我真想知道我到底有什么做得很棒。”然后赶快回到你的座位把他（她）说的每一个字都记下来，在年终总结的时候，你就可以大摇大摆地把记功薄拿出来作为你工作评价的一个重要证据，在参加总结会之前好好复习一下，在会上就可以此为依托据理力争了，比如说：“有好多次，老板都表扬我做事有条理，效率很高，并且非常善于和同事们沟通交流……”用他（她）自己说过的话来说服他（她）自己。

2. 言外之意　这个世界上没人是不可代替的，从总统到平民，缺了谁地球照样转。赞美当然使人很开心，当你觉得这种赞美有点言过其实时，你就要好好理解。如果老板说：“没有你，我会崩溃！”你就应该这样理解，“如果你离开，我就没法干活——直到我找到可以代替你的人！”这样就能防止你掉入对老板感恩的陷阱，你的头脑才能保持清醒，敏感地把握住下一次升迁的机会。

老板诡计之四：疯狂打击

过分的吹嘘很容易满足你的虚荣心，严厉的批评更给你沉重打击。他（她）老是要你去完成一些你明显经验不足的任务，暗示你的水平只在中下，如果不是他（她）容忍的话，你根本不可能在其他公司干到这样的位置？

这正是老板最具杀伤力的一招，一方面你对老板产生依赖感；一方面它将严重地打击你的自信心，这种挑剔的老板有时候能将自己装扮成一个严厉的母亲或是导师形象，问题是好的导师总是鼓励自己的学生尝试，如果你的老板根本没有这种愿望，那他的所谓教导只能说是控制，对付这种恶老板，自有三板斧伺候：

1. 多方印证　兴许老板的话是对的，但一个人的意见总不全面，

不妨请你的同事、客户、朋友来评一评，如果大家认为老板的意见是善意中肯的，那么改之。如他们都认为偏颇过激，那听他的干吗！

2. 保持自信　对一些性格软弱的下属，老板长时间的责备只会让人越来越疲惫，因为害怕负责，下属会互相推诿，而对那些性格强硬的下属，老板摧毁个人的尊严，会造成沮丧无能的工作态度。

当你面对这样的长期灰色的负面信号，充耳不闻是最消极的处理办法，老板的批评并不总是意味着你的错，面对无端的指责，一定要直言不讳，解释为何如此做，保持自我，拥有基本的自信心。

3. 打开天地　对付职场中无处不在的凶恶老板，最有效的一个办法是做个自由职业者，你的自信心会不断得到加强，经验不断丰富，交际圈不断扩大。找一份兼职也是好的选择，你的注意力得到分散，如果连兼职也不行，那就只有试试去当义工或者投入一门个人爱好，在那里没有人会批评你，你的视野得到扩充，心灵得到慰藉，同时你也可以取得一门职业技能。

值得一提的是，有时候你得坚持在一个严苛的老板手下工作一段时间，以取得经验和技能，这样你不但能找到一个更好职业的跳板，更重要的是，你学会如何当一个好老板，也许下一步就可以开始你的创业过程。

案例三：与老板过招

在许多人眼中，大多数老板是吝啬、严厉甚至有些傲慢和奸诈的。的确，老板不是省油的灯，他有了钱的时候，既要考虑还贷，又要考虑怎样发展和发财。所以，他不可能轻易地在员工身上乱花一分钱。

面对这样的老板，你是否想到要跳槽？不过，我要提醒你，东山

的老虎吃人，西山的豹子也不善，你总不能每天打一枪换一个地方吧，那么，你是不是就束手无策了呢？这里，教你几招，不妨一试。

第一招：摆正思想观念

老板的大锅里装了满满的一大锅饭菜，他既要把最好最香的送给管理他的“婆婆”们，又要按时往每个员工的碗里发放，最后剩下的才是他自己的，有时，他自己恐怕连锅巴也吃不上，你应该体谅做老板的难处，老板虽然得的多，风险也同样大。

第二招：念好自己的经

如果你不是“庙”内的“方丈”，就必须做好你的“和尚”，念好你的经，当你将经文念得抑扬顿挫、清脆悦耳的时候，自然会给“庙”里带来不少香火，老板将你和那些歪嘴和尚一比，这时，你就不再是和尚了，老板会把你当成庙里的“菩萨”一样供养起来。

第三招：保护你的尊严和人格

一般来说，如果你兢兢业业地工作，老板是不会找你的麻烦的。偶尔也许会碰到那些喜欢经常骚扰和刁难你的老板，这时，你宁可不要他的高薪，也要捍卫你的尊严。做一个自尊、自信、自强不息的员工。

第四招：武装自己

所谓武装，不是教你招兵买马，策划谋反，而是教你如何用知识来武装自己，你除了做好本职工作的同时，要不断地学习其他知识，才华横溢、卓然出众的你，一定会深得老板赏识的。加薪也会成为现实。

第五招：学习老板的长处

一般来说，做老板的总有一技之长或有一定的魄力。你要虚心学习他的优点和长处，摒弃他的陋习和短处。把他的管理能力学过来，为己所用。

第六招：自己开公司

当你羽翼渐丰，崭露头角的时候，你就可以筹划你自己的公司了。一旦你最终决定离开公司的时候，最好不要和老板伤了和气，好聚好散。这样你还可以继续保持你做老板之前君子的谦谦风度！

恭喜阁下！你的一番良苦用心终于可以大展宏图了，开张那天，你可千万不要太得意哦，因为，从你做老板的第一天起，别忘了下面的员工也开始窥视你那把“金灿灿”的老板交椅了！

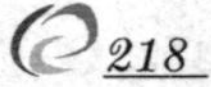

博弈尾声篇——

跳槽也从容

第十三章　老板的暗示

“炒鱿鱼”如今已不是什么新鲜的名词。作为员工，谁也不想成为被炒的对象。但想不想是一回事，炒不炒全凭你与老板的互动与沟通。其实，炒鱿鱼并不可怕，这家被炒去那家，怕就怕当你被炒时还被蒙在鼓里。能否掌握主动权，就看你是否能够敏锐地觉察老板的暗示了。

案例一：老板的心难测

老板的心是难测的，无论你干得多么卖力，也一样是随时都有失业的危险。谨以此文，送给不会当老板的老板。

今天起个大早挤汽车、地铁上班。满怀信心地想拿到一个大活。当我迎着大风赶到办公室的时候，早了15分钟，只好边避风边等老板来开门。老板来了之后就开始派活了，派来派去，就剩下霍叔，两位公子和我。当时心里纳闷，不知道为什么没给我派活。心里有话也不敢跟老板说。我拿起了拖把边拖地边等着，拖完地，跟霍叔侃了起来。我真不明白老板怎么想的，昨天干了两个活，从早上6点半起床，9点开始干活，一直没停地干到晚上9点半，当拿了工条去等车时已经是晚上10点半了，直到凌晨1点才休息！感觉没哪点不卖力，惟一的不愉快是客户说的蹩脚英语我听不太懂，惹得他发了几次火。

实心实意，卖尽力气给他干活，却偏偏连一个最小的活也不给。

伤心的事还没结束，拖了地，又装了两块石膏板，老板娘让我撤

了。6 点半起床，一直到中午 12 点，只干了三个小时的工，总感觉亏了！所以我准备再找一份工作了。

案例二：其实不想走

“其实我只想要一份安定的工作，薪水不一定高，能让日子过得安稳就可以。”对刚刚离开原公司的朱小姐来说，这次跳槽绝对不是出自本意，“公司借着内部调整的名目，将我从原来的采编部调到了年鉴部。每天的工作差不多就是一份报纸、一杯茶。再待下去，我可能会发疯的。”于是，领完年终奖没几天，朱小姐就向老总提出辞职申请。似乎早有预料的老总并没有说什么挽留的话。踏出公司的刹那间，朱小姐说她深深地吸了口气，一切都得从头开始。

“我要跳槽!”这句话有时就这样充满了无奈。不少公司，在年底会根据一年的业绩，列出一批将辞退人的名单。照例，老板会说一些“最近公司业绩不理想”之类的话来暗示，明白人都会心领神会。所以说“我要跳槽!”，只是化被动为主动，在面子上好看些罢了。在 IT 业工作的精英们，大都拿着令人眼红的高薪。可这两年来，因为全球经济的不景气，这一行业的泡沫现象令人目瞪口呆。不少精英生活在随时可能没饭吃的恐惧中。张先生和王先生原来是同一家网络公司的同事，一年来他们为了做好公司的项目，几乎不眠不休，可到了年终，老板只给他们每人发了 100 块的奖金。“我当时就呆了，这 100 块就是对我一年工作的肯定？我也不是傻瓜，老板的意思不是不明白。”无奈的张先生和王先生，只能在别人欢欢喜喜过年时，默默离开了公司。

其实大多数人，如果公司各方面的待遇都还可以的话，不会心生离意。拿瞿小姐的话来说：“只有工作稳定，我才能玩得安心，过得安稳。谁想整天为工作的事情烦心?”瞿小姐曾经跳过几次槽，每到一个新单位，都要用一两个星期才能和同事们认识，要和同事混熟，至少得花上两三个月。之前的这段时间里，你可能要做很多不属于你分内的事，你可能在别人吃饭、聊天时，只能一个人在一旁默默地听着，插不进一句话。这种被排斥的感觉并不好，你得学会忍受，更要学会处理，所有这些事做起来都不容易。

在社会上你要学会处理个人与群体的关系，有时不得不为适应群体的需求对自己进行一些改造。Caddy 这个人的确有才，也许正因为这样，她有点恃才傲物，待人接物常常给人高高在上的感觉。别人的活儿做得不好，她会不留情面地当面指出。为此，她在公司得罪了不少人。在工间休息、中午吃饭、公司组织活动时，Caddy 常无奈地一个人独来独往，形影相吊。看着别的同事围在一起有说有笑，她心里觉得特别委屈，有几次公司活动她都借口推脱了。尴尬的同事关系终于使她明白了，工作之道不仅仅是把工作做好，同事之间的关系处理也非常重要，做人就是要外圆内方，把棱角收起来。终于，无法忍受被孤立的 Caddy，选择了跳槽。

案例三：逼你辞职

为保障劳动者的合法权利，防止一些企业随意裁减人员，国家公布了一系列劳动法规。“劳动法”第 27 条规定，用人单位在濒临破产进行法定整顿期间或者因生产经营状况发生严重困难而裁减人员的，或者经双方协商一致，由用人单位提出解除劳动合同的，用人单位应当向劳动者支付经济补偿金，其标准为每工作一年支付一个月的标准工资。但是，如果是劳动者本人提出解除劳动合同，则用人单位可以不支付经济补偿金。一些企业为达到减少支付经济补偿金的目的，便

采用了恶意的逼迫式辞职法，让员工在忍无可忍下自动辞职。

某企业因效益下滑，决定裁减一部分员工，考虑到经济补偿金额非常巨大，该公司便动起了歪心思，将这些员工全部下放到外地市场，由于要自负盈亏，加之工资待遇要低得多，一些员工考虑到如此下去，恐怕连坐火车的钱都赚不回来，只好申请辞职，企业自然高兴不已，爽快答应并为其迅速办理了离岗手续。

两个打工妹进入在横岗镇窝肚村的工厂之前，厂方的承诺是 8 小时工作、加班另算、月收入 400～500 元等等。可是，干起来才知道至少拖欠两个月工资，天天加班到半夜 12 点，甚至通宵，从来没有星期天，没有加班费，她俩每个月最多也只有 300 多元工资，有人甚至只有 100 多元。任何人辞职都不批准，只能自动离职，于是拖欠压下来的两个月工资一分钱不给。与她们同时进厂的 20 多人只剩下几个了，因为太苦太累收入太微薄，与其长期受非人剥削，不如赶快了断，所以，他们宁愿放弃两个月的血汗钱而含恨离去。

这不是罕见的例子，这样的“思路”成了许多不良老板发财的基本手段：先用动听的承诺骗没有打工经验的打工仔上钩，然后用超常的劳动强度和剥削迫使打工仔辞职，拖欠下来的工钱一分不给。就这样，工厂通过不断地招人，又不断地迫使工人辞职——这样不断循环下去，而且循环的频率越高，不须支付工钱的概率就越大。

逼迫式辞职除使劳动者难以得到补偿金外，还使劳动者无法申领失业救济金。根据《失业保险条例》第 14 条规定：具备下列条件的失业人员可以领取失业保险金，其中第 2 条即为“非因本人意愿中断就业的”，由于是劳动者自己辞职，因此企业就会以此条款为由拒缴失业保险，导致劳动者无法获得失业保险金。

一些企业逼迫员工自动辞职的招数主要有“调离岗位法”、“下放基层法”、“降低待遇法”、“长期出差法”、“明升暗降法”…… 有道

是“欲加之罪，何患无辞”，一些劳动者明知企业想方设法逼迫自己就范，可由于处于受管辖地位，只有受人宰割的份，实在扛不下去了，只好辞职走人，眼睁睁看着自己的权益受损，却无可奈何。

对此，笔者认为，劳动者在自身权益受损时，应懂得搜集有利证据，揭穿企业真实目的，并及时向上级部门举报，而劳动部门也应该切实注意到劳动者这个弱势群体，对于企业玩弄的逼迫式辞职法应有个清醒的认识，主动出击，坚决打击，切实维护劳动者的合法权益。

对策一：读懂老板脸色的“天气预报”

如何面对被老板炒鱿鱼的局面，也许首先应该知道如何避免它的发生。亡羊补牢，为时未晚。正确而准确地读懂被炒鱿鱼的“天气预报”，先知先觉，就能未雨绸缪地寻找应对之策，避免裁员风波的冲击。

一、读懂预报，心中有数

不管什么理由，如果你的工作进展不顺利，你就应该事先保持警惕，如果你对警告信号保持警觉的话，是可以事先探知的。以下列举一些常发生的信号，当这些信号发生在你身上时，表示你可能被列在“黑名单”上了。

没有明显的理由，你的桌子总是清理得干干净净，而被分派的工作也愈来愈少；

有好几位你的部下被提升了，而你原位不动；

必须由你负责的公司备忘录，来得愈来愈少，也愈来愈慢；

通常交给你的不定期事务，开始交给别人处理；

你的公司已被另一家公司买去，很可能从那家公司派一个人来取代你的职位；

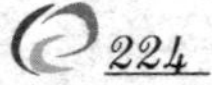

一位顾问前来和你谈你的工作，谈的是你日常工作细节；

上司对你的态度有大幅度地转变，可能变得特别地挑剔或特别地不挑剔；

你换到一个较小的办公室上班；

通知你现在必须与别人同用一个办公室。

以上的“信号”，如果只出现一两个，倒不必惊慌，只要密切注意以后的发展即可。但如果继续出现，情况就严重了。名列“黑名单”并不意味着一定会被辞退，如果情况尚未到绝望的地步，也许你的替代者还没找到，你还是有挽救的机会，但不能与你的上司处于敌对状态，你最好一步一步地化解想辞退你的人心中的念头。

二、进退之间，讲求策略

在得知老板准备炒你的鱿鱼时，你有两条路可走：到上司面前承认自己的错误，并使他知道你有改过向善的心意，或是开始执行新的行动，但却不能泄露你这样做的原因是害怕被开除。两种策略各有利弊：直接到上司面前认错可能会使他有了机会，因为他正想找你，告诉你坏消息，此举会加快被开除的速度；走另一条路，即使当时老板知道你改过向善了，但也可能为时晚矣。

一个较妥的中间策略是：安排和上司见面的机会——也许是一顿午饭。不管目前你的工作是否陷于绝境，还是让上司知道最近你还未将“全部的你”发挥出来，虽然已经晚了一点，但是各种可能依然在你的控制之下，你必须给人一个目前工作仍在全限度之内的印象。这个时候千万不要过于自责，最好保持着模糊不清的状态，如果人家并未责备你的过错，不要贸然承认，同时，也不要主动提起上司对你的不满，并且强调不久之前，你曾有过具体的成绩，增加他对你正面的认识。

最为理想的策略是，尽力去增加你对公司的重要性，尽量找一些

额外的任务以表达你对工作和公司是怀有非常浓厚兴趣的，并表现出你是非常能干的，特别注意纠正自己的缺点，如果你常对部下发脾气，那么这时应表现出礼貌相待的样子；如果你不注意修饰，那么每天多花一点时间，使自己的外表变得迷人。记住一个基本原则：让可能炒你的鱿鱼的人找不到充足的理由开除你。

三、委婉试探，争取机会

听到上司告诉自己被辞退了，首先谢谢他当面告诉你这个消息，

你也可以表现出难受的样子。其次，试探一下情况是否已经到了无可挽回的地步，千万别用直来直去的方式作试探，甚至直接问“最后”的决定是什么，如果这样问了，就可能真的会得到一个“最后”的决定。这时你应该争取的是改变或软化上司立即辞退你的信念，比如说建议再给你一个机会——给你一个月“最后的试用”的机会。随时注意上司的反应，如果他开始有些犹豫，你就该立即把握机会，主动进攻，你可以动之以情——比如说你目前正急需用钱等，而且应该把主题紧紧环绕在上司、你和工作之间。同时也注意一下，上司是否知道你在目前已着手进行一些新的计划，或者你正解决一些棘手并且延置很久的任务。

在任何情况下，千万别质疑上司所做的判断，你应该假定是在非常困难的情况下，做了这个决定，而且你应该尊重这个决定。重点已经不在上司是否应该开除你——因为早已决定。而在于你是否能让上司知道一些他应知道的信息，以重新评估你。你在此刻最需要的，也是你极力争取的是“一个重新评估的机会”，如果可以，尽量利用这段时间，努力争取起死回生的机会，或立刻开始找新的工作。

对策二：让老板离不开你

老板有各种类型，有的表情严肃，对下级要求非常严格；有的表面上道貌岸然，却心存不正；有的疑心很重，很容易误解下属；有的嘴上说得很好听，却不切实际…… 总之，老板也是十人十样。面对这些老板，你应采取什么样的对策，才能征服他。使你在他的手下站得住脚？这的确是个大学问。日本的邑井操先生提出了一些可行的办法，我们将其归纳为 11 个要诀，你不妨试试。

一、讲究效率，让老板确认你是个能干的人

首先，你应该以你认真的态度表现给他看。

企业界是个最讲求效率的世界。如果你做事慢慢吞吞，经常都无法提高效率，那么，无论你心地如何善良，或工作态度如何认真，老板也不会看重你。

一旦被人认定是慢吞吞的懒惰虫、萎靡不振的好好先生、只会说恭维奉承话、爱发牢骚的人，就很难翻身了。

如果你对老板委托你办的事，能够顺利完成，然后你再问老板，“还要我做什么?”这样一个接一个地自己找事做，相信老板一定会信任你。

二、尽你所能，主动替老板分担重担

身为老板的人，每天都为了工作而忙碌不休，深感责任重大，所以，当他们发现无法顺利进行工作，而又肩膀僵硬、眼睛发花、白发渐多时，便感到不安。他们很想摆脱这种处境，经常在寻找能让他放心委托工作的部下。如果有谁是只要告诉他要点，就能很顺利地去处理工作的下属，老板派他工作，心里不知要轻松多少。但实际上，这种下属也并不容易找到。大多数人都是稍微批评两句就不高兴，并说出一大堆理由来反驳的人。于是，老板难免失望。所以，当部下真正了解了老板的这种期望时，能担起老板所负的重担，老板一定会惊喜地说：“你真是个好帮手!”希望大家能努力试试看。

三、不需献媚，只要彻底完成分配给你的工作

部下不听从命令，使得工作不能按时完成，是最使老板恼火的事。大部分的老板，负起责任既重，数量又多的工作，常常累得喘不过气来。因此，他很希望自己的部下能分担一部分工作，并且你的工作也是根据你的能力派定的。他们会在心里盘算，当部下完成这项工作后，再分派些什么工作。这样一步一步地计划下去。

可是，部下一旦不能按照老板的命令去执行工作，而破坏了他好不容易才订出的计划。不仅老板对自己应负的责任无法交代，甚至还要付出更大的代价。结果，由于部下的不认真，使得老板陷入困境。这时他当然会发怒。

我们并不需要献媚老板，只要彻底地完成分配给自己的工作，就是让老板最高兴的事。

四、公私分明，千万不要因为过于亲密而太随便

老板的地位和你有相当的差别，如果年龄差距又大，当然他就会彻底地把你当作小辈看待，同时你也会觉得老板不易亲近。然而，如果老板的年龄和你差不多，并且又是独身，那么，你就会很容易产生轻视他的心理。更重要的是，这种心理很容易被老板敏感地察觉。因此，你必须注意。当一切都很顺利时，这种心理还不至于产生恶果，万一双方有摩擦发生，老板会认为："这个家伙，在我面前竟敢如此自大，真是太无理了。"

所以，假定你的老板是独身，并且年龄比你大不了多少，你仍然该尊重他，同时经常保持相当的距离。千万不要因为过于亲密而太随便，或者轻视他。否则，你的老板一定会认为你是公私不明的人，或把你当作不成熟的人看待。

五、主动建议，不要计较事情的成败

对公司提出意见、建议，是一个职员应有的责任。虽然自己提出的建议自认为对公司有帮助，却也不一定会被采用。

此时，你应该想到，公司并不是一个人的。

"公司有公司的眼光，公司有公司的立场，还是慢慢来吧！"要有这样爽快的心情才好。

虽然自己的提案被否决了，你并不因此而耿耿于怀。这才是得到老板信赖的好办法。

“他的提案被否决了，却没有丝毫不满，真是个心胸宽大的好青年。”有这种好评，就可以说虽然你的提案被否决，然而你却获得了他的好感，这对你的将来不是十分有利吗？公司方面也许会期待着你下次的提案！这样，以后你还有许多提出建议的机会，同时推销自己的机会也绝不会少。

六、尽量发问，遇事多和老板商量

你是不是常常向老板询问有关工作上的事？或者是自己的问题，有没有跟他一起商量？

如果没有，从今天起，你就应该改变方针，尽量地发问，一个未成熟的部下，向成熟的老板请教，是理所当然的。千万不要想：“我这样问，对方会不会笑我？我是不是丢了脸？”如果你这样想，那就太多虑了。有心的老板，都很希望他的部下来询问。部下来询问，就

表示他在工作上有不明了之处，而老板能够回答，才能减少错误，老板也才能够放心。

如果你假装什么都懂，一切事都不想问，老板会觉得："这个人恐怕不会是真懂"而感到担心。有时，他也会把你叫来确认一下。当老板还没把你叫到跟前，你先主动去问比较好。

说到"商量"，很多人都会联想到自己的事情。假使你有迷惑不解的事、苦恼的事，应该尽量与老板商量。

除了金钱以外，任何事都可以提出，诸如工作上的难题，家中的困扰，男女感情的苦恼都可以跟老板商量。你的老板，必定很喜欢能敞开心胸，有事能和自己商量的部下。

征服老板的一个好办法，就是尽量接近老板，造成相互之间能彼此理解的关系。尽量设法让老板处处关心自己，要以行动表现出"我什么事都依靠你"的心态，老板自然会对你的事情格外留心。

老板因为你把他看作可靠的人而感到满足，而会想到要使自己成为更可靠的人。让老板依照你的想法而行动，这是征服老板的要诀。但是，千万不要要计谋，要以真心诚意去对待他。即使你依赖他事情仍不能顺利完成，你也不要怨他、发牢骚。只有这样，你才是真正能够操纵老板的人。

七、同情老板，设法解除他的忧郁

老板的脸，有时也会因叹息而改变。究竟他为什么叹息呢？当然，原因很多，但原因之一是部下不了解他。

无法让部下了解自己意图的老板，难以指挥领导部下。

如果各位能让老板觉得："这人在设法了解我"，这时正处于孤立而忧虑状态的老板，可能就会接近你。这时候，如果你能很温和地对他说："我想你的这种做法，大家恐怕难以接受。"除非老板是傻瓜，否则他一定会同意。

此外，你极有可能成为他的谏言者，而被他所信赖。倘若他的忧郁因你的话一扫而光，他一定会很感激你，我想，那时候你一定会觉得幸运。你若能做到这一点，你就是个有相当修养的人。

八、不要逃避，设法帮老板渡过难关

老板的脸，如果因苦恼而改变时，大概就是他的工作不顺利的时候。当一个人在拼命工作、朝思暮想，而工作却不能顺利完成时，总是会忧郁的。老板会因为部下没完成任务而苦恼，也会因自己肩负责任的重大，而消沉。

然而，大多数的部下，这时都表现出对老板的逃避态度，避免看他的苦脸。有些人甚至认为这与自己无关，而全然漠视。也有些人心情比较轻松，不逃避，也不表示关心。想设法替老板解决苦恼的人，必须有勇气。除非是心地善良的人，否则就做不到。所以，有这种想法的人，具有相当了不起的素质。

如果你是这样的人，你一定会把老板因苦恼而扭曲的“鬼脸”设法变成人的脸。为什么老板的工作不顺利呢？自己是不是可以替他办到？能不能帮他的忙？积极地去接触老板，对他说：“请让我来帮助你”，像为自己的亲人做事一样地为他努力。

不管事情的大小，一旦你的老板陷于苦恼中，对主动提议帮助他的你说：“谢谢，那么这件事我就拜托你了。”而你也回答：“好的，让我试试看！”而接受下来。这时，我相信你的老板一定会非常感谢你。

九、细心观察，在老板情感最脆弱的时候去安慰他

老板的脸，会因遭遇到不幸或霉运而改变。万一某事失败了，他们心中的悲哀，远远不是你这个身为部下的人所能够想像的。由此可知，当老板的人，在表面上看来似乎很荣耀。事实上，他们却都是站在严峻的地位，努力地奋斗着。工作上的事完成以外，在家庭中，他

们也肩负着很重的责任。

如果他身体健康，精力充沛，在工作上也很得心应手，公司里的人都认为他很有前途。可是有一天，他突然显露出悲哀，那么一定是家中发生了问题。他虽不说出来，一直努力抑制，可是，自然而然地会在脸上流露出苦恼的表情。你对这种微妙的脸色和表情的变化，不能不予以注意。

在老板情感最脆弱的时候去安慰他，这才是部下应有的体谅和善意。

十、多“施”勿“受”，帮助老板应不图报答

不管是什么情况，要“先施后受”，这虽然很难做到，但我们不应将帮助别人的事牢记在心里，最好把它忘掉。如果常常将它挂在嘴边，“那时候我曾帮助股长，……”股长也会觉得不高兴。如此一来，你对他的帮助，就会化为过眼烟云。为别人所做的好事，如果能被其他人知道了固然好。但是，我们总的来说不应该要求这样，只要获得良心上的满足就行了。为了老板能顺利完成任务，自己主动地去帮助他，千万不能要求回报，或要求对方酬谢。否则，自己所做的一切努力都会变成零。

还有一点很重要：即千万不要凌驾于老板之上。头脑好的人，总想出风头，这种人往往会导致老板的反感，对他敬而远之。

十一、保持冷静，当老板指责你时能够自我反省

不管是当任何人的下属，如果挨骂，或受到警告、指责缺点时，大家心里都会不痛快。但是作为下属，你必须保持必要的冷静，多想想为什么，然后找到应对的策略。因为当场发作可能会让你有发泄的感觉，但是除此以外没有任何好处。

对策三：给自己留条退路

当你发现自己有可能被炒鱿鱼的时候，除了做进一步努力以外，也不能对老板抱太大的幻想。这个时候你就应该为自己准备一条退路了，总不能坐以待毙啊。所以，你应该留意是否有你合适的工作。但是工作也不是说找就能找到的，而且又不能让老板知道，如果这样，无疑是为自己的被炒撒下了催发剂。

近两年职场上流行一句话：金九银十跳槽月。找好了目标，接下来就是面试，顺利闯过这一关，无疑就是迈出了成功跳槽的第一步。

一份完美的简历。是求职者的“第一形象”，以下要素不可或缺：

内容完备　一份完整的简历应包括个人基本信息、教育背景、工作简历、突出成就及相关特长等，右上角是一寸免冠照片。此外，后附学历证书等的复印件。

格式规范　简历应当打印，除了格式的要求，还应注意不可有错字、病句等语法错误。

真实可信　为获取工作提供虚假或夸大的信息，即使幸运骗得一时，不可能永远不露马脚，严重者可能令职场生涯蒙上污点。

突出近况　用人方可能会更关心求职者最近3年的经历，而非五六年前所从事的工作。

无可挑剔的形象　做到这点未必需要出众的长相，重要的是掌握以下原则：

清新淡雅的化妆　除非你是去应聘模特儿之类的工作，否则浓妆艳抹是绝对不该出现在面试场合的。

整洁利落的发型　头发首先必须清洁，发型决不能过于前卫。如果觉得披肩发易显凌乱，可以梳一个简单的马尾辫。

正式的着装　面试应着套装或其他正规的职业装，无论短裙、长裙或长裤，都应端庄大方。鞋子以浅口皮鞋为宜。

细节不容忽视　诸如衣领是否清洁、指甲是否干净、皮鞋是否光洁、丝袜有无抽丝、口腔有无异味等，都是会影响整体形象的细节。

得体的举止　注意坐、立、行走的姿态以及待人接物的必要礼节。

必备的语言技巧　面试官的基本问题不外围绕以下几点：

离职原因，此时最忌说原先的单位不景气之类，可委婉地说想换个发展环境。另外还可说“仰慕”于这家单位，所以前来应试。

以往的工作经历此时不可泛泛而谈，应事先想好自己工作以来最得意的成绩、最难忘的经历以及最近的一次升迁等，在适当时机把这些“资料”用上。

对新工作的认识　面试官可能会问及对新工作有些什么认识，并且会把压力说得较大，以此看你的反应。盲目地说有信心并不会使人信服，不妨谈一下自己以往与此相关的资历，先打个铺垫，然后再表示出自己的谦虚好学和迎接挑战的勇气。

有关特长爱好　此类问题不外是考察面试者的个性倾向及素质优势，注意要有针对性地描述。比如应聘职位如果是销售经理，就不应把自己描述成一个内向羞涩之人。

总之，力争在自信与诚信之间，机智坦诚地与考官交谈，通过面谈这一关。(文/王雪彤)

第十四章　老板翻了脸

别看老板平常总是带着微笑，但是说变他就变，上午还是阳光灿烂，下午可能就是晴转多云，说不定还会有雨加雪。别认为我在开玩笑，当老板跟你动真格的时候，恐怕会让你惊慌失措。相信有许多员工已经领略过这其中滋味。愤怒、冲动、失落？事实证明，谁沉得住气，谁就会笑在最后。

案例一：违约金花样多

春节过后是大学毕业生第一轮签约高峰期，而准备跳槽的职员也在拿到了年终奖后，到早已落实的新单位报到签约。照理说，能签约就算不错了，可偏偏有不少求职者还没和单位签约，就开始关注违约金多少的问题。

“毁约心态”之所以在求职者中蔓延，大多由于已经收到的 offer 要求马上签约，但是考虑到之后可能还有其他更好的求职或深造机会，求职者只好先签约再毁约。他们甚至把毁约当成了求职中的一个程序，并且仔细衡量其中的风险和成本。

你认为，在签约前就关注违约金有必要吗？提早关注违约金，对你的求职产生了什么影响？

违约金的花样多（严晓旭，27 岁，行政人员）

不是处世特别老道的人，要不是想跳槽，根本不会关注违约金。

现在这份工作是我研究生一毕业就找到的，一签就是三年。这份

当时看来还不错的工作对现在的我，已没了任何挑战性。我悄悄出去面试过几次，前不久，收到了其中一家挺不错的公司的 offer。我这才跑到人事科询问有关违约金的问题。

对于违约金，我的心理价位是 1 万元或 2 万元。没想到，我们的违约金是每个月从工资中扣除的 400 元风险基金。合同到期时，这笔钱会还给我们，但如果中途跳槽，便成了违约金。那时离合同到期没几个月了，跳槽最不合算，横想竖想，只得作罢。如果早知道违约金这样算，我就不用动跳槽的心了，弄得白高兴一场。

吃了不少苦头（江烽，25 岁，销售人员）

到现在为止，我换过两份工作，其中波折很多，而且很大一部分原因都和违约金有关。这违约金，要是不问吧，心里总觉得不踏实，但问了吧，结果又给用人单位留下了把柄。

第一次求职的经历非常恼人。我在得到了试用通知后，草签了一份试用合同，不过当时经验不足，没有关注违约金。好一阵子之后，单位迟迟未和我们签约，一起试用的人被单位一一解职，我慌了。朋友提醒我应该和单位谈谈违约金的事，暗示单位要求签约。结果，人事经理的一席话让我彻底觉悟，他说："我们这里不讲究违约金，你要走就提前通知我们，我们不要你了也会提前通知你的。"他们根本没想和我签合同。

所以，第二次求职时，我多长了个心眼儿，只是又出了岔子。在最后签约前，和人事部经理讨论合同细节时，我硬着头皮提到了违约金。只记得他当时颇含深意地看了我一眼，我最终没有得到几乎到手的 offer。后来听那里的员工说，那几年正巧刚进公司就走的人很多，老板用提高违约金来约束员工随意跳槽。我在面试时就提违约金犯了大忌，让老板很容易联想到我有跳槽打算，当然没机会了。

哎，到现在为止，我还不知道究竟该不该问违约金。

以前干工作讲究的是“干一行爱一行”，而现在年轻人追求的是“爱一行干一行”。要跳槽，违约金是不得不考虑的问题，所以在签约时关注一下违约金很有必要。一旦公司开出的是非常苛刻的违约条件，那么在签约时还真得认真考虑才行。

案例二：要走人，把你档案扣

某计算机公司的冯先生最近刚刚结束“档案之战”。研究生毕业后，他与一家计算机公司签订了 3 年合约，但工作不满一年，冯先生发现公司管理混乱，发展空间极其有限，于是想要“跳槽”。

但如果他与公司解约，公司将扣留其档案；如果想拿回自己的档案，他就要支付几万元违约金，几乎相当于他一年的收入。无奈之下，冯先生只好在近一年的时间里暗中为另一家同行企业工作，一年后他又交了一万元违约金才与原公司正式解除合同，拿回自己的

档案。

经过如此波折方拿回自己档案的冯先生，愤愤地对《财经时报》记者说："原本是向公司提出辞职，可就因为这一纸档案，不仅两个月的收入白白流失，而且还与公司彻底闹翻。"

冯先生的经历并非个别现象，近年来，随着人才流动的日趋频繁，员工与用人单位之间的纠纷也开始增多，很多员工在办理辞职手续时，经常会因档案问题与单位发生纠纷，一些员工甚至因为原单位扣押档案而影响了重新就业。还有一些员工由于没有精力和时间为档案的事情与原单位打官司，于是索性放弃档案，但却因此蒙受福利待遇等方面的损失。

企业的苦衷

韩先生是一家企业的HR经理。他认为，企业实行的人才档案政策有企业的苦衷，公司在和应届毕业生签约后，为他们解决了北京户口，调动了档案，但他们中很多人在工作一段时间后就跳槽或出国了，给公司造成了一定的损失。因此，企业也是在吸取了教训后才做出这样的决策：与他们一次签订3～5年的劳动合同，并附以高额违约金和档案为限制。

除此目的外，还有一些企事业单位，这样做是为了留住本单位的业务骨干，他们认为找一个适合某职位的优秀人才并不容易，而薪水又不可能无限上涨，因此，只好依靠长期签约和档案来制约。

加拿大可锐管理咨询公司的首席咨询顾问卞秉彬对《财经时报》记者说，表面上看，企业以档案和违约金挽留员工的做法，减少了企业的替换成本或暂时留住了一些优秀员工。但从长远看，这种做法对企业的形象和权益却有相当大的损害。因为那些留下来的员工如果想辞职，就会提前打好"包袱"或暗渡陈仓。暂时走不了的还会把企业没有把握好的资源、知识转移到自己的手里，为自己的辞职或被辞退

做好准备，这种企业与员工在完全对立情况下建立起来的合作关系，人的价值不可能被充分开发出来，正所谓“强扭的瓜不甜”。这样的策略也会将一些优秀人才拒之门外，使企业蒙受更大的损失。

真正的留人之道

卞秉彬认为，现代人力资源管理专业已把挽留员工作为一个重要课题列为人力资源管理的三大核心问题之一。科学的留人方式应当是在企业内部建立一个员工挽留机制和体系，这个体系分为三部分：

第一部分，要及时筛选哪些是企业应该留的和不应该留的人；第二部分，对那些应该留而却不想留下去的人要有一个报警机制，以便有针对性地制定挽留和防范措施；第三部分，是要建立企业的知识管理系统，以防止在员工流失过程中企业蒙受不必要的损失。

在人力资源管理理论中有一个著名的“雷尼尔效应”，说的是美国西雅图华盛顿大学教授的工资与美国教授平均工资水平相比，要低20%左右。但教授们之所以愿意接受较低的工资，是因为西雅图位于太平洋沿岸，华盛顿湖等大大小小的水域星罗棋布，天气晴朗时可以看到美洲最高的雪山之一——雷尼尔山峰，开车出去还可以看到一息尚存的火山——海伦火山。他们为了美好的景色而牺牲了更高收入的机会，这被华盛顿大学经济系的教授们戏称为“雷尼尔效应”。

这表明，华盛顿大学教授的工资，80%是以货币形式支付的，20%是由良好的自然环境补偿的。美丽的景色也是一种无形财富，它起到了吸引和留住人才的作用。

美丽的西雅图风光可以留住华盛顿大学的教授们，同样的道理，企业也可以用“美丽的风光”来吸引和留住人才，而企业中的“美丽风光”，不仅是自然界的风光，更重要的是企业良好的文化氛围和举措。

当然，除了靠企业文化留人，企业的刚性措施也不可少，即软硬

并举，而管理最后的课题其实就是软硬度的拿捏，越是科学、先进的企业，其软硬度的拿捏就越顺应时宜，而不是仅仅依靠简单、刚性的手段来挽留员工。

案例三：与老板过招我笑到最后

无端被炒，被逼无奈去创业

大学毕业，在同学们羡慕的目光下，我独自登上火车，来到位于深圳的精典广告公司工作。根据之前的就业协议，我要在三个月的试用期后，才能正式成为该公司的员工。

精典广告公司是深圳一家老牌广告公司，员工待遇不菲。为了能顺利渡过试用期，我以年轻人特有的万丈豪情，忘我地工作着，对于三个月后的转正我充满了信心。

这天，公司老总黄凯突然把我叫进办公室："小王，有人告诉我你和小杨的关系非同一般，你怎么解释？"小杨？就是那位瘦得像竹竿，整天对着镜子画眉毛的老总秘书？我想起来了，我帮小杨修理过电脑。小杨为了感谢我，请我吃过一顿便饭。我正要解释，黄总说："你不用解释了，作为一家老牌广告公司，公司内部是不允许此类事件发生的。这是你三个月的劳动所得，请另谋高就吧。"就这样，我被老板一个莫名其妙的理由炒掉了。

当我含泪告别同处了三个月的同事大刘时，大刘紧紧地握住我的手说："小王，别难过。你是有能力的。放心去闯，挺不住了就来找我。"我感激地点了点头。

这天晚上，我正躺在床上看报纸，忽然听到有人敲门，我警惕地问了声："谁呀！""是我。"是大刘！我立即打开了门。一进门，大刘急急地说："小王，你也甭找工作了，不如咱俩合伙干！"原来，黄凯

把大刘的广告提成吞了一半。大刘找他理论，没想到他把桌子一拍，说要全拿就走人！大刘一急，辞职了。

令人惊讶的不是大刘辞职，而是他竟找我这个初出茅庐的大学毕业生搭伙创业。以我现在的条件……“咱们要摆脱别人的控制，最好的办法就是自己当老板。”大刘的话打断了我的思路，“我想好了，钱咱一人出一半，手续方面我来解决，效益五五分成。怎么样?”

最终我征得了父母的同意，从银行取出父母准备养老的5万元钱，和大刘一起着手筹备自己的公司。公司办公室是大刘叔叔家的住房，房里水电气电话互联网五通，既是住房也是办公室。反正是创业初期，我和大刘既是老板也是员工。

大刘不愧是老手，区区几天工夫，就让我们的“铭阳广告公司”挂了牌。公司虽然开张了，然而10几天过去了，却没有接到一笔生意。我和大刘此时才深深体会到“创业难”的真正涵义。

商海无情，勾心斗角真惊险

机会姗姗来迟。华明集团要在附近开一家大型超市，需要一家广告公司为其做宣传策划。消息一传开，竟有包括精典广告公司在内的9家公司参与投标。除了我们的公司是新开张的外，其余8家都是深圳的老牌广告公司。

这是一笔大业务，因此各个广告公司彼此都在暗暗较劲。据说精典广告公司为了这次投标，从策划到撰写计划书，都由老总黄凯亲自出马。

华明的老总在仔细看过我们的计划书后说：“你的计划书观点是很吸引人，但如果按照你们的计划进行的话，似乎要冒很大的风险。”大刘走上前去说：“总经理，我们策划的主题是‘便宜’。东西便宜才会聚集人气，这也符合现代人的消费心理。”华明老总听着大刘的话，脸上没有一丝表情。大刘继续解释道：“按照我们的策划，把销售方

式分为两大类，即普价日和特价日。我们可以把周六和周日定为特价日，对部分商品进行打折让利销售，并且持续一段时间。一旦在百姓脑中形成了周六、周日来商场购物有优惠的概念，那么，我们就成功了。”

对方默默地思考了一下说：“刘先生，按照你的观点，如果消费者都是周六、周日来购物，那我们还有什么利润可赚?”“老总你放心，当然不会出现这样的情形，只要人们对你的商场有了好感，我深信老百姓不用等到周六、周日，也会来惠顾你的商场。只要有了人气，赢利是迟早的事。”大刘自信地说。华明老总和身边其他几个人商量了一阵，然后说：“刘先生，谢谢你。我们会在9家广告公司中选择3家入围。一个星期内我们会来信通知你们最后的结果。”

接下来的日子，就是苦苦地等待。第5天，一大早，邮递员送来一大叠信，其中有一封，上面印着“华明”的商标。我一把抢过来，迫不及待地拆开。信是这样写的：“经过本商场集团内部研究决定，精典广告公司、三鑫广告公司、铭阳广告公司三家公司初选入围。本公司将根据上述三家公司的表现，最后选定一家公司为我们服务。如果贵公司对你们的广告策划还有补充，请在两天之内传真至我公司。最后预祝贵公司取得最后的成功。”激动过后，大刘拍了拍我的肩膀说：“别高兴太早，这还不是最后的胜利。”

是呀，这是一个喜忧参半的消息。喜的是我们初选入围，至少有三分之一的机会可以取得最后的胜利；忧的是我们对此没有丁点胜算，黄凯也在我们的对手之列，竞争很残酷!

此时，精典广告公司的黄莉好心告诉我们：“黄凯已经和三鑫公司结成联盟，只要不让你们胜利，他们谁胜利都无所谓。”看来黄凯完全是冲着我们来的。

拨云见日，苦尽甘来见新天

这天，我和大刘正在看报纸，忽然传真机动了，我扯下传真一看：铭阳公司，请于明日上午9点来本公司共同策划广告一事——华明商场集团。

我们中标了。

次日早晨，我和大刘来到华明总经理办公室，老总微笑着说："恭喜你们，你们公司中标了，预祝我们合作愉快！"随后，我们一同落座，向老总询问了我们心中留存很久的疑问："为什么你们放着老牌公司不用，独独选择我们这家刚刚成立不久的新公司？"

老总说："这是我们公司经过细致考察和反复讨论才决定的。事前我们了解到，刘先生和王先生都曾是精典公司的得力干将，因为种种原因辞职出来创业。我们又得知贵公司挂牌才半个月，我们是贵公司的第一位客户。贵公司要想一鸣惊人，必定会全力以赴，对我们来说，是一件好事。"接着，他从抽屉里拿出几封信函说："这是有关你们两人'劣迹'的匿名信，由此可见，两位的能力足以让你们的同行嫉妒和恐惧。"

没想到黄凯对我们的陷害，反而成为我们最后制胜的催化剂，这真是莫大的讽刺。

在华明公司门口，恰好碰上前来打听情况的黄凯，黄凯阴笑着问："王先生，好久不见，近来可好？对了，贵公司是否中标啊？"我回敬道："黄老板，我很好，多谢你的栽培，我们中标了。不过我要提醒你，你的手法实在让人不敢恭维。"说完，我转身离去。

我们和华明公司的合作非常成功，使"铭阳"这块牌子成功地打入广告界，声名大振。客户纷纭而至，几乎挤爆了我们那家小办公室。半年后，我们的办公室也搬进了豪华写字楼。回味过去近一年的艰苦创业史，我想告诉那些和我一样正在四处打拼的朋友：创业之路困难重重，成功贵在坚持。坚定信念就一定会有收获。

对策一：与老板玩“猫鼠”游戏

进入知识经济时代以来，老板（上司）与员工（下属）之间的关系发生了很大的改变。就像迪斯尼动画片《猫和老鼠》完全颠覆了人们印象中传统的猫鼠关系一样，如今的老板，虽然还是那只能够在一定程度上决定下属“生死存亡”的“猫”，但“老鼠”们显然拥有了更多的选择机会，因而与老板的关系也就有了很多种可能的演绎方式。有时候，“老鼠”甚至也能“反咬一口”，让老板难受一下呢。

怎么样？有兴趣与你的老板（上司）玩一场新的猫鼠游戏吗？以下这些招数可不是我瞎编的，而是无数聪明的“老鼠”在实践中钻研出来的。

一、最常见的一招：炒老板鱿鱼

去年听到的最大快人心的一条消息是这样的：英国一家银行的12名职员买彩票中了750万镑头奖，当即一齐走到老板的房间，宣布炒他的鱿鱼。在12名幸运儿当中，有初级管理人员，也有一般柜台及文书职员。鉴于每人可分得62.5万镑的巨款，所有人都认为可以抛弃现有的工作，便决定集体辞职。

彩票当然不是人人能中的，炒老板鱿鱼这一招却是人人都可用的。当然，要炒得潇洒得意，毫无后顾之忧，却只有那极小极小一部分的“牛”人。David就是这样的人。David大学毕业后自学计算机，而且学到后来比科班出身还要精深，自从拿下了思科的CCNA认证之后，他就压根儿不愁找工作了，总是工作找上门来，而他却要为怎么开口炒原来的老板鱿鱼而烦恼。

二、最过瘾的一招：挑老板毛病

某杂志曾经以“你最不喜欢什么样的老板”为题向50位白领征

询看法，结果收集上来一箩筐意见，历数老板的种种致命缺点。其中，骄傲自大，刚愎自用，不懂得充分授权和信任下属被提到的次数最多，超过了对老板个人能力、公司管理各个方面，甚至员工个人利益。名列第二的是企业领导者个人的头脑、判断力、有无长远目标、规划及发展战略。而其他领导者必备素质也在调查中有所体现，例如对员工利益是否关心，能否做到不把个人利益置于企业利益之上，是否具有人格魅力、诚信意识等等。

“事无巨细，婆婆妈妈”、“功劳算自己的，过失算下属的”、“目光短浅”等尖酸刻薄的话常常是白领在背后对老板的评价。可是，牢骚归牢骚，老板终归是老板啊，所以说这一招只能过过嘴瘾，于事通常无实质性帮助。

三、最厉害的一招：取代老板

总是抱怨上司无能吗？常常说“如果我是他，会如何如何……”这样的话吗？为什么不考虑取而代之呢？这不是教你“阴谋篡权”，你大可不必有大逆不道的担忧。论资排辈的时代已经过去了，现代企业大多讲究“能者上，庸者下”，一切靠效益说话，如果你真的有能力，怎么能容忍一个不如你的人在你头上指手画脚呢？

四、最英明的一招：与老板做朋友

在一家知名民营企业给高级副总裁做秘书的 Lily，近来深感她与老板之间建立的友谊十分可贵。工作中更容易沟通了，相互间的交流多了，老板的意图也更容易理解了，Lily 处理事情自然更加得心应手。工作之余，老板还请 Lily 看电影、吃饭，当然，老板夫人也是在场的。

要记住，老板与你打成一片并不表示你可以忘乎所以。同事聚会上或私下交往中，他可能会非常和蔼可亲，但是老板就是老板，你要提醒自己在次日的工作中仍要保持平日的职业性。

五、最勇敢的一招：嫁给老板/娶个老板回家

别想歪了！这里丝毫没有叫你去“傍款”或挖老板家墙脚的意思，而是鼓励你大大方方、光明正大、心无杂念、问心无愧地与老板谈场恋爱，最后嫁得如意郎君或者赢得美人归。

这一招的绝对有效性来自对两个有利因素的考虑：一、办公室是天然绝佳的恋爱场所，还有哪个公共场合像办公室这样为一对相互倾慕的男女提供了如此丰富的朝夕相处机会呢？二、老板越来越年轻了！不要说钻石王老五比比皆是，那么多知性美丽的独身女主管、女经理也如花一般盛开在办公室里啊！

对策二：建立好人缘

“一个篱笆三个桩，一个好汉三个帮”，确实是至理名言。好的人际关系对一个职业人来说非常重要，它将决定你在一个地方是否能生存，能发展。在这里，我就不大谈特谈人缘的重要性了，许多人都能够明白这个道理。那怎样才能建立好的人缘关系呢？

新到一个公司，你首先要做的就是在最短的时间内融入这个集体，避免受到排挤和孤立。如果你是一个已经置身白领职场或是正准备投入其中的白领，对搞好同事关系的“游戏规则”就要有更多的了解，才能与他们和谐相处，并从中享受到融入集体所带来的好处和乐趣。

一、调整心态，不把同事当“冤家”

同事之间应该是相互合作的关系，而不是相互竞争的“敌人”。很多人会抱着这个成见，把同事当作阻挡自己前途的人，这样的话你一定难以在办公室里立足，更难以发展。只有互惠互利的关系才可能长久，这是你融入集体而这个集体也接纳你的一个基本前提。

不过问他人隐私

社会复杂，每个人为了保护自己的安全，有许多事情是不希望别人知道的。每个同事都有自己不希望为别人所知道的隐私，即使是最要好的朋友，也有不该知道的私事，何况是同事之间呢？所以就不要轻易地打听一些别人的生活状况，除非对方自己主动向你说起。过分关心别人隐私是无聊、没有修养的低素质行为。

不要把个人感情带入办公室之中

你有自己的好恶，对很多事物的看法和观念都带有自己强烈的感情色彩，但要记住切勿将此带入办公室的同事之中。对于和你看法不

一致的，你可以保持沉默，不要妄加评论，更不能以此为界，划分同类和异己。为了工作，最好能多点“兼容”。你的这种“兼容”会赢得同事们对你的尊重与支持。

二、提高兴趣，积极参加集体的娱乐活动

作为白领青年，大多是很懂得享受生活的。多挣钱，就是为了让自己的生活过得更有乐趣。所以在闲暇之时，可以与同事一起出去参加娱乐活动，比如唱歌、郊游、跳舞、泡吧等等，借此增加彼此间的了解与亲密。这不仅能让你获得更多的快乐和放松，稀释内心的压力，更有助于培养一个和谐的人际关系。

说话要有分寸，不能口无遮拦

因为大家都不是很熟悉，所以说话的时候必须注意分寸，不能想说什么就说什么，每说一句话之前，都先考虑一下是否合适。不同的场合，对不同的人，有很多话是不能随意说的，否则会给人留下轻浮、不庄重的印象。

三、经济上分清楚，AA 制是最佳选择

对于白领来说，都有挺可观的收入，加上乐于享受生活，所以会经常聚餐游玩，这时最好的处理方法就是采用 AA 制。这样大家心里头没有负担，经济上也都承受得起，千万不可“小气”，把自己的钱包捂得紧紧的，被别人看轻。

团结协作，彼此尊重

与新同事的共处应该注意彼此尊重、配合，只有做到了这一点，你才能得到更好施展你才华的机会，在竞争中求得发展。对于你的老板来说，他看中的是你的才能与创意能否在这个集体中发挥出活力，能否和同事融成一个整体，而不希望因为你造成了集体的不团结。对于周围的同事来说，他们更愿意与那些工作能力强、具有团队精神并且志趣相近的同事相处。不管做什么行业，都需要团队的配合，同事的团结。

四、自愿承担艰巨的任务

虽然每个部门和每个岗位都有自己的职责范围，但总有一些事无法明确地划分到个人，而这些事情往往还都是比较繁重的。这时你就该主动去承担下来，不管成功与否，这种知难而进的精神会让大家对你产生认同。很有可能你会因此成为这个集体所倚重的核心人物。

融入新集体，进入一个新的角色，这也是对自己的一个挑战。有了以上几样利器，相信你很快就会被新的集体所接纳，成为其中不可或缺的一分子。如果你真正地做到了这几点，老板哪怕再对你不满，也会投鼠忌器，不敢与你翻脸。就是翻脸了，输的也只会是他。（文/沈磊）

对策三：跳槽，要依法进行

人才流动是人才资源优化配置过程中的必然现象。但劳动者无论怎样流动都应依法有序地进行，否则将会承担相应的法律责任。

范某是私营企业 A 公司的技术人员，由于工作成绩突出，被公司送到北京、广州等地进行业务培训，范某不负众望，培训回来后成了公司的技术骨干。不久，A 公司与范某签订了一份聘任合同，聘任范某为技术科副科长，聘期二年，并约定，范某不得单方解除合同，否则赔偿公司为其支付的培训费用。

在聘任合同不满一年之际，范某在公司事务处理上与经理发生了严重冲突，范某即向公司递交了一份辞职申请，离开了公司，并到另外一家与 A 公司有业务竞争的私营企业 B 公司供职。A 公司得知情况后，要求范某回 A 公司上班，范某以已经提出辞职为由，拒不返回，相反还受聘 B 公司技术科科长的职务。

A 公司认为范某是本公司的业务骨干，掌握本公司的核心技术，

突然擅自离职，并且又受聘于有竞争业务的企业，给A公司造成了一定的经济损失。即向当地劳动仲裁委员会申请仲裁，要求范某和B公司承担因范某擅自离职而给A公司造成的直接经济损失8.6万元，并要求范某赔偿A公司为其支付的培训费2.82万元。

劳动仲裁委员会受理此案后，查明A公司所述事实证据确凿。因此经审理认为：范某与A公司具有合法的劳动关系，擅自离职，给A公司造成了经济损失，违反了“劳动法”和相关行政法规，应当承担因擅自离职给A公司造成的经济损失，并应赔偿A公司为其支付的培训费用；B公司明知范某与A公司尚未解除劳动关系，而予以招用，并聘其为技术科科长，依照1995年5月10日原劳动部发布的《违反劳动法有关劳动合同规定的赔偿办法》的规定，B公司应对范某的擅自离职而给A公司造成的损失承担连带赔偿责任。

据此，劳动仲裁委员会裁决A公司胜诉。范某不服仲裁裁决，向法院提出申请，请求法院撤销劳动仲裁委员会的裁决。法院经审理认为，范某的申请理由不能成立，遂驳回其申请，维持了仲裁裁决。

本案由于范某行使辞职权不当，不仅自己蒙受了经济损失，而且给新的用人单位也带来不良后果。那么，劳动者应如何正确行使辞职权呢？

劳动合同是劳动者与用人单位之间的劳动约定。一般情况下，劳动者一经与用人单位订立了合法的劳动合同，应当严格履行合同，不能随便提出解除劳动合同。在特殊情况下，必须解除劳动合同的，应按如下规定进行。

提前30日以书面形式通知用人单位。“劳动法”第31条规定：“劳动者解除劳动合同，应当提前30日以书面形式通知用人单位。”1995年12月19日原劳动部发布的劳办发［1995］324号文件规定：“劳动者违反提前30日以书面形式通知用人单位的规定，而要求解除

劳动合同，用人单位可以不予办理。劳动者违法解除劳动合同而给用人单位造成经济损失，应依据有关法律、法规、规章的规定和劳动合同的约定承担赔偿责任。”

依照原劳动部发布的《违反劳动法有关劳动合同规定的赔偿办法》第4条规定，劳动者违法解除劳动合同，劳动者应赔偿用人单位下列损失：(1) 用人单位招收录用其所支付的费用；(2) 用人单位为其支付的培训费用（双方另有约定的按约定办理）；(3) 对生产、经营和工作造成的直接经济损失；(4) 劳动合同约定的其他赔偿费用。另外，劳动者违法解除劳动合同，是劳动者的单方行为，劳动合同实际并未解除。按照《违反劳动法有关劳动合同规定的赔偿办法》，如果其他用人单位招收尚未解除劳动合同的劳动者，对原用人单位造成经济损失的，该用人单位应承担连带赔偿责任。

如果超过30日，用人单位不予办理解除劳动合同手续的，劳动者可向劳动仲裁部门申请仲裁。劳动者提前30日以书面形式通知用人单位，并不意味着劳动合同因此而自动解除，要解除劳动合同还必须办理解除手续。劳动者提出书面形式通知30日后，若用人单位拒绝办理解除劳动手续，劳动者可向当地劳动仲裁委员会申请仲裁。需要指出的是，如果劳动合同约定，劳动者首先提出解除合同要赔偿用人单位的某种经济损失，那么，在此种约定不违法的情况下，劳动者应当按约定赔偿用人单位的经济损失。

依照“劳动法”第32条的规定，在下列3种情况下，劳动者可以随时通知用人单位解除劳动合同：(1) 在试用期内；(2) 用人单位以暴力、威胁或者非法限制人身自由的手段强迫劳动的；(3) 用人单位未按照劳动合同约定支付劳动报酬或者提供劳动条件的。在上述3种情况下，劳动者单方解除劳动合同，不属于违法解除合同的行为。

就该案而言，如果范某依法行使了辞职权，他只会承担赔偿A

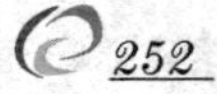

公司2.82万元培训费的责任，但由于其并未按有关规定行使辞职权，结果又承担了赔偿A公司8.6万元经济损失的责任。看来，炒老板鱿鱼也必须依法进行。

另外，员工在辞职后还应该承担一定的保密义务。

劳动法第22条规定“劳动合同当事人可以在劳动合同中约定保守用人单位商业秘密的有关事项”，按照原劳动部《关于企业职工流动若干问题的通知》的规定，用人单位与掌握商业秘密的职工在劳动合同中约定保守商业秘密有关事项时，可以约定在劳动合同终止前或该职工提出解除劳动合同后的一定时间内（不超过6个月），调整其工作岗位，变更劳动合同中相关内容；用人单位也可规定掌握商业秘密的职工在终止或解除劳动合同后的一定期限内（不超过3年），不得到生产同类产品或经营同类业务且有竞争关系的其他用人单位任职，也不得自己生产与原单位有竞争关系的同类产品或经营同类业务，但用人单位应当给予该职工一定数额的经济补偿。

有些人认为，只要提前30天通知用人单位，劳动者可以随时跳槽。其实这种看法是片面的，因为法律在赋予劳动者有跳槽选择工作的权力的同时，也对一些特殊的人物和特殊的情况做出一定的限制。随意跳槽遇到下列情况者，就可能吃“红牌”。

针对一些企业发现掌握企业机密的员工跳槽后泄密的现象，为维护企业的利益，上海市劳动局《关于实施〈上海市劳动合同规定〉若干问题的通知》（沪劳发9834号发布日期：1999年4月26日）规定，“对负有保守商业秘密义务的劳动者，用人单位与其签订劳动合同时，可以在合同中约定劳动者在劳动合同终止或按“规定”第24条提出解除劳动合同需提前通知用人单位，提前时间可多于1个月，但至多不超过6个月。在此期间，用人单位可以安排该劳动者转岗。”

如果违反了“劳动者解除劳动合同，应当提前30日以书面形式

通知用人单位”的规定，擅自离职，或者违反劳动合同中约定的事项，对用人单位造成实际经济损失的，应当依法承担赔偿责任。因此，企业应有保存好原始凭证作为证据的意识。

总之，在决定跳槽了之后，还是要善用法律武器保护自己，跟老板争取自己应有的合法权益，同时也不能太意气用事，以免造成不必要的麻烦和损失。

第十五章　该不该炒老板

“炒鱿鱼”不是老板的专利，老板也可以成为被炒的对象。但是炒与不炒不能凭自己一时的好恶，要不吃亏的是自己，该不该炒老板，一定要权衡利弊，好好把握。

案例一：阿南的跳槽故事

阿南是一个湘妹子。从照片上看，别有一种江南女子的山清水秀之姿。朋友介绍说：阿南是一个很不安分的人。毕业后是她们班跳槽频率最高的人，而今她那份工作已是第三份了。

辗转找到阿南，她倒很爽快，很乐意将她跳槽的喜乐忧怒与大家分享。

“我的第一份工作在湖南长沙，某高新技术企业，做新闻宣传，薪水千余元；第二份工作在广州，某国企，秘书，薪水2千元；第三份工作在深圳，某高新技术企业，秘书，薪水3千元。可能是因为我的专业和气质吧，找一份工作倒不是难事。对我来说跳槽难，最难是在搬家。”

“第一次搬家，是从武汉搬到湖南。当时我的行李是创下全班记录的：七个大麻袋。幸亏当时朋友多，倒也没费多少力气。但仅就收拾东西，就花了几天几夜的时间。”

“也正是这一次的轻松，给我带来了后两次搬家的痛苦。半年后，我南下广州，随同我的有一大堆行李物品。本来约好接车的朋友却不知怎么没来，我一个人孤零零地守着一大堆东西站在广州东站的大门口。一个多小时过去了，我再也不愿别人把我当盲流一样地看来看去，决定自己打的前往目的地。”

“司机把我送到目的地的一个天桥下。也就是说我必须自己负重过天桥。天知道我是怎样走过去的，因为大箱在天桥上不能滚动，我只能一级一级地提，好沉啊。而两个小包还在肩头不断地乱晃，虽是12月我却累得满头大汗。终于找到朋友，她原说可以安顿我的住处的。可等我到达，她又说：她们宿舍不能留宿，我必须自己再找地方住宿。不过在没租到房之前，她们学校的旅社可以暂时栖身。也只能这样了。我又老鼠搬家似的一点一点地将东西搬到她们学校旅社的六楼。那一间小小宿舍，每天15元，我租到的也就只一个铺位而已。每晚形形色色的住宿者回巢，宿舍乱得跟北方的大通铺似的。”

“找每一位相识者问有否房出租，业余时间也全花在看房上了，终于11天后我在广州赤岗找到了间农民房，又是一次大搬家。打扫安顿持续了两天两夜。我深深体会到出门在外的不容易。”

过了一段时间，我觉得在公司的作用太小，很多时候都是无所事事。四月份，我就又到了深圳。又是一次大搬家。”

“终于找到心仪已久的工作，又找定一处房子，在南山区，房内无它物，不得不又购置新床、新桌椅。深夜、浑身疲惫地躺在新家新床上，这才想起搬家的麻烦，不禁出了一身冷汗。我觉得自己就像一只脆弱的蜗牛，拖着一只越来越重的壳，渐渐地，我爬不动了。”

由此可见，跳槽也不是一件容易事，需要我们好好考虑、仔细思量。

案例二：红包太少，我要跳槽

年关临近，又到跳槽多发时节。辛苦熬过一年，是该审视自己职业定位的时候了。于是当一些人得知年终红包无望或者远不如预期时，跳槽之心便生。

凡事总是风险与机遇并存，跳槽尤其如此。跳槽者总是寄无限希望于未来，有时却难免事与愿违。而企业大多希望在年关留住人才，却也常常面临职员跳槽的尴尬。又到年关，你也正面临跳槽与否的选择吗？或者你是一个企业老板，正在运筹如何留住人才。那么请一起关注这个跳槽季节。

一、跳槽不是我本意

莎士比亚说：To be or not to be? This is a question! 是的，该选择跳槽还是不跳槽？真是个值得思考的问题。大多数跳槽者都希望通过跳槽带给自己一次全新的机遇，或者更大的发展空间，并摆脱眼下所面临的困境。而跳槽者的想法又常常是十分理想化的，一眼望到彼岸都是天高云阔，低头看看自己却只有满身疲惫。那么跳槽真的能够使你涅槃重生吗？答案却往往是不确定的。

网友 Bigwat 在论坛上留言道：其实年终跳槽也不是我的本意，我供职的是一家台资公司，这是我的第一份工作。我已经在这家公司待了 6 年半，要走还真的有一点儿不舍得。我跳槽的动机并不是为了个人更好地发展，而是因为对公司的某些做法不认同和对自身前景的忧虑。事情起因是从去年公司明确提出了“开源节流”开始。开始是拿员工的福利开刀，譬如：原先春秋两季的旅游减为 1 次，并由公司负责所有的费用变为自己出一半。今年年初，以调整工资为名减少了员工的薪金，在非典期间我的薪金只有正常情况的 1/3，非典过去后公司并没有履行承诺，只恢复到原来4/5。接着每个季度根据公司业绩发放的奖金也大幅缩水。公司出尔反尔的做法伤害了很多人，很多人都提交了辞职报告。

“虽然新人不断地补充进来，但新人不可能马上适应。留下来的人担子更重，工作积极性明显下降。尤其是实行加班费打七折的规定，严重影响工作的积极性。虽然我也有离开的想法，但当一家猎头公司找到我的时候我还是犹豫了。只想着‘节流’而不顾及员工的感受，只能使公司走下坡路。大批资深人员的离开，对于公司是大伤元气。但是毕竟我熟悉公司的一切，在6年里我随着公司一起成长，有很深的感情。但考虑再三还是选择了离开，毕竟我不想在一家不重视员工的公司任职，我同样也有选择的权利。”

对此，HR专家智联招聘资深顾问尹煊表示，为跳槽而跳槽是职业选择中的大忌。人都会有不开心的时候，也许有人会认为在企业里呆到头了，就该选择跳槽，那么在这个时候，跳槽者就需要对自己、对公司、对前景做出细致地分析。跳槽者应该问问自己，在现在的企业里，还能学到东西吗？或者是否还有发展的空间？尤其在年关时候，对人才来说最重要的不是新的企业有多好，而是找一家与自己最匹配的企业。

事实上，一般跳槽总会带来一些表面上更光鲜的机遇，比如薪金待遇，从而使得人才本身架高了自己的定位。一旦跳槽失败，就很难再回到原先的起点上，这样跌落的挫伤其实更大，也对今后的发展树了一道无形的屏障。

二、好企业与人才一起成长

除了机遇，跳槽总是与风险并存，对于人才来说，跳槽失败意味着挫伤；而对于企业来说，企业内人才的流失就意味着硬伤。现代企业都将人才定为企业最宝贵的资源，一旦员工跳槽频繁，势必对公司

的发展带来很大影响。有数据显示，招聘一个新员工企业需要付出4倍以上的成本，而如何留住人才更是一贯困扰经营者的难题。即使是世界500强的企业巨头们，也往往为如何留住人才而苦恼。如何留住并吸引更多人才正是眼下不少老总们苦恼的事情。

“一个好的企业总是能够与人才一起成长，一个稳定的企业里也不会有太多的人才流动。”上海赞禾电子产品有限公司总经理陈强这样说道。经营数年来，赞禾的发展十分稳健。在企业迅速做大的同时，中层以上的职员没有多少流失。那么陈强是如何来掌控企业内部的人才资源呢?

陈强坦言，在他的公司里，也许整个队伍在专业层次上并不具备5年、10年的经验，但是员工却与企业在一起成长。“我认为企业留住人才最重要的有两个因素，一是公司要有活力与创新力，能够让员工感觉到每年都会有更大的舞台提供给他们；二是企业文化或者说平时的工作氛围要亲切到位。”

“我自己是业务出身，比较喜欢给自己定一些阶段性的目标，整个公司也是这样，这些目标一般不会太遥远，一段时间以后员工就会与企业一起获得收获与积累。成就感促使大家不辞辛苦地拼搏，也许相比同类公司而言，我们所提供的报酬与薪水并不是最多的，但是公司所提供的舞台却必须与员工的成长相匹配，让员工时刻都感觉到有机会。”陈强说，“平时公司里的氛围也比较好，我特别注重一点：重视员工家人。只要员工的家人支持我们，公司的员工都能没有后顾之忧地投入到工作上来。因此，对于员工，我不仅仅是给予薪酬，更愿意提供关心与机会。”

公司应该像家庭，让员工感觉温暖，而不是单纯地靠年薪来留人，那样不是长久之策——这是陈强的用人观。事实证明他的观点得到员工的认可，赞禾的人才流失率很低，而上海一些公司仅凭年薪虽

然也能够吸引到人才，但是所吸引到的人才是否到位，人才对于企业的投入又是否尽心尽力都难以掌控，长久以往，必然会面临员工跳槽的尴尬。

三、跳槽原则：清楚自身定位

跳槽对于企业会带来伤害，对于人才却是一种抉择，但是这种抉择的风险也很大，一旦掌握不好，伤害会同时殃及企业与人才。那么你可知道，跳槽又存在哪些忌讳？

尹煊说，有的时候跳槽者未对自己有一个清晰正确的定位，往往在工作岗位上适应了 1 年不到就自认为都已经熟悉，可以坐到主管的位置。但实际上一旦真地坐上高位子，却发现有些事务还不是以自己现有的能力可以处理的。这种情况在就业时间不长的年轻人中比较多见。"有些人在工作上与同事之间与老板之间的矛盾，或者对工作内容没有兴趣，遭遇一时的不顺心，就认为现在的工作不合适，想到了跳槽，其实这样的跳槽动机是比较盲目的。在面临一些困惑的时候，先从自身找问题，并对自己重新进行定位，往往是比跳槽更好的选择。"

哲人说：人不应该只为了填饱肚子而匆忙寻找一份破坏生活平衡的工作，而钱也并不能作为抉择的依据，最重要的还是心灵和身体的平衡。其实从行业来说，跳槽并不分季节，只是年关更让人萌动。向左走还是向右走？或者只是该原地休息一下？跳槽者需要谨慎再谨慎。(资料来源：叶慧)

案例三：向左走？向右走？

得到就意味着失去。这个世界是公平的，你选择了一个机会，就意味着你必须同时放弃另外的机会。因此，很多人在面临几个工作机

会时，常常会犹豫不决，充满迷惘，从待遇到工作环境，从现状到未来前景，都要仔细斟酌。可百密一疏，你又如何知道将来会发生什么呢？当人们不得不做这个选择时，真是煞费脑筋。还是那句话说得好："我们不知道将来会做什么，但要是能知道现在干的事对将来可能会产生什么影响，就已经很了不起了。"

教师还是商人？34 岁的云龙，是一名计算机硕士研究生。去年他刚从北京辞职回家，原来一心准备移民加拿大，可加拿大那边始终没消息，最后不得不出来找工作。经过一番努力，他得到了两个工作机会。一个是在某内地省会做大学老师，月薪 3500 元，学校还给一套 80 平方方米的房子。另外一个机会是去广东某香港上市公司当管理人员，刚开始月薪上万元，以后可能会管理一个几百人的工厂并获得股份，或从事销售工作。

云龙面对这两个机会犯愁了。应该说两个工作都不错，当教师工作稳定，并有大量业余时间从事写作，而云龙是个写作老手，在圈子内还小有名气，估计几年后生活悠闲而富足没有问题。第二个工作的优点是工资高，并且今后完全可能在公司担当大任。但也存在不小的风险，谁都知道私企老板招聘高级人才最初是"蜜月"，可一旦工作失败，面临的可能就是解雇的命运。

其实，云龙以前虽然做过一些生意，也搞过管理，但从他面对机遇却畏缩不前、拿不定主意的表现来看，他是不适宜冒险的。做教师的工作似乎更加适合他，尤其考虑到他的年龄已经老大不小。至于赚钱，做一名计算机老师生活也不会差到哪里去。犹豫了好久，云龙决定搁置两个月再说。两个月后，原来极力要求他去的香港公司早已泥牛入海，云龙于是心安理得地做了一名教师。

跳到哪里去？从一所普通高校办的职工大学毕业后，小文在一家大型集团公司的外地分公司工作了两年多，分别从事技术、生产、生

产管理等工作。由于他工作努力而且成绩突出，短短两年多时间里，他成了那家分公司的生产总监。后来又被调回总部负责整个集团的采购工作，今年年初，小文再次被提升为一个重要的分公司总经理。

公司对小文提拔与培养，给他良好的发展机会，一直让他心存感激。但同时小文对公司也有些不满，首先是每周工作 6 天的制度，这使得小文根本无法做自己想做的事情，更没有时间学习和充电。薪水在同业内偏低，公司虽然不是家族式管理，但老板亲友在公司的一些做法也一直让人苦恼。小文虽然是采购经理，但老板的小舅子在其中

为所欲为，小文对他也只能听之任之，这让整个部门的工作一直不能规范起来。因此，跳槽谋求更大发展也显得日益迫切。

但问题是，究竟往哪里跳？自己的优势和缺点在哪里？这些小文并不清楚，顾虑倒是不少，首当其冲的便是学历问题，职工大学毕业的经历让他一直羞于出口。另外，自从毕业后一直在一家公司做，从未“挪窝”，是否就意味着自己没有工作经验或者工作能力呢？

小文的想法存在很大的误区。学历和能力的关系，不能绝对说没有，但学历终归是要经过现实检验的。他在工作中表现出色，就表示他能够胜任相关的工作，用人单位不会拘泥于学历低而将人才拒之门外。至于毕业后一直在一家公司工作，怕没有经验的担心更是没有必要。相对于频繁跳槽的人，这又何尝不是个优势呢！

然而，解决对工作现状不满、对选择迷惑这些问题倒在其次，如果小文想在今后有更高层次的发展，完全不必太急于跳槽。可以考虑让自己先休息一段时间，学习充实专业的理论知识。这样，丰富的理论知识加上原来的实际工作经验，一定能让他今后的职场经历更加精彩！

对策一：三思而后跳

经济和社会的迅速发展，客观上为今天的人才提供了更大的发展空间和选择自由，跳槽逐渐成为大多数人职业生涯中的必然经历之一。跳槽现象可能随时出现在我们身边，但由于天时、地利等各种原因，春天理所当然成为最适合跳槽的季节。

本来在一所大学教授英语的方小姐打算换到外企去工作。年前，她便向看好的几家公司投送了简历。果然，节后上班没几天，就有三家公司通知她去面试。方小姐说，之所以选择在春天跳槽，是想以一

个崭新的精神面貌开始新的一年，而且春天也有利于新旧工作岗位的交接。面对跳槽季节的诱惑与选择，有的人能够如愿以偿，越跳越高；有的人却闹得人仰马翻，重重摔一跤。如何做到理智跳槽？

一、三思而后“跳”

正规公司在招聘时对应聘者的资历背景一般都有严格的要求，他们不喜欢频繁跳槽的应聘者。某知名企业的人事经理说，很多人的跳槽是盲目的，没有经过深思熟虑，对市场中的需求状况也不了解，往往出于意气用事，见异思迁，追求高薪或定位不准。因此，在人才市场中，大部分人不是越跳越高，而是越跳越糟。

跳槽在今天的职场虽是司空见惯的事，但求职者在确定跳槽之前，还是要确定自己到底为什么要找新工作，三思而后行。弄清楚想换工作是因为性格不合，还是环境因素或人事问题。什么工作都会有压力，有时我们必须学会应付、适应环境，不妨留在现工作岗位观察一段时间，看它到底是否适合你。

人才专家还建议，跳槽者对于准备加入的行业应做充分地了解，切忌盲目地一哄而上。

二、设计“跳高”的理想目标

跳槽不应只是对高薪或高一级职位的追求，而是对职业生涯进一步发展的追求。越跳越高，高的不仅仅是薪水和职位，更重要的是，使你的职业生涯步入高阶。每一次跳槽，都应该是对自己职业和发展目标的重新设定。

如果你已经下定决心换一个工作，不妨借此好好思考一下未来的职业发展道路，确立一个适合自己的方向，然后在此基础上去挑选新的工作岗位。

北京市总工会职业介绍中心综合办的张世忠主任也认为，试图跳槽的朋友首先要做好自身定位，然后再按照这个定位找“下家”。

首先，自我定位。自己的事，比什么都重要，所以，给自身定位就更重要。北京市总工会职业介绍中心综合办的张世忠主任介绍了一些方法。首先，要考虑在这个时候跳槽是否恰当。如果老板正好也是个通情达理的人，可以找个时机和老板沟通一下，和他交换一下自己离职理由。如果你的跳槽决定绝对是理性的选择，老板说不定还会对你留下有良好职业素质的好印象，或是给你提些建议。以后如果有更适合你的工作，也会关照你。

其次，要彻底分析你自己。要准确地评价你自己，对自己的性格、个人能力、专业技能、逻辑能力、忠诚度等各方面全面考虑清楚，要“跳”的地方适合自己吗？自己又适合什么样的职业？如果你对前途感到彷徨，可以求助职业咨询顾问，或者去做一个职业素质测试，准确定位。特别提醒你，可不要冲动啊，感兴趣和具有能力是两码事，一定要先做好相关准备，比如考计算机认证证书、微软的软件工程师认证等。拿到本本后，要勤跑市场，摸清行情，多逛交流会，多看报纸，注意收集信息。要多与用人单位接触，选取几家做比较，找有发展前途、业务量大、福利待遇较合理的单位。同时，要注意“骑马找马”，先在单位干着，别急，等与跳槽对象达成意向后再走也不迟。

第三，要对行业或职业进行规划。跳槽要看清大趋势，不要短视，先从宏观上仔细分析一下你所从事的行业，或你所要从事的行业现在的发展如何、未来的发展前景如何，自己会不会有发展。如果你想从事的行业正在走下坡路，不妨分析一下此行业未来是否会有起色，若没什么前途，是不是该考虑换个相关行业发展一下，愿意挑战自我的，干脆就换个不相关的做。微观上考虑企业是第二要素，要全面、充分地分析你“看上”的所有企业，像挑新娘一样好好权衡利弊，选择最适合你的。

一旦确定了跳槽的对象，准备工作也非常重要。首先要研究与企业签订的聘用合同，估计违约责任，对跳槽的代价要有清醒的认识。要辞职，可要提前30天和领导谈判，在谈妥违约责任，对户籍档案的处理方法等达成一致后，再去新单位赴任。

在给适合你的企业定位的时候，同样要仔细分析，当然，“职业所带来的收入”、“良好的同事关系”和“职业所提供的福利”是在选择新的工作单位或职业时最重要的3个因素。这说明人们除了将较高的收入作为不变的标准之外，良好和谐的人际关系也越来越受到重视。在人情交往日益冷淡的现代社会，人们更需要情商高的人做自己的同事，这也是处于工作重压下的都市人，对感性生活的美好愿望。

更重要的是，企业只有拥有一套合理的竞争机制，才能够人尽其才。因此，要分析企业能否把你置于最适合的岗位，发挥才能；薪水

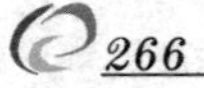

方面是否合适，是否制定了合理的薪金制度，多劳多得，少劳少得；能不能为员工提供各种培训和学习的机会。人们对企业提供的薪水很看重，但这并不是吸引人才惟一的灵丹妙药。拥有一套良好的竞争机制，让每个人在岗位上都能各尽其才并且有所发展，这才是员工最为看重的条件。只要具有良好的运营体制，明朗的企业和个人发展前景就不言而喻了。

无论如何，跳槽与否，都只是一种生活方式的选择。只要我们努力工作，善于沟通和发现，一定可以在职场上游刃有余。

对策二：跳错槽怎么办？

但凡跳槽者，大都是因为对原有的工作不满意并且已到自身不能容忍的程度才会做出跳槽的决定，俗话说："人往高处走，水往低处流"。

跳槽的目的当然是为了获得一份更好、更适合于自己发展的工作。但实际上，许多职业人跳槽以后才发现新的工作并不理想，甚至比原先的工作还要糟糕，这些就属于跳错槽者，他们的"病症"丝毫不比那些急于跳槽者轻，因为为跳槽而付出的代价没有得到相应的回报。下文为他们开出一副走出困境的药方。

李先生原先在一家内资中型企业做物流主管，有着4年的工作经验，后为了追求高薪，通过多方努力终于成功地跳槽到一家大型的外资企业，依旧做物流。按理说应属顺利，但是新的工作并没有给李先生带来成功的喜悦，由于自身的能力没有跟上，新工作的压力让他成天疲于奔命，忙得焦头烂额，回到家顾不上和妻子说句话便倒头就睡，从而造成夫妻关系紧张，更加影响自己的工作，形成恶性循环。

李先生的情况就属于跳错了槽，错就错在他跳槽的时候只顾一味

地追求高薪，没有充分考虑自身的能力，他疲于奔命的本身就说明他无法游刃有余地胜任这份工作，毕竟外资企业不同于一般的中型企业，其对员工能力的要求更高。李先生在对我们的咨询中也透露他的英文水平不是特别的好，这就严重地制约了他的发展。通过分析，我们认为李先生应该及时回头，重新给自己一个合适的定位，可以先进入一家一般的中外合资企业工作，从而积累一定的外企工作经验，同时还要对自己进行必要的充电，提高英文水平，几年之后再入一流的大企业不迟。

一般说来，对于跳错槽的人，可以从以下 3 个方面让自己走出困境：

首先，实事求是地分析自己是不是跳错了槽。要问问自己：新的工作带来的困难是暂时的还是根本无法承受的？这种困难是因为自身能力的不足还是由于客观原因所致？这些障碍是可以改变的还是改变需要相当的代价甚至不可逆转？如果答案是后者，那就要明确地告诉自己：我跳错了槽，必须重新进行选择！不可犹豫不决，患得患失，迫于现实的压力而委曲求全。

其次，认认真真找出跳错槽的原因。建议你主要从自己职业定位的角度加以分析，看看你的个人能力、综合素质是否与公司的要求相契合，你可以将自己经历的新旧工作进行对比分析，一一列出自己与公司不相适应的方面，也就是让你不满意的地方，再看看哪些是自己能够容忍的，哪些是必须改变的，从而决定你找下一份工作要达到的目的或状态，只有有了正确的定位，才能重新找到满意的工作。对于跳错了槽的教训也要具体列出，以求再次跳槽的时候做到“吃一堑，长一智”。

最后，在尽量做好当前工作的情况下寻求新的工作机会，切不可因为对现有的状态不满意就耽误了工作，这不是一个优秀职业人的品

格，“在其位就要谋其政”，即使你离开公司也要给公司留下一个好的印象。不满意是因为不适合，而不应该完全外化为对公司的不满。

同时，在找工作的时候一定不要重复前一次的错误，你应该知道，跳槽不是一种简单的游戏，它是需要付出一定代价的，代价越大你就失去越多，心理的失衡就可能让你感到失望，甚至是绝望。只有在做好充分准备的前提下的跳槽，才可能使你“跳得高，看得远”。

中国首家职业咨询机构——上海可锐管理咨询有限公司首席职业顾问卞秉彬先生指出：“跳槽是为了进入更适合自己职业发展的企业，而不是盲目地更新自己的工作环境。一旦发现自己真的跳错了槽，应该知错就改，在吸取经验教训的基础上迅速调整心态，正确认识自己的优势和不足，从而给自己一个恰如其分的定位，重新谋求一份真正适合于自己发展的工作。”

对策三：走出跳槽的误区

最近几年，很多应聘者已经感到形势与往年相比不容乐观，可以说激烈的竞争迫使求职人员在求职的准备上，要更为谨慎和有规划性。然而，在求职过程中，人们普遍存在的各种各样的误解，致使你可能走上求职的歧途。因此，我们必须注意以下5个求职误区：

一、“请猎头帮忙”

猎头实际上是中高级人才招募的代名词。社会上形形色色的猎头很多，但鱼龙混杂，有些只是一般意义的中介。无论怎样，猎头是不会替你找工作的。因为他们的责任是替企业物色和把关。比喻的通俗一点是“萝卜”和“坑”的关系，“坑”就是企业的要求，猎头是要找到大小合适的“萝卜”填进去。其实，猎头锁定的目标大多是事业发展顺利处于上升阶段的“成功人士”，你可以想象，哪个企业会掏

出一笔不菲的猎头费来找事业发展不稳定的人呢？猎头们大多是要费九牛二虎之力来招募候选人的，否则就不称其为“挖人”了。

猎头们很清楚候选人的含金量，真正优秀的候选人可能要花费猎头几个月以至更长的时间来游说。个人求职者以为把简历放在猎头公司就可以轻松地等待面试通知了，这是大错特错，这样的概率比投彩票高不了多少。你的简历可能面临的命运就是束之高阁。从个人角度看这是100％被动的求职方式，与其如此，还不如去找职业中介所。某些猎头为了迅速找到人选而夸大修饰真相或以薪水做诱饵，导致个人在没有考虑清楚职业生涯发展的情况下，盲目跳槽，而走上了不应有的弯路。更何况现在的信息透明度已经很高，各种媒体上的招聘广告比比皆是，问题是你是否能准确定位并有能力抓住这些机会。所以对于一般的求职者而言，还是要更多地挖掘自身的能力，有规划地进行求职工作。

二、“掩盖失败”

对于相当多的应聘者而言，总是在面试中有意无意地掩盖自己的失败。殊不知只有不做事的人才不会犯错误，失败和挫折是最好的老师。人们从失败中所学习到的东西往往比从成功中所学到的要更多，更深刻，你可以讲述你从失败中学到了什么并在以后的工作中如何避免犯同样的错误。可以设想，用人单位是不会希望录用一个从未失败过的人在新的工作中通过失败来总结教训的。从某种意义上讲，失败也是经验的一部分。我们常常看到的招聘广告中说到“相关工作经验”，也包含了这层意思。另一方面，敢于展示自己失败经验的人恰恰是有更多的自信，也表明你的诚实和襟怀坦荡。

三、“我有能力”

别指望仅仅靠“我有能力”“我能胜任”一类的话来试图打动招聘官，你必须清晰、简明、诚实地用事实和事例来说明你在简历中所

说的能力。这可能是你因此而获得的奖励，公认的成绩，成果等等。无论如何，招聘官是用专业眼光来审视你的，他只会以事实来印证你所说的一切。怎样有效地归纳、总结你的优势和特长变得十分重要。这些优势不一定是你所认为的优势，而应该是从招聘官角度所关注的。职业顾问会告诉你，什么是你的比较优势所在，怎样结合你的背景特点来打动面试官。

四、“我的简历会得到保密”

不要以为只有招聘经理会看到你的简历。人事部的秘书，业务部或相关部门的主管，甚至是请来协助招聘事宜的临时人员都会有机会接触到你的简历。特别是当你利用网络手段来传递登记你的简历的时候，你根本不知道有多少人有机会接触到你的简历。你的简历很可能是在某种公开情形下的，所以在你的简历中不要说谎，这最终是会被人发现的。如果因为你不具备某种能力而不能被录用的话，要增强你的能力，而不是编造或改动。你应该听听职业顾问的忠告，知道哪些方面是你不如别人的，应该如何改进。

五、“托熟人帮忙找工作”

熟人帮不了你，如果你碰巧遇到熟人帮助了你，也只是你大大的幸运。你不能指望会有第二次。熟人未必了解你，所提供的工作机会也很可能对你的职业发展没有促进。世界上没有轻而易举的事情，机会是很多的，找一份工作不是最难的，但适合你的机会不会很多。有些人因为一两个月的等待，就以为非常不顺利，工作机会少得可怜。可能的确如此，但你更应该重新反思一下你是如何做的，我们看到有些人投出去的简历连自己都没有认真看过，或者根本是几年前的版本。更有人是漫天撒网，收获自然是寥寥无几。找工作还是要自己勤快，借助职业顾问的帮助能使你事半功倍。

总之，在求职的过程中我们希望各位能做到清醒、有目的、懂

行，做一个聪明的跳槽求职者。如果你还有任何疑问的话，请向职业顾问这样的专业人士寻求帮助。

第十六章　老板只是假想敌

读了这么多章，似乎觉得老板没一个好人。其实，这是一个理解上的错误。因为上面提到的老板不可能成气候，充其量也是一个土老板，或者根本不是真正意义上的老板。我们这里仅仅是把老板作为一个假想敌而已。跳槽也自然不是针对坏老板的。跳槽的原因有许多，跳槽的方式也不少，关键是看你怎样把握。

案例一：为什么要跳槽

张红霞 1997 年毕业于南昌大学，不想远走他乡的她留在了南昌。

根据父母的意愿她进了一家事业单位，在办公室从事文秘工作。

然而，窒息的工作环境令她心灰意冷。1999年的冬天，张小姐决定离开这家单位，她开始注意各类招聘启事，经多方打听后，她选定了几家私企作为“主攻目标”。因为她有事业单位工作背景，张小姐很快就与一家私企谈定了。过完春节，领完年终奖后，张小姐将一份辞职书交给了单位领导。

刚到私企那一年，在文秘的工作岗位上张小姐忘我地工作着。私企里没有派系斗争，她的最大目标就是把工作做好。

由于张小姐表现出色，迅速得到了老板的重用，她的工资一涨再涨。一转眼在那家私企呆了近3年，薪水已经赶上了办公室主任，是惟一一位以员工身份领取如此高薪的员工。可她又想有一个更大的平台来发展自己的事业，2002年的冬季，张小姐决定选择离开。

分析了南昌的大部分企业后，张小姐决定进外企。这次“跳槽”没有上次那么顺利，因为不是“被逼着”跳槽，也就从容了一些。经过数轮谈判，她在一家外企担任没有经理的营销中心副经理。

2002年12月份，张小姐将辞职报告送到了老板的办公桌上。

张红霞对自己也对在年终岁尾准备跳槽的白领提出忠告：一旦去意已决，辞职者就要充分调整好心态，千万不能有“自己反正要走了，最后一个月混混也就算了”的想法。否则，不仅影响其他同事的正常工作，也会为自己今后职业发展埋下隐患。

递交辞职报告后，老板一般会程序性地与辞职者进行“最后的交心”。面对“你为什么要走”的提问，辞职者不妨实话实说，若是“被迫”或“无奈”地离开，应慎重考虑是否说出真实原因，尽量不伤害别人或公司。

张小姐还说，外企招聘通常会调查该求职者在过去单位的表现。所以，跳槽前与老“东家”好和好散十分必要。

每逢年底岁末，南昌市各种形式的人才招聘会就此起彼伏。从个人讲，拿了旧公司的年底红包，再跳到一家自己更满意、薪水优越的新公司，是一个实惠的选择。所以，每年的这个时候，不少职场中人都纷纷打起跳槽的主意，而一些人自己本来没有换工作的强烈想法，也会在周围同事和环境的鼓动下蠢蠢欲动。

其实，这种“动一动”的趋势不仅在于外力的推动，究其根源还是人们对现有工作诸多方面的不满意。在记者近一个月的调查中，发现较高的薪水、光明的发展前景、良好的工作环境、和谐的人际关系，这些都有可能成为跳槽者的原动力。而当人们成功地换完工作后又发现，新工作并不是样样可心，即使原先最看好的那一面也会随着岁月的流逝、心情的变化，而与自己的要求不相符合。

我们生活的这个社会的确每天都充满了不同的选择和机会，可问题是不管我们选择向左还是向右，都会有遗憾与不舍。那么我们想问，您做出跳槽的选择，究竟是基于什么样的原因？在做出跳槽的决定之前，您想清楚自己放弃了什么又将会得到什么了吗？跳槽的第一步迈出去了，那么以后的事情您准备好了吗？面对新工作这样那样的不如意，您是选择继续改变还是留下适应？带着这些问题，有人做了调查：

“职业收入高低”是促使人们跳槽和选择新职业的首要原因，有超过一半的被采访者发现跳槽后的新工作低于跳槽前的期望值。而员工对企业的最大希望是“拥有合理的竞争机制”和“德才兼备”的领导。

在大多数女性的眼里，一份安稳的工作是幸福家庭之外最理想的生活目标。然而，最近在采访中却发现：工作环境和收入令人羡慕的“白领丽人”，却不再视安定为谋职的要素，而是更渴望变化的节奏。

据调查，在出入公司办公室的南昌白领女性中，有过两次跳槽经

历的，占被调查女性人数的1/4。与人们印象中“白领男性为追寻事业而频频跳槽”的传统定势大相径庭。女性跳槽的人数比例“直追”男性，表明了南昌白领女性的职业流动意识与行为不比男性差。

引发“白领丽人”频频更换工作的动力主要有两条：一是想换一种方式生活，寻求流动跳跃的感觉。二是寻找更好的工作环境、更有吸引力的事业发展空间，晋升、高薪、培训……这些在传统观念中更多为男性所追求的工作软环境，如今的白领女性也非常看重。

在一些对年龄和形体要求较高的行业，年轻女性则是着眼于长远的安稳而不惜跳槽换岗。文秘等职业，更含青春色彩，很难叫人“从一而终”。从事这些职业的女性，考虑到职业生涯相对短暂，会有较强的改换工作的意愿。尤其是婚后，她们的跳槽愿望更加强烈。

与跳槽的高比例相一致，2/3的被采访女性对自己的能力有信心。一半多的被采访女性事业心很强，“若一事无成，我会很不甘心。”这可能也是女性爱“跳槽”、敢“跳槽”的根源所在。

许多跳槽者参加应聘面试时，都会被招聘者问及离开原来职位的原因。若是由于上班路途太远、专业不对口、随迁搬家等人人都可以理解的因素，说起来无顾忌。如果是以下4种因素，就要慎之又慎了，弄不好，就会失去应聘机会。

一、收入低没干劲

这样的跳槽理由会使招聘者误认为你很计较个人得失，对工作没有吃苦精神，把个人利益看得重于理想抱负。

在用人者的眼里，这样的人最多只能临时聘用，不可委以重任，更谈不上合作创业。而且，你若仅仅为了追求高收入而跳槽，会让用人单位担心如果有更高的收入，你会毫不犹豫地再次跳槽。这种观念一旦形成思维定势，你的身价将会大打折扣，即使你有卓越的才能也很难获聘。

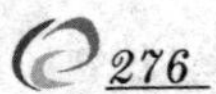

二、人际关系复杂

现代企业都很讲求团队精神。你对人际关系胆怯和逃避，就可能被认为在人际交往中缺乏协调能力。

而协调能力不行是现代型人才的“硬伤”，这将会直接妨碍你的从业取向。如果用人单位聘你加盟的目的就是为了让你帮助协调企业的人际关系，而你如此回答，其结果就可想而知了。

三、工作压力太大

现代企业讲究快节奏、高效率，企业中人人都处于高强度的工作状态之下，不能适应高效工作的只能被淘汰。有的单位甚至在招聘启事上就已直言相告，要求应聘者能在一定的压力下完成工作。

如果你在原单位不能适应有压力的工作，新的用人单位同样不会接受你，因为在现今形势下，绝对没有哪个单位愿意接收一个工作不紧不慢的闲人。

四、与上司合不来

人在社会，你就是和各式各样的人打交道，什么样的上司都有可能碰上。假如你挑剔上司，则说明你在工作上缺乏适应性，而且没有摆正你自己的位置。

毫无疑问，应该是你去主动适应你的上司，而不应要求你的上司来适应你。再者，在平时的业务往来中，你会接触到各种各样的客户或关系单位的人，对企业来讲，他们都是“上帝”。如果你处理不好与上司的关系，就更谈不上与“上帝”友好相处了。

案例二：别轻言辞职

几个月前，一位朋友突然给我挂来电话，说他不想在那个单位干了，得重新找一份工作，并托我帮他留意点儿。当时，我一听就觉得

很奇怪，应该说，他是我们这帮朋友中干得最出色的一个。做上了董事长助理，月薪四五千元，还深得老板器重，时不时可以得到老板的“红包”。这么好的工作，这么高的工资，别人可是求之不得，朋友却为啥不干呢？难道是犯错误了被老板炒鱿鱼？可朋友说，不干纯粹是想换个环境。他说，在那个公司干了三四年，有点“老油条”了，一时半会儿又无法升职，再这样下去，怎么行？我确实有点不明白，也想不通这位朋友究竟是为了什么？可既然他的想法已定，作为朋友，我也只能是送去几声祝福。

两个月过去了，还没见这位朋友传来音讯。于是，我便拨通了他的手机，问他情况如何？电话里，他的声音是那么的颓丧，他告诉我，此前有几家公司欲聘请他，可工资、职位及福利都比以前那家单位差，一想起来，心里就不痛快，照这样的心态去上班，能上好班吗？于是，只好还在人才市场，左三圈、右三圈寻找新的目标。

类似这位朋友的现象，在现实生活中确有不少。一些打工朋友在工作之余，总喜欢拿自己的工作和薪水去攀比，结果发现这不对，那不对，说什么“工作干得多，工资却拿得少。”“老板真没有人情味，人家做多点事就有红包，可我们辛苦一年，也没一分钱奖金”这些话，久而久之，便让人心烦意乱，感觉特不是滋味。因而，说声“不想干”或“另找一份工作”，也是情有可原的。但事情却往往不按自己的意愿出发，就像前面说到的那位朋友一样，下意识的举动、对比、痛苦或不开心，往往就接踵而来。

出来打工是挺不容易，工资低于付出，老板挑剔苛刻，这是常有的事。但是能找到一份工作，特别是一份适合自己的工作，有的时候比遇到一个好的老板更不容易。所以不管这份工作是苦还是累，我觉得都应该去珍惜它，千万别轻易说：我不干了。要知道，这句话说出来容易，一旦真地做了，这其中的过程和后果也许会是严重的。如果

事先找到了单位，不过是换换环境，那问题不大。如果还要重新去寻找工作，生活的压力不仅会造成物质上的空虚，还会给自己造成一定的精神负担。另外，这种冲动的言行，对用人单位也会造成一定的经济损失。一些在职人员突然提出辞职或不辞而别，这无疑会给用人单位造成措手不及。特别是一些专业技术人员，如果这样做，给单位造成的损失就更大。即使要走，也应该有一个程序，提前一个月通知用人单位，让单位做好一些准备，这样不仅使单位免受损失，也给自己树立了一种形象，倡导了一种优良的职业道德。

对策一：要辞职更要风度

薪水无故被蒸发，跳！没有发展空间，跳！Office人际关系太复杂，跳！有人说离开一个已经让我们没有激情的单位，就像结束一段已经枯萎的爱情。所以既不能太过绝情，也不能拖泥带水，拿出你的风度，留下你的微笑。

事实上，离职也是为人处世的一个方面，讲究的是好聚好散。职场很小，说不一定大家将来还是同行，还会有合作的机会。所以跳槽时没有必要“背水一战”，应保持自己一贯的工作作风，善始善终，体面地离去。给人留下完美的深刻印象。

一、留有余地，维护关系

当我们跳槽时，原因会有很多，但不论出于什么原因，不管你感到有多么委屈，你也没必要为泄一时之愤，在走的时候把与原上司或同事的关系弄僵，对你来说是有害而无益。

因为这个时候的争执就像埋下了一颗“地雷”，在以后随时会炸响，让你防不胜防。一旦这颗“地雷”引爆或多或少会对你产生影响，甚至毁了你的前程。所以不管你出于何种原因跳槽，还是留有余

地为好，对任何人都不表示异议。

另外，纵然你有千百个辞职的理由，写一份正式而诚恳的辞职报告却是十分必要的。事实上，你的离职本身就是老板应该反思的问题，所以他最想看到的就是你辞职的理由。然而，你真的要告诉你的老板：在这里已经没有我的个人发展空间了；这个单位的前途值得怀疑；老板你常常拖欠我的薪水？真话往往具有极强的杀伤力，这不但让你的老板不开心，有时还会给你自己造成不必要的伤害——当你的新加盟公司对你进行外调的时候，你的旧老板会有很不好的评价传递给你的新单位。为此，你完全可以更多地写一些个性化的理由："我要去进修"、"单位离家太远，上下班不方便"、"最近家里有事，时间上有点冲突"等等。总之，给老板多留点面子，好聚好散。

二、完美交接，滴水不漏

你必须给原公司足够的时间找人，如果可能的话，最好帮他们找人。千万不可在旦夕之间，说走就走。如果你不给公司喘息的时间，撂下一个烂摊子，顶多让你解解气，让你讨厌的上司忙乱一阵子。但更坏的影响则留给了你自己，同行业的圈子不会太大，消息也很灵通，很快地你的所作所为就会在业内传开了，你的新上司会对你有所防范的。最重要的是，没有平和的心态，将影响你今后的职业生涯。

当你决定离职，不只是影响自己，还包括主管与同事，甚至会对部门工作气氛有影响。当主管知道你的决定后，接下来便是和他讨论什么时候该让同事知道以及交接的细节。

如果你想把专属于自己的档案带走，提辞呈前就该准备好。离职前夕才开始做，难逃瓜田李下之嫌。另外，带走任何相关工作资料要符合知识产权的规定。

三、忘掉不快，冰释前嫌

离职后如果与前任老板见面，尊重、热情是第一要件。不提往日

旧事，表现自然、亲切，会拉近彼此的距离，增进感情，同时又表现出你的大度和职业风度，何乐而不为呢？况且，现在交通、通讯越来越发达，人员流动日趋频繁，要时刻做好在不同场合不期而遇的准备。

不论是轻松愉快还是恩怨相加的离职，离开后维护旧东家形象的事情一定要做，特别是以下几点要多加注意：

永远不要在现任老板或新同事面前说前任老板的坏话。

公正客观地评价老东家，不但有利于树立你自己的职业形象，更重要的是，可以维护老东家的声誉。这样，无论日后你个人的发展如何，老东家都会记得你的良好职业素养，当然有利于你和他们再打交道时建立良好的关系。

四、有了新朋友，别忘老朋友

很多人都以为跳槽后，就可以一走了之，“挥挥手，不带走一片云彩”，这样做看起来似乎洒脱，其实你会无意之中丢失了许多让你今后受益的东西。因为你在一个单位工作过一段时间，可能你所得不多，但与不少的同事毕竟有种亲近感，甚至是好朋友，他们说不定在以后会对你有所帮助，你不妨把他们看作是你的人力资源库。所以在你跳槽高就时，要珍惜这一机缘，而不要丢弃这份宝贵的财富。

现代竞争社会里，拥有丰富的人力资源有助于你的事业运转自如，所以当我们跳槽时，要有保护自己人力资源的意识，从过去的工作里掏出属于你的“金子”来，这样的话，你过去的时光就没有白白浪费，留下你的联系方式和电话号码，与老板和同事吃上一顿轻松的晚餐，也是不错的道别方式。记得离开后不时打个电话保持联系，关心公司和同事的发展，与老板聊聊行业的发展动态，会给你带来意外的收获。

那么跳槽后，我们该如何和旧公司相处？

一、把矛盾彻底忘却

在职时因为种种原因而和老板闹得有点僵的例子比比皆是。离职后，心中有点怨气或者牢骚也是自然的。但从职业的角度出发，尽量不要再提起过去将对日后与旧老板相处大有益处。实际上，日后仔细思量，恐怕也不难发现自己的不足和问题。因此，离职后切忌抓住过去的恩恩怨怨不放，在现任老板或朋友那里到处散布（据统计，说一个人的坏话会有 17 个人知道，这也是广告效应的范围）。职场如战场，竞争和冲突是很正常的事，有竞争才能有进步也是硬道理。

记得有一位朋友在工作多年、跳槽若干次后发自肺腑地告诉我说："其实现在回想起来，让我进步最快的是一个对我最苛刻的老板。他让我承受了很多挑战和困难，也使我成长得最快、学到的东西最多。"仔细想来，确实不无道理。人各有优缺点，如果你用心去发现，每个人身上可以学习和借鉴的东西是很多的。

我刚刚参加工作时是在一家房地产公司，当时的人事部经理曾是一个国营老厂的人事干部。人事部经理离开那家国营老厂，是由于一个主管上司因为私利而不愿将她派往新成立的合资企业，她因此被迫下岗。那时我们这个公司刚刚成立，在报纸上登了广告大批招人，因为人手的原因，我也被抽调到招聘组帮忙。

有一天，我们约见了很多应聘人员，其中一位就是当年逼我们人事经理的那个上司。那天我将这位应聘者领到人事部，他们两个人都楞住了。尤其是那个"旧上司"立刻就很尴尬地说："我看我还是不谈了。"但人事经理却显得很自然地说："既然来了，就按正规程序谈，过去的一切都过去了。"他们还是进行了正式的招聘过程，之后的处理意见也是令人信服的。这个例子使我懂得，如何和旧老板相处其实能体现一个人的职业水平。

二、决不要看不起旧同事

离职后，我们大多都会遇到需要直接或间接与旧公司打交道的事。首先，我们与旧公司打交道时有几个有利的方面，一是人头熟，便于你找到合适的人解决不同的问题；二是可以利用你的“老关系”，轻易建立彼此之间的信任和友谊；三是彼此间的了解有利于相互理解、达成共识。但也有一些不利的方面，比如旧时的恩怨、谣言或离职时的误解等等。那么，我们该怎样和旧公司打交道呢？

打交道时有理有节，不卑不亢，决不要看不起旧公司的同事。无论怎样，旧公司对你都有养育之恩，尊重旧同事就是尊重你自己。

经常和旧公司保持一定的联系，以免“临时抱佛脚”，给自己个措手不及。和旧公司及上司保持定期的联系，可以交流行业内的动态，也可以避免突然见面时的尴尬和突兀。

“常回家看看”，带些最新的行业信息和小礼物“回娘家”，也会给你带来一些额外的惊喜呢！

有一个朋友离开原来的公司自己发展，一开始遇到困难和打击。虽在某种程度上是竞争关系，但和前任老板仍然保持着联系和友谊。当他有次回公司看同事的时候，他的前任老板与他分享了很多自己创业时的心得，鼓励他不要气馁，还在关键的时刻帮了他一把，助他走向了成功。

因此，决定跳槽之后，要尽量地与原来的老板和同事维持友好的关系，求得他们的理解和支持，这样才可以在职场生涯中立于不败之地。

对策二：想好了你就跳

如果你觉得在工作中度日如年，那就先冷静下来、不带任何情绪

地考虑以下 5 个问题：自己是否还有刚开始工作时的激情？你的劳动是否被认可？你觉得继续坚持下去会有远大的前程吗？你还想边干边学，但这份工作允许你这样做吗？你觉得自己不再忠实于本职工作了吗？

假如有 3 个以上的问题你的答案是“是”，恐怕你没有必要继续看下去了。因为你的理由还不足以支撑你的跳槽行动，否则你日后多半是要悔不当初的。可要是你真的觉着对你来说这些问题的答案大部分都是否定的，就千万不要犹豫。

第一步：谋定而后动

跳槽的方向确定了，接下来的是跳槽的方法问题了。首先，要确定一个最合适的跳槽时机。通常说来，一个职位上的职员也会像企业一样，要经过这样几个阶段的变化：第一阶段是确定企业对个人的期望，熟悉和学会在职位上工作的秘诀，然后就是努力地表现自己，充分释放已积累的能量；第二阶段是利用和创造机会做出上乘的表现，让企业产生满意感，自身获得成就感；此后个人的能量释放热情开始降温、对环境熟视无睹，会认为所从事的工作非常容易、觉得工作索然无味，接着就是效率开始减退——当然进入第三阶段的时间并不是人人相等的。如果工作效率下降得比预期的要早，问题就会接踵而至，如果在工作效率下降的初始就发现问题，而此时个人的表现依然处于顶峰，仍保持着令人满意的状态。那么，这是选择离开企业的最佳时期。如果已濒临“扫地出门”，就会给自己增添一些麻烦，起码在获得新职位的信心上会由于情绪低落而受到影响。与其被动地无奈离开，不如主动地急流勇退。跳槽最理想的时间是你现在有工作、还不急于找工作的时候。这样不会有饥不择食的危险。你也有足够的时间去考虑你的事业，你还能充分地制订你的策略，准备好必需的材料，更有时间去反思和改正曾使自己陷入困境的坏习惯、坏毛病。

选择最佳跳槽时机的同时，要对自己和自己的兴趣有个正确的评价：自己的长处和弱点、自己喜欢的事情和反感的事情。还有，职业不只是要合适，更要能够胜任。最好能去征求一下会对自己做出正确评估的人的意见——尽管有时候这样做很尴尬，但“当局者迷，旁观者清”。另外，要认真评估自己处于生命中的什么阶段，在不同的阶段，工作的重要性是不同的：事业起步阶段，我们全身心地投入工作——尤其在我们为取得公司更高的位置而奋斗时；然而随着结婚成家，人们会开始意识到除了事业之外，生命中还有其他重要的事情。专家指出，一般 30 岁之前的跳槽容易成功，40 岁之后的跳槽要慎之又慎。另外，要搞清自己的能力和意向，根据自己的职业兴奋点，选择一个有发展潜力的行业。

切记跳槽的时候不要头脑发热，意气用事。片面、错误地评估自己的特点和能力、就业形势、职场环境，凭一时冲动，感情用事又不听劝告，十有八九越跳越“糟”。

第二步：跳槽进行时

跳槽是一门学问，也是一种策略。结合了自己的职业生涯规划，对自身进行了认真地分析和听取了职业顾问的建议之后，你已经准备付诸行动了。这时候，也许你还会有种种的疑虑：怎么处理与现在公司的关系？新公司的情况如何？万一，并非自己原先所设想的那般美好又该怎么办？

首先，一定记住要守口如瓶，跳槽是私人的“商业机密”，你一定要尽力避免走漏风声，即便对跟自己最要好的同事也要保密。你的原则就是避免在你炒老板的鱿鱼之前被老板先炒；其次，尽量避免信息不对称造成的劣势，你可以查阅与目前公司签订的劳动合同，明确自己是否受到违约金等条款影响、离职手续办理难易程度等，尽可能收集新公司的信息以及可能要求自己提供的项目，做到有备无患；再

次是要尽量让自己处于劳动力市场的优势地位，准备一份吸引人的职业简历（也可以寻求职业顾问的帮助），或根据自己的工作经历和能力使用猎头公司应聘，总之不要让自己随随便便就被聘用，一定要把自己的价值充分展现给资方。

在跳槽的过程中，切忌见异思迁、急于求成、反复无常、挑肥拣瘦。今天说“东家”好，明天又道“西家”也不错。另外，不要总是金钱第一、斤斤计较。待遇固然重要，但开口金钱闭口待遇的做法会让招聘方觉得你像个势利小人，从而对你的价值也不会有公正的评价。在原来的公司也不要因为即将远走高飞，就吊儿郎当怠慢现职，在新旧职场留下“工作不负责任”的恶名。

要想做到成功的一跳，还需要结合大量专业知识、行业信息和对相关企业现状与趋势及相关职位状况的理解，关于这些个人很难做到，建议由专业的职业顾问来给您当参谋。职业顾问服务正是基于以上内容辅以专业职业生涯原理并结合科学职业顾问体系来实施的，因此将成为您跳槽成功的“守护神”。

等这些工作都作充分了，你就可以向原公司递交辞呈了。不过请记住，做好离职过渡期的安排，千万在拿到“Offer Letter”以后再递交辞职信。

第三步：做好善后工作

做好善后工作，给自己以后的发展多建一座桥而不要多修一堵墙。既然你跳槽，你肯定或多或少会“痛恨”原来的公司，但是千万不要乘机发泄、诋毁中伤以前的雇主。山不转水转，说不定你哪天还会“用”到原来的公司。更不要做出违背职业道德的事情：为“报复”原单位或急于向新主邀功，出卖原单位的商业资料——这是跳槽者最致命的伤。轻则难以立足，重则身败名裂，前程尽毁——因为你的新老板一定会因此对你的人格持保留态度。

对策三：离职了，该说些什么

不少言情剧中，最精彩处通常是男女主人公因种种原因而彼此离开。这时往往有两种可能：一是其中一方发一通肺腑之言，让另一方泪流满面；二是离去时双方什么都不说背身离去，空生一番感慨。巧的是如今的职场也有与此相似的悲欢离合：一种是离职者拂袖而去一言不发，二是发一通未必肺腑之言，告别昔日的东家。

沉默者：我不说，不等于无话可说

通常情况下，老板或人事经理在离职者离去前会都进行一番挽留和谈话，他们的确想知道离职者离去的真正原因。而许多离职者却在这时选择做了“沉默的羔羊”。沉默不等于无话，而他们心里究竟有多少话想说呢？最近刚跳槽的林先生说：“由于原单位效益不好，我只好选择离开。离职前我已经找到新单位了，由于忙着开始新工作，我只是办了辞职手续，什么都没说。自己要走了，还有什么好说的呢？再说，现在和原来的老板和同事多说已无意义，他们未必能真正理解你的苦衷。不过，其实心里还是有话要说的，毕竟相处了这么长时间了。”

聪明的林先生在辞职后并没有“一吐为快”，不过在过了一段时间后，他选择了一个特殊的方式——请原来的老板和几个同事一起吃了顿饭。在饭桌酒席之上，他一吐衷肠，表达了他内心的真实想法。而原老板和同事也终于动情，纷纷表示理解。林先生深有感悟：“这种理解是深层次的理解，比在工作场合的所谓辞别赠言要来得真切自然。此刻友谊也加深了。”这样的事情通常发生在竞争环境相对健康自然的企业，彼此间相处比较和睦。就如一首歌所唱：“那一天，你说你要走，我们一句话也没有说，我知道你有千言万语，却无法说出口。”

一吐为快者：此时不说，更待何时

许多人没有林先生那么幸运，能遇到理解自己的上司和同事，更多人是怀着一肚子委屈和无奈离去的。一万个离职者有一万个理由，待遇不好、前途渺茫、制度不尽如人意、关系复杂……这些都无不让人萌生去意。一些人甚至在离职时还没找到新的东家，被生活打造得十分脆弱和敏感的内心，自然容易产生对原单位种种不满的自由发泄。小沙因为原单位人际关系过于复杂和制度混乱而下决心离开。“离职前最后时刻老板找我谈话，我当时是一吐为快，发泄了心中的郁闷，当然我不是喋喋不休的那种人，我只是点到为止，让老板也得到些经验教训。”

小沙也承认，自己的辞职话别中也有不少是恭维、惋惜之类的客套话，但老板所谓诚意挽留的言辞中，又有多少值得思考的东西呢？在隔了一层叫宽容和信任的帷幕之后，互相的赠言也只是简单地履行公事而已，根本没什么意义。到了明天，在上下班的人流里，双方就是互不认识的陌路人了。一位职员因此笑言：“今天的‘劝君更尽一杯酒’不是因为出了阳关你没有故人了，而是想在彼此间画个句号。”

有人形容职场的悲欢离合是永不落幕的戏剧，这边结束那边开始，所以有那么多逢场作戏的事情，比如离职前的话别是作秀和发泄，也有那么多看似诚恳真切其实未必的挽留和忠告，而更多的人在看戏。“看戏的人多了，就渐渐入了戏。”一位资深的人力资源经理人说，“临走前他对老同事是否和气、对原来的老板是否宽容、对老单位的弊病是否通达，通过这些离职过程可以看出一个人的人生态度和道德修养，而一位好的新上司也应该以此来衡量这位新人的素质。作为旁观者，更应该从中学到些东西。因为他的今天或许就是你的将来。”